Introduction to
Early Childhood
Education

유아교육개론

김금주 · 권세경 · 김은정 · 나은숙 · 오진희 · 이금구 · 황혜경 공저

학지사

머리말

유아교사가 되기 위해 배우는 전공교과목인 유아교육론에서 접하게 되는 『유아교육개론』은 교사양성과정에서 가장 먼저 학습하는 기본적인 입문서 중 하나이다. 따라서 예비유아교사들이 쉽고 편안하게 이해할 수 있으면서도 유아교육에 관한 기본적인 개념이 보다 효과적으로 습득될 수 있도록 구성되어야 한다. 『유아교육개론』은 학년이 높아지면서 보다 전문화된 별도의 교과목 속에서 좀 더 심도 있게 학습하게 될 내용을 전반적으로 다루고 있으므로, 만약 개론에서 다루는 내용이 어렵게 느껴진다면 예비유아교사들은 유아교육 학문 전반에 대한 부정적인 인식을 가지게 되고 전공 적응에도 영향을 받을 수 있기 때문이다. 따라서 이 책은 유아교육의 전반적인 내용을 쉽게 다루면서도 가급적 예비유아교사들이 직접 생각하고 활동할 수 있는 내용을 포함하여 향후 전문적 지식 구축의 기반을 마련할 수 있도록 하였다.

이러한 목적의 일환으로 각 장의 마지막에 '활동해 봅시다'를 제시하였다. 이는 이론 위주의 전달식 교재에서 벗어나 학습자 입장에서 배운 내용을 연결하여 비교, 토론 및 추론을 하거나 직접 몸으로 표현하고 발표함으로써 유아교육의 핵심적인 내용에 대해 보다 쉽게 이해할 수 있도록 하기 위함이다.

이 책은 총 12장으로 구성하였으며, 유아교육의 다양한 분야에 관한 핵심이론과 실제적 내용들을 각각의 장으로 두고 세부내용을 집필하였다. 각 장의 구체적인 내용은 다음과 같다.

제1장은 유아교육의 개념과 중요성을, 제2장은 우리나라 유아교육의 역사와 사상을, 제3장은 서양 유아교육의 역사와 사상을 다루었다. 제4장은 발달에 대한 개념적

기초와 이론 및 유아기의 발달적 특징을, 제5장은 유아교육환경의 중요성과 구체적인 내용, 실제 예시를 제시하였다. 제6장은 유아교육과정의 개념과 이해, 운영을, 제7장은 유아놀이의 개념과 특성, 놀이와 유아발달의 관계, 놀이의 실제에 대해 다루었다. 제8장은 전문인으로서 유아교사의 정의와 중요성, 현직교육, 교사윤리를, 제9장은 부모교육과 지역사회 연계에 관하여 설명한다. 제10장은 유아교육평가의 기초와 방법을, 제11장은 유아교육복지와 유아교육 지원기관을, 마지막으로 제12장은 21세기 현대 사회의 변화와 유아교육, 현대 유아교육의 과제 및 전망에 대해 다루었다.

『유아교육개론』에서 다루는 내용들은 유아교육현장 적응능력을 형성하고 문제해결능력을 향상시켜 미래의 유아교사로서 효율적인 실천적 지식을 함양하는 데 기초가 될 것이다. 저자들은 이 책이 유아교사를 희망하는 학습자들에게 유아교육의 본질과 핵심적 내용을 잘 습득할 수 있도록 돕고 앞으로 학습해야 하는 전공지식의 밑거름이 될 수 있기를 바란다.

끝으로 이 책의 사진을 제공해 준 덕성여자대학교 부속유치원, 구립 가로수어린이집 등을 비롯한 여러 유치원과 어린이집 선생님들께 감사를 전하며, 이 책이 나오기까지 지원과 수고를 아끼지 않은 학지사 관계자분께도 깊은 감사의 뜻을 전한다.

2018년 9월

저자 일동

차례

CHAPTER 01

유아교육의 개념과 중요성

▶▶ 학습목표

1. 교육의 개념을 이해한다.
2. 유아교육의 개념적 기초를 이해한다.
3. 유아교육의 중요성을 다양한 측면에서 이해하고 설명한다.

1. 유아교육의 개념

교육은 인간이 동굴에서 생활하고 사냥과 수렵으로 생계를 유지하던 고대 원시시대부터 존재하였다. 그들은 자신과 자손의 생명을 유지하고 종족을 보존하기 위해 자신들이 터득한 생존방법을 다음 세대에 전수하는 것이 매우 중요하였다. 즉, 먹이를 잡는 사냥방법, 사냥에 필요한 도구를 만드는 방법, 사냥한 획득물을 오랫동안 보관할 수 있는 방법, 요리방법 등 삶에 필요한 다양한 지식과 기술을 다음 세대에 가르쳐야 했다. 이처럼 생존을 위한 지식과 기술을 가르치던 교육은 점차 문명이 발전하면서 생존을 위한 것만이 아닌 가치나 보다 높은 수준의 사고를 가능하게 하는 지식을 가르치고 더 나아가 인격을 형성하는 것으로 그 의미를 확장해 왔다.

1) 교육이란

'敎育'이란 한자는 맹자(孟子)의 '得天下英才而敎育之(천하의 영재를 모아 교육하다)'란 글에서 비롯되었다고 한다. 글자의 구성을 살펴보면 '敎'는 아버지가 회초리를 들고 아이에게 세상의 이치를 가르친다는 의미를 담고 있으며, '育'은 어머니가 자녀를 잘 먹여 살이 통통하게 길러 낸다는 양육의 의미를 담고 있다.

영어의 'education'은 라틴어의 'educatio'에서 유래한 것으로 '빼낸다'는 의미와 '끌어올린다'는 의미를 가지고 있어 내부적 능력을 개발시키고 미숙한 상태를 성숙한 상태로 만든다는 의미를 포함하고 있다(두산백과사전).

교육의 개념은 시대, 학자, 관점에 따라 다양하게 정의되어 왔다. 이를 살펴보면 다음과 같다.

뒤르켐(Durkheim, 1922)은 그의 저서 『교육과 사회화(Education et Sociologie)』에서 교육을 "어린 세대를 대상으로 하는 체계적인 사회화"로 정의하면서 교육이란 사회 속에서 일어나며 사회가 존속하는 데 필수불가결한 조건이 되므로 사회와의 관련성을 배제하고는 이해될 수 없다고 보았다.

정범모(1974)는 교육을 "인간 행동의 계획적인 변화"라고 정의하고 있다. 이는 인간 행동, 변화, 계획적인 교육의 세 가지 요소로 이루어진 것으로 교육목표, 교육내용, 교육방법 등이 고려되어야 한다는 의미이다.

『교육학 용어 사전』(서울대학교 교육연구소, 1995)에서는 교육을 "인간의 정신적 · 신체적 성장과 발달을 어떤 이상이나 목적 혹은 가치기준에 의하여 통제하거나 조력하는 일련의 인위적 과정"으로 정의하여 교육의 의도성을 강조하고 있다.

양옥승 등(2004)은 교육을 "인간 삶의 바람직한 변화"라고 정의하고 있어 교육의 대상을 '인간 행동'보다는 '인간의 삶'으로, 교육의 목적을 설정한 목표 행동의 변화로 보지 않고 삶 전체에서 점차적으로 이루어지는 바람직한 변화로 보았다. 즉, 교육이란 사회가 추구하는 가치를 실현할 수 있도록 의도된 활동을 통해 인간의 삶을 변화시키는 과정이라고 할 수 있다.

2) 유아교육의 개념

교육은 대상에 따라 유아교육, 초등교육, 중등교육, 고등교육, 성인교육으로 나뉜다. 초등 · 중등 · 고등 교육은 대상이 비교적 명확하나 유아교육은 그 대상을 명확히 구분하기 어렵다. 유아기는 출생부터 10세 전까지, 출생부터 만 3세까지, 만 3세부터 10세 전까지, 만 3세부터 초등학교 입학 전까지, 출생부터 입학 전까지 등으로 다양하게 나누어져 왔다. 현대에 들어와서 모리슨(Morrison, 1980)은 유아기를 신생아기, 영아기를 모두 포함하여 0세부터 만 8세까지의 시기로 확대하여 정의하였다. 반면, 발달심리학에서는 각기 다른 발달 특성을 가지는 신생아기, 영아기를 포함하지 않고 만 3~5세를 유아기로 정하였다(Berk, 1998). 우리나라 「유아교육법」에서는 "유아란 만 3세부터 초등학교 취학 전까지의 어린이를 말한다."라고 규정하고 있다(「유아교육법」 제2조 제1항, 법률 제14602호). 그러나 유아교육 학자들은 발달심리적 특성상 유치원 시기와 초등학교 저학년 시기의 유사성을 인식하고, 연계성 있는 교육과정의 운영을 위한 유아교육 대상연령을 만 8세로 확대시켜야 한다고 주장하고 있다(김금주 외, 2010).

전통적으로 유아교육은 부모에 의해 이루어지는 경우가 교육기관에 의해 이루어지는 것만큼 많은 부분을 차지하는데, 이 경우 교육을 어떻게 정의할 것인지를 구분하기가 어렵다. 과거 유아교육은 가정에서 부모가 유아를 보호하고, 정상적인 성장 · 발달이 이루어지도록 도와주는 것이라고 생각했으나, 현대에 이르러서 유아교육은 점차 가정에서 이루어지는 것에서 교육기관에서 이루어지는 교육으로 변화되었다. 이러한 과정에서 유아교육에 대한 개념은 일찍 아이의 재능을 발견하기 위한 것, 조기교육을 통해 이른 성취를 하기 위한 것, 초등학교 준비 과정를 위한 것, 여성의 사회 진출로 인한 가정기능을 대행하기 위한 것, 저소득층 유아의 문화적 손실을 보상하기 위한 것으로 그 개념이 단편적으로 이해되고 있는 측면이 많다.

유아교육에 대한 단편적 이해는 시대적 · 사회적 상황의 변화에 따른 요구를 반영하는 것으로 부분적으로 유아교육의 성격을 이해할 수 있으나 유아교육의 본질을 이해하기는 쉽지 않다. 따라서 유아교육에 대한 이해를 높이기 위해서는 유아교육의 본질적 개념을 살펴볼 필요가 있다.

유아교육의 본질적 개념은 모든 유아가 전인적 · 통합적 발달을 이룰 수 있도록 해야 한다는 학문적 근거를 바탕으로 한다. 이를 위해 임재택(1992)은 교육대상, 교육장소, 교육형식, 교육방향의 네 가지 측면과 관련하여 유아교육의 특수성을 살펴보았다. 유아교육에서 교육대상은 유아뿐 아니라 부모를 포함하며 때에 따라 다른 가족 구성원도 포함할 수 있다. 교육장소는 가정과 같은 비공식 장소와 유아원, 유치원, 보육시설, 초등학교 등의 공식적인 교육기관이 해당된다. 교육형식은 비형식적 교육과 형식적 교육이 병행되어야 한다. 교육방향은 과정중심의 교육과정, 즉 유아들의 흥미나 필요를 충족시켜 주는 과정을 통해 전인적 성장 · 발달을 도모하는 전인교육인 동시에 평생교육의 일환이어야 한다.

한국유아교육학회(1997)는 유아교육의 본질을, "유아가 통합적이고 조화롭게 전인적 발달을 이룰 수 있도록 유아기가 아니고서는 발달시킬 수 없는 독특한 교육적 경험을 제공하는 것"이라고 정의하였다.

박찬옥과 조형숙, 엄은나(2007)는 유아교육을 "유아의 발달 및 학습에 대한 이해를 바탕으로 유아의 건강한 성장과 발달을 돕는 것이며, 유아와 가족의 요구를 반영한 가족 지원 및 가정-기관 연계를 포함한 포괄적인 서비스 체계"로 정의하였다.

신옥순(2013)은 유아교육이란 "유아교육기관뿐 아니라 일상의 삶을 통해 유아가 경험하는 다양한 현상을 이해하고 배워 가는 과정"이라고 정의하여 유아교육이 유아의 삶 속에서 이루어지는 과정중심적 교육임을 강조하였다.

이상의 견해를 종합하여 유아교육의 개념을 몇 가지로 요약 · 정리해 보면 다음과 같다.

- 유아교육은 유아의 전인적 성장과 발달을 목표로 한다.
- 유아교육은 유아의 삶과 요구와 가치를 존중하는 아동중심 교육이다.
- 유아교육은 유아교육기관에서 진행되는 형식적 교육뿐 아니라 유아가 일상에서 경험하는 다양한 현상을 이해하고 경험하는 비형식적 교육을 포함한다.
- 유아교육은 유아의 활동과정 자체에 의미를 더 부여한다.
- 유아교육은 취학 전 아동을 대상으로 유아와 부모 그리고 때에 따라 가족 구성원까지를 대상으로 하는 포괄적 성격을 갖는 교육이다.

2. 유아교육의 중요성

'세 살 버릇 여든까지 간다.'라는 속담은 영유아 시기의 발달이 성인에까지 미치는 영향을 보여 주는 것이라고 할 수 있다. 영유아 시기는 인생의 전 기간 중 가장 빨리 성장하고 변화하는 시기로 삶을 영위하는 데 필요한 기본적인 능력을 발달시키는 때이다. 신체의 성장과 조절, 나를 둘러싼 세계를 이해하는 능력, 타인과 관계를 맺고 상호작용 하는 방법, 사회의 규칙을 준수하고 적절하게 적용할 수 있는 능력, 자신의 감정을 조절하고 표현할 수 있는 능력, 의사소통할 수 있는 능력 등 삶의 기초능력이 발달하는 최적의 시기가 영유아기이며 이 시기를 놓치면 발달이 효율적으로 이루어지기 어렵다. 따라서 이 시기 교육의 중요성을 여러 측면에서 생각해 볼 필요가 있다. 20세기 이전까지 유아교육은 철학적인 측면에서 중요성을 이해하였다면 점차 과학적인 실험의 결과를 근거로 한 심리학적인 측면이 강조되었다. 현재에 이르러서는 뇌과학의 발전과 급변하는 사회의 요구를 수용하는 등 유아교육은 유아뿐 아니라 부모와 사회의 필요에 의해 그 중요성이 강조되고 있다.

1) 유아의 측면

(1) 아동중심 사상

고대로부터 현재에 이르기까지 오랜 인류의 역사에서 아동은 국가를 유지하기 위한 병사, 일꾼 등 하나의 수단으로 여겨졌으며 시대에 따라서는 누군가의 소유물로 취급되기도 하였고 매매의 대상이 되기도 하였다. 고대와 중세 사회에서는 유아기의 고유성에 대한 본질적인 이해가 없어서 아동은 이상적이고 강력한 국가의 미래를 위해 성장해야 하는 대상으로 여겨졌고, 유아에 대한 교육의 방향도 그 사회를 구성할 구성원으로서 갖추어야 할 소양을 기르는 것으로 이루어졌다. 아동이 국가나 사회의 유용성에 비추어 가치가 없다고 판단되면 영아 살해나 유기도 행해졌다.

중세사회는 기독교 문화로 모든 인간은 평등하다고 여겼으며 교회법에 의해 영아살해가 엄격하게 금지되었다. 그러나 이 시기에도 아동이 성인과 본질적으로 다른 고유한 존재라는 인식이 없었고, 아동기는 성인이 되기 전까지의 시기로 성인으로 성장하기 위한 준비기라고 보았다. 즉, 아동을 '성인의 축소판'으로 여겨 가혹한 체벌을 통한 엄격한 양육방식으로 어른과 똑같이 행동하도록 교육하였다.

르네상스 시대에 이르러 계몽주의 사상에 기초하여 아동기가 성인기와는 다른 고유한 특성을 가진 시기라는 인식이 싹트기 시작했다. 17세기 코메니우스(Comenius)는 그의 저서『대교수학(Didactica Magna)』에서 아동은 신의 가장 귀중한 선물이며 헤아릴 수 없는 소중한 보배이고 인간의 교육은 어릴 때 가장 잘 이루어진다고 하였다. 6세 이전의 유아교육은 가정, 특히 어머니 무릎에서 이루어져야 한다고 보아 가정에서 이루어지는 어머니의 자녀교육을 중요시하였다.

로크(Locke)는 "건강한 신체에 건강한 정신이 깃든다."라고 하여 영유아의 조기 습관형성의 중요성을 강조하고 체벌의 무용론을 주장하였다.

루소(Rousseau)는『에밀(Emile)』에서 인간을 선한 존재로 보고 영유아에게 내재된 자연 그대로의 속성이 드러나도록 하는 교육을 주장하여서 아동에 대한 존중을 제안하였다.

19세기 유치원을 창시한 프뢰벨(Fröbel)은 영유아교육의 중요성을 강조하였다. 영유아들이 직접 만지고 놀이하는 가운데 개념을 익힐 수 있는 '은물'을 고안하여 체계적이고 계획적인 교육 프로그램을 개발하였다.

20세기 철학자이자 심리학자, 교육자였던 듀이(Dewey)에 이르러 아동중심 사상이 정립되었다. 듀이는 아동교육의 본질이 성인의 눈높이가 아닌 영유아의 입장에서 직시하는 것이라고 하였다. 개별 유아의 발달 수준, 이해 정도, 정서발달, 흥미 등을 기초로 영유아의 실생활과 연결된 교육이 이루어져야 하며 영유아의 자발적 · 자율적 의지에 의해 이루어지는 교육이어야 한다고 하였다.

오랜 시간에 걸쳐 영유아기에 대한 관점은 영유아를 단지 몸집이 작은 미숙한 성인에 불과하다고 여겼던 것에서 그 시기만의 독특한 특성을 가진 고유한 한 인간으로 인정하는 것으로 변화하였다. 이는 미숙한 영유아를 훈련을 통해 올바른 성인으로 자라도록 교육하는 것이 아니라 영유아들의 고유한 특성에 맞게 교육하는 것이 중요하다는 것을 알게 하였다. 그러나 21세기 현재까지도 모든 사회에서 아동중심적 개념을 받아들이는 것은 아니다. 아직도 남아선호 사상으로 인한 영아 살해(특히 여아 살해)가 일어나고 있다. 2002년부터 ILO는 아동노동 반대의 날을 제정하여 아동노동 금지 협약을 체결하였으나 아직도 전 세계 1억 5,000만 명 이상의 아동이 노동에 시달리고 있거나 거리에서 생활하고 있는 것으로 추정된다(ILO, 2018). 이에 엘킨드(Elkind, 1981)는 현대사회에서 아동기는 실제로 아동으로서의 고유한 권리를 누리지 못하는 '아동기의 실종기'로 볼 수 있다고 주장하였다.

(2) 아동의 권리

인권은 인간이 태어나면서부터 가지게 되는 자연법적 권리를 말한다. 성인에게 주어지는 권리가 영유아에게도 그대로 적용되고 그에 덧붙여 영유아는 생존을 보호받아야 하는 특별한 존재이기에 보호권과 양육보장권이 추가된다(이순형, 2001).

아동 권리(兒童權利)는 아동이 가진 인권이며, 아동에게 주어지는 특별한 보호와 관리에 대한 배려이다. 아동의 권리는 구체적으로 아동의 생존권, 성장 · 발달권, 시민권과 자유권, 양육보장권, 복지권, 교육권과 문화향유권, 특별보호권으로 분류할 수 있다(이순형, 2001).

인간은 스스로의 생명이 존중되어야 하고 그 생명활동이 유지되어야 한다. 누구나 세상에 태어날 때 생존권을 가지고 태어나며 아동을 포함한 모든 사람이 그러하다. 장애와 발달이 지체된 아동도 예외일 수 없다.

아동은 성인과 달리 신체적으로 성장하고 정신적으로 발달할 과업이 있다. 적절한 수준의 영양을 섭취하여 신체를 발달시키고, 지적 자극을 받아들여서 정신적 발달을 도모해야 한다. 아동에게 성장과 발달은 자연스러운 생명활동이자 발달과업이다.

성인이 사회의 시민으로서 자유롭게 의사결정을 할 권리가 있는 것처럼 아동도 사회의 시민으로서 자유롭게 자신의 의견을 제시하고 자기 미래를 결정할 권리가 있다.

아동권리헌장

1. 아동은 생명을 존중받아야 하며 부모와 가족의 보살핌을 받을 권리가 있다.
2. 아동은 모든 형태의 학대와 방임 · 착취로부터 보호받을 권리가 있다.
3. 아동은 출신, 성별, 언어, 인종, 종교, 사회 · 경제적 배경, 학령, 연령, 장애 등의 이유로 차별받지 않을 권리가 있다.
4. 아동은 개인적인 생활이 부당하게 공개되지 않고 보호받을 권리가 있다.
5. 아동은 신체적 · 정신적 · 사회적으로 건강하게 성장하고 발달하는 데 필요한 기본적인 영양, 주거, 의료 등을 지원받을 권리가 있다.
6. 아동은 자신이 살아가는 데 필요한 지식과 정보를 알 권리가 있다.
7. 아동은 자유롭게 상상하고 도전하며 창의적으로 활동하고 자신의 능력과 소질에 따라 교육받을 권리가 있다.
8. 아동은 휴식과 여가를 누리며 다양한 놀이와 오락, 문화, 예술 활동에 자유롭고 즐겁게 참여할 권리가 있다.
9. 아동은 자신이 생각이나 느낌을 자유롭게 표현할 수 있으며 자신에게 영향을 주는 결정에 대해 의견을 말하고 이를 존중받을 권리가 있다.

아동은 성장할 때까지 안전하게 양육될 권리를 가진다. 가정환경이 아동의 발달에 부적합한 경우에 아동은 대리보호자에 의해서 보호될 권리가 있다. 아동의 양육보장권은 부모로부터 방임되고 학대받는 아동들이 건강한 대리환경에서 보호받도록 보장하는 것이다.

아동이 신체와 정신을 건강하게 발달시키고 타고난 신체와 지적 능력을 개발하고 행복하게 살기 위해서는 타고난 능력이나 상태와 관계없이 기초보건을 유지하고 자신의 복리를 보장받는 복지권이 필요하다. 특히 정상아가 아닌 경우에는 그 장애를 극복하도록 그리고 불안정한 가정에서 태어난 경우에는 그 환경의 문제를 극복하도록 지원해 주어야 한다.

아동은 잠재되어 있는 능력을 개발하기 위해서 교육받을 권리가 있다. 특히 사회에 나가서 직업을 가지고 생활을 영위할 수 있는 기본 능력을 준비하는 교육과정이 제공되어야 한다.

특별보호권은 아동이 어떤 상황에서도 특별히 안전하게 보호받아야 하는 권리를 말한다. 천재지변과 같은 재난, 전쟁, 위기 상황에서 아동은 최우선으로 보호되어야 하며, 정상아동이나 특수아동이나 무관하게 주어지는 동일한 권리로 생각해야 한다.

앞에서 유아교육의 중요성을 아동중심 사상과 아동의 권리 측면에서 살펴보았다. 이는 유아를 한 인간으로 인정하고 유아 시기를 성인과는 다른 독립된 고유한 시기로 인지한 것이다. 따라서 유아는 그들의 기본 권리를 보장받아야 하고 이 시기에 적절한 방법으로 교육받아야 한다.

2) 심리학적 측면

20세기 이후 발달의 원리를 규명한 발달심리학의 연구는 영유아 교육의 중요한 이론적 근거를 마련하였다. 이들은 인간의 발달과정에는 어떤 특정 시기에만 성취될 수 있는 과업이 있다는 결정적 시기(critical period)에 대한 가설을 주장하였다. 이는 특정한 시기에 적절한 경험과 자극이 주어지지 않아 발달과업을 성취하지 못하게 되면 이후의 발달에도 부정적 영향을 미친다는 것으로 언어습득, 사회성 발달 등 주로 영유아 시기 동안 발달해야 할 과업으로 영유아교육의 중요성을 강조하는 과학적 근거가 되었다.

볼비(Bowlby)는 영아기에 형성된 애착은 유아기에도 지속되고 지적 발달이나 호기심, 성격이나 사회성 발달에 영향을 준다고 하였다. 애착은 보고, 듣고, 안음으로써 형성된다. 할로와 짐머먼(Harlow & Zimmerman, 1959)은 원숭이 연구를 통해 신체적 접촉이 애착에 미치는 영향을 제시했고, 스피츠(Spitz, 1949)는 엄마가 감옥에 있을 때 아기와 함께 감옥에 있는 경우와 아이를 엄마와 떨어뜨려 대리모에게 양육시킨 경우를 살펴본 결과, 엄마와 함께 감옥 안에서 지냈던 아이가 사망률도 더 낮고 병에 걸리는 경우도 더 적었다고 보고하였다. 이처럼 유아는 자신을 돌보는 중요한 성인과 안정된 애착을 형성하지 못하면 정서적으로 불안할 뿐 아니라 타인과의 관계를 형성하는 사회적 능력이 부족한 것으로 나타나고 있다. 이후에도 지속적으로 이루어진 애착이론에 대한 연구들의 결과를 살펴보면 생후 1년간 형성되는 관계 유형은 이후에도 아동의 행동, 사회적 적응, 자아개념, 자기서술 능력에 깊은 영향을 미친다. 이러한 영향은 육체적으로나 감정적으로 최소한 10년 동안 지속된다. 안정된 보살핌, 반응 및 동조로 특징지어지는 어머니-아기의 관계는 안정적인 특징을 보이며, 이러한 관계 속에서는 이별의 고통을 극복하고 견뎌 낼 수 있고, 자기반성 능력을 지니게 한다. 이러한 결과는 생후 몇 년간이 성격 형성에 중대한 역할을 한다는 견해를 확고하게 지지한다(Holmes, 2007)

프로이트(Freud)와 에릭슨(Erikson)에 의하면, 인간 성격의 모든 기초는 초기 부모와의 관계에 의해 결정되며, 인간 발달과정에서 발달시켜야 하는 과업에 성공하면 신뢰감, 자율성, 주도성을 발달시킬 수 있으나 그렇지 못한 경우 불신감이나 수치감, 죄의식을 갖게 된다고 하였다.

인간이 지식을 획득하고 사용하는 인지능력이 어떻게 형성되고 발달하는지에 대한 연구는 발달심리학의 중요한 부분이다. 피아제(Piaget)는 인간이 지각과 운동 활동을 통하여 환경에 효율적으로 적응하고, 자신의 경험을 이해하도록 하는 심리적 구조를 구성하고 발달시킨다고 하였다. 즉, 영유아는 현재의 심리적 구조를 사용하여 경험을 선택하고 해석하며, 주어진 경험의 미묘한 측면을 이해하기 위해 현재의 구조를 수정하면서 인지능력을 발달시킨다(Berk,2006). 피아제는 영유아가 자신의 주변 세계를 관찰하고 가설을 세워 실험하며, 실험의 결과를 예측하고 분석하는 능동적 탐구활동을 함으로써 인지발달이 이루어진다고 하였다.

비고츠키(Vygotsky)는 인간이 구성한 지식은 자신이 살고 있는 지역 문화에 따라 지식 유형의 양과 질이 다르다고 주장하였다. 즉, 인간은 자신이 속한 사회 · 문화적 환경의 영향을 받아 각자의 문화에 맞게 사고하게 된다고 하면서 사회 · 문화적 상호작용이 지식구성의 중요한 요인임을 강조하였다.

가드너(Gardner)는 인간의 지능이 학업성취와 관련된 단일한 하나의 지적 능력으로 측정되는 것에 반대하였다. 그는 지능을 인간이 지닌 잠재력 혹은 능력으로 정의하면서 그것이 서로 독립적이며 다른 여러 종류의 지능으로 구성되어 있다고 보았다. 즉, 한 분야에서 뛰어난 능력을 보인다고 해서 그것이 다른 모든 영역에 적용되는 것은 아니라고 하였다. 또한 지능은 고정 불변하는 것이 아니라 가변적인 것으로 각자가 속한 사회 · 문화적 환경의 요구 및 사용 비중에 따라 발전할 수 있다고 하였다. 가드너의 다중지능 영역에는 언어지능, 논리-수학적 지능, 공간지능, 신체-운동적 지능, 음악지능, 개인 간 지능, 개인 내 지능, 자연주의적 지능 및 실존지능이 포함된다.

이처럼 인간발달에 대한 연구를 통해 유아 시기가 생애 전 발달의 기초이며 발달의 각 영역에서 결정적 시기임을 증명함으로써 유아기 교육의 중요성이 강조되었다.

1990년대부터 활발하게 이루어지고 있는 뇌과학 연구의 발전으로 인간의 지성과 감성, 의식과 무의식 등 인간의 뇌를 총체적으로 규명할 수 있게 되었다. 뇌는 사람마다 유전적 요인과 자신이 처한 환경적 요인에 따라 다르게 형성되며 인간의 행동과 감정, 정서적 측면 모두를 조절한다는 것이 연구를 통해 밝혀지고 있다.

특히 인간의 학습과 밀접한 연관이 있다고 여겨져 왔던 지능에 대한 과거의 연구 결과가 바뀌면서부터 유아교육의 중요성이 더욱 부각되었다. 오랫동안 지능은 선천적인 것으로 유전되며 교육이나 훈련에 의해 변화할 수 없다고 여겨져 왔다. 이러한 지능고정론은 두뇌발달 연구에 의해 변화되었다. 즉, 지능은 고정 불변하는 것이 아니라 환경의 영향을 받아 변화한다는 지능가변론이 대두된 것이다.

뇌에는 140억 개의 뉴런(신경세포)이 있으며 이들이 정보를 주고받도록 연결하는 시냅스가 있는데, 시냅스가 많을수록 정보가 빨리 전달된다. 뇌의 활동은 잘 발달된 뇌신경망을 통한 뉴런 간의 의사소통으로 이루어지며 신경망이 잘 발달되도록 하기 위해서는 산소 공급과 영양 그리고 적절한 자극을 제공해 주어야 한다. 영아기의 심한 영양실조는 뉴런의 수, 크기, 구조, 시냅스의 형성에 영향을 미치고 심각한 뇌손상을 유발할 수 있다. 과학자들은 뇌작용의 '네트워크'를 결정하는 것은 선천적 요인보다는 후천적 경험이며, 유전보다는 출생 초기의 경험이 뇌의 복잡한 신경망 형성에 결정적 영향을 미친다고 하였다. 이때 경험은 신생아가 신체 밖 외부 세계로부터 수신하는 모든 신호를 말하며, 이 경험이 시냅스를 강화한다. 인간의 기억력이 사용하지 않으면 점차 약화되는 것과 같이, 사용하지 않는 시냅스는 가지치기(pruning) 과정을 통해 약화된다. 이 연약한 결합 상태를 강화해 주는 것이 바로 '오감각'을 통한 자극이다. 자극이 풍부한 환경에서 자란 영아와 자극이 결핍된 환경에서 자란 영아는 뇌의 구조와 무게에서 큰 차이를 보인다. 이처럼 영유아기의 뇌의 구조, 뇌발달은 환경으로부터 받는 자극의 양과 종류에 의해서 영향을 받을 수 있는 유연성 또는 가소성이 두드러진다.

인간의 뇌에서 호흡, 심장박동 등 생명 유지를 담당하는 뇌간은 15개월까지, 호르몬·수면·정서 등을 담당하는 변연계는 15개월부터 4세까지, 기억을 담당하는 해마는 4세 전후, 충동을 조절하고 이성적 사고를 담당하는 대뇌피질은 3~6세경에 가장 활발히 발달한다. 이처럼 유아기 동안 뇌의 많은 부분이 발달하므로 유아 시기의 건강하고 적절한 교육이 중요하다고 하겠다.

'유아 조기교육, 학습 · 사회정서능력 떨어뜨려'

전래동화 '도깨비 방망이'를 좋아하는 유아가 있다. 이 아이는 '도깨비'라는 어휘를 알지만 '깨끗하다'라는 어휘의 '깨'자를 읽지 못한다. 왜 그럴까?

아이가 하나의 어휘를 깨치는 과정은 '단순 암기' 영역이 아니다. 하나의 어휘를 통해 형상을 떠올리는 것은 물론 그와 연관된 사유체계를 확장한다. 하나의 단어를 아는 것은 새로운 인식 세계를 여는 것과 같다. 이러한 습득 과정에는 유아의 '구체적 경험'을 기반으로 한다.

유아교육에는 '구체적 경험에 바탕을 둬야 한다.'는 원칙과 더불어 몇 가지 원칙이 더 있다. 그중 하나가 유아가 학습을 '놀이'로 받아들여 흥미와 재미를 느껴야 한다는 것이다. 유아교육을 흔히 '놀면서 배운다.'고 말하는 이유이다.

지난 9일 기자와 만난 이기숙 이화여자대학교 유아교육과 교수는 "유아교육은 아동중심 교육, 흥미중심 교육"이라며 "유아의 경험 · 흥미와 동떨어진 영어 · 한문 등 학습지 위주의 조기교육이 유아의 학습 능력은 물론 사회정서적 능력 발달을 해친다."고 말했다.

이 교수의 지적은 학술적 연구에 의해 뒷받침된다.

이 교수가 이끄는 연구팀은 지난 10월 만 5세 때 문해(읽기) 관련 사교육을 받은 아이 181명을 초등학교 3학년이 될 때까지 추적해 연구한 결과를 내 놓았다. 보고서를 보면, 사교육을 받은 아이의 '읽기 이해능력'과 '어휘력'은 사교육을 받지 않은 아이에 비해 현저히 낮게 나타났다. 이 교수는 "문해 관련 조기교육을 받지 않은 아이가 고차원적 텍스트에 대한 이해력이 높다는 연구 결과는 조기교육이 다수의 부모들이 기대하는 것처럼 효과적이지 못하다는 증거"라고 설명했다.

적지 않은 돈을 투자하면서도, 역효과가 나는 조기교육은 대부분 '학습지 풀이'와 같은 사교육에 의해 이뤄진다. 이 교수팀이 지난해 5,172명에 달하는 한국 · 일본 · 중국 · 대만 유아들의 하루 일상을 비교해 본 결과, 한국 유아들은 한글과 수학 학습지를 푸는 데 하루 대부분의 시간을 할애하는 것으로 나타났다. 다른 3국의 유아들이 미술 · 수영 · 음악 등의 예체능 활동에 많은 시간을 쓰는 것과 대조적이었다. 한국의 유아들은 4개국 중 가장 늦게 자고 아침에 가장 늦게 일어나는 것으로 나타났다.

이 교수는 "유아의 발달과정에서 일찍 자고 일찍 일어나는 습관이 매우 중요함에도, 한국의 유아들은 조기교육에 힘을 쏟느라 적절한 발달기회까지 놓치고 있다."고 지적했다.

조기교육에 많은 투자를 하는 한국의 부모들은 정작 '육아불안'에 시달린다. 이 교수팀이 2008년 유아를 기르는 한국 · 일본 · 중국의 부모 2,940명을 조사한 결과가 이를 보여 준다. '아이가 제법 잘 자라고 있다고 생각한다.'거나 '아이를 키우는 것이 즐겁고 행복하다.'고 답한 비율은 한국 부모가 가장 높았지만, 동시에 '아이가 장래에 잘 성장할지 걱정된다.'거나 '아이를 키우기 위해 참고서만 사는 것 같다.'고 답한 비율도 한국 부모가 가장 높았다. 너도 나도 뛰어드는 조기교육 시장 속에서 한국 부모들이 가장 많은 육아불안에 떨고 있는 것이다.

이 교수는 "만 5세 때 조기교육을 받은 유아들을 각각 초등학교 4학년과 중학교 1학년이 될 때까지 추적한 과거 연구에서도, 조기교육을 받은 아이의 국어 · 수학 점수가 조기교육을 받지 않은 아이의 점수보다 낮게 나왔다."고 말했다. 그는 "조기교육을 받은 아이의 창의성 점수와 사회정서발달 점수도 조기교육을 받지 않은 아이보다 낮은 수치를 보였다."고 설명했다.

이 교수는 '조기교육'이 아니라 '적기 조기교육'이 돼야 한다고 강조했다. 조기교육을 시키더라도, 그것이 아이의 발달과정에 맞춘 시기에 이뤄져야 한다는 것이다. 이 교수는 "한국의 학부모들은 유아의 교육시기가 빠를수록 좋다고 잘못 알고 있다."며 "아동 발달과정에 맞춘 유치원 교육과정인 '누리과정' 교육만으로도 유아교육은 충분하다."고 밝혔다.

출처: 경향신문(2013. 11. 12.). '유아 조기교육, 학습 · 사회정서능력 떨어뜨려'.

3) 사회적 측면

교육은 일반적으로 사회를 존속시키기 위한 과정으로 인식되어 왔으며 유아교육도 사회적 변화와 밀접히 관련되어 있다. 전통적으로 양육은 가정의 중요한 기능이었으나 도시화와 산업화, 민주주의 이념의 확산, 여성의 경제활동 참여, 가족구조의 변화, 출산율 저하에 따른 사회적 변화로 양육이 사회 공동의 책임이 되었다.

우리 사회는 1960~1970년대 이후 농업중심의 사회에서 산업중심의 사회로 변화하게 되었으며 이는 필연적으로 인구의 도시 집중화와 가족구조의 변화를 이끌었다. 현재 우리나라는 1세대 또는 부부와 자녀 중심의 2세대 가정이 전체 가구의 90%를 차지하고 있으며 1990년 이후 급속히 증가하는 이혼과 별거, 사별 등 가족문제로 인한 가족해체 현상이 증가하고 있다. 이로 인해 18세 미만의 자녀와 한부모로 구성된 한부모가정이 지속적으로 증가하고 있는 실정이다. 이는 다른 가족 구성원과 함께 양육이 가능했던 대가족과 달리 자녀양육의 책임이 부모에게 국한되는 결과를 가져왔다.

또한 여성 인권에 대한 자각에서 시작된 여성 해방운동으로 가정 내에만 국한한 여성의 역할에 회의를 품게 되었으며, 이는 여성의 역할에 대한 사회적 인식의 변화를 가져왔다. 1980년 이후 급속한 경제발전과 산업구조의 변화는 여성의 경제활동 참여에 대한 인식 변화가 이루어지는 계기가 되었다. 사회적 상황과 인식의 변화, 여성의 고학력화는 자아실현, 가정 경제의 안정, 국가 경제활동 인구의 확보 등의 이유로 여성의

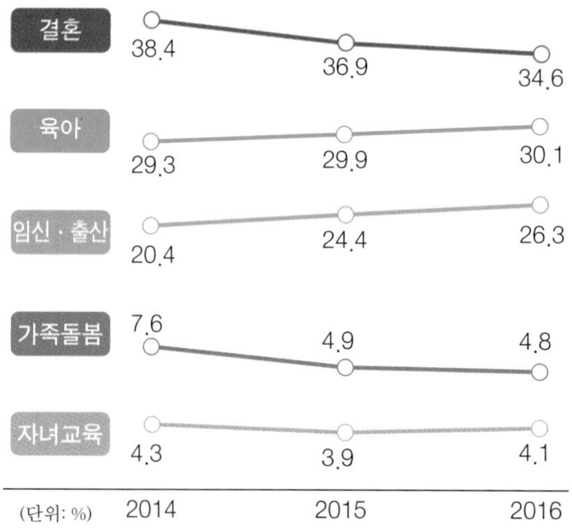

[그림 1-1] 기혼여성 경력단절 사유

출처: 통계청(2017).

경제활동 참여가 필요하게 되었다. 이에 따라 여성 취업이 전 계층, 전 직종으로 확산되었고 여성 취업자의 비율이 크게 늘어나 일-가족의 분리 상황이 늘어남에 따라 일-가정 양립을 위한 요구와 사회적 논의도 확장되었다(강이수, 2007).

2000년 이후 여성의 경제활동 참가율이 2006년 50.2%를 넘었으나 이후 정체 내지 감소세로 전환하였다. 이는 우리 경제가 장시간 전일제 근로중심 구조로 이루어져 있어 미혼여성, 자녀 출산 전 기혼여성은 경제활동에 참여할 수 있었으나 자녀 양육기의 여성들은 경력단절이 심각하게 나타나는 패턴을 보이고 있다(김영옥, 2011).

여성들의 경력단절 사유는 결혼(58.5%)이 가장 많았고 이에 따른 임신 · 출산(28.4%), 양육(7.2%) 등이 뒤를 이었다. 이는 장시간 근로문화 등으로 출산 및 일-가정 양립을 저해하는 기업문화, 재취업이 어려운 고용시장 등 여러 요인이 작용하기 때문인 것으로 풀이할 수 있다.

여성의 사회진출로 인한 일과 가정 양립을 해결하기 위해서는 양육을 분담하는 가족 내에서의 역할 분담, 직장 구성원의 인식 개선, 유아교육기관 운영체계의 다양화, 실질적인 정부 정책 지원에 이르기까지 다각적인 접근이 필요하다.

우리나라는 초저출산 국가(합계 출산율 1.3명 이하)이다. 2005년 출산율 1.08명으로 OECD 국가 중 가장 낮은 것으로 나타난 이후 2016년 1.17명으로 그 추세가 지속되고 있다.

국가가 존속하고 번영하기 위해서는 인적 자원의 활용이 중요하다. 정부는 저출산 문제를 해결하고자 출산장려금, 임신 · 출산 진료비 지원사업(고운맘 카드) 실시, 다자

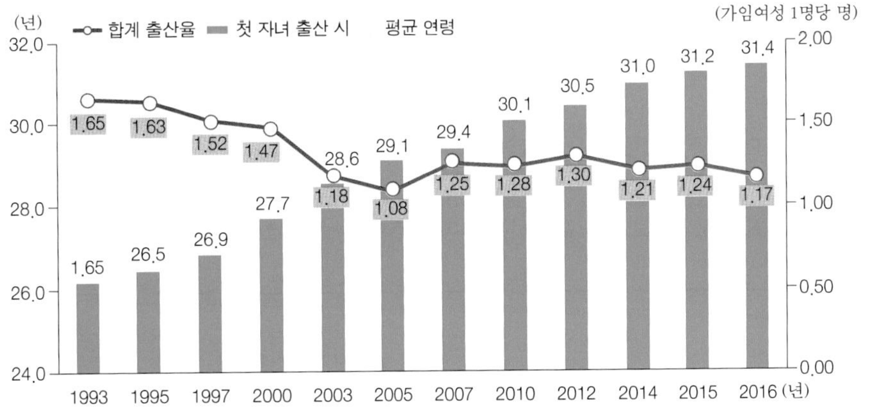

[그림 1-2] 출산율과 첫자녀 출산 시 모의 평균 연령(1993~2016년)

출처: 통계청(2016).

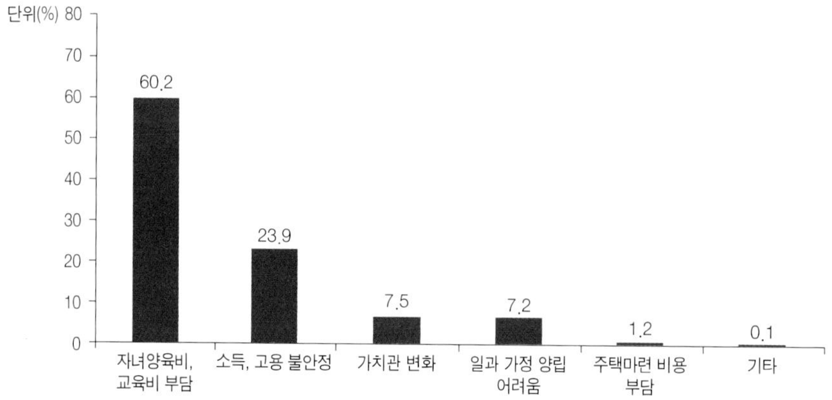

[그림 1-3] 저출산의 주된 원인

출처: 보건복지부(2012).

녀가구 세제혜택, 보육료 감면대상 확대(아이사랑카드) 등 다양한 저출산 대책을 제공하고 있으나 그 실효는 미흡하다.

저출산의 가장 주요한 원인은 자녀를 양육하고 기르는 데 필요한 많은 양육비와 교육비로 나타났다. 가정의 경제적 부담을 경감하고 양질의 유아교육을 제공하여 여성의 가정과 일 병행이 가능하도록 보다 세심한 정부의 지원이 필요하다고 하겠다.

활동해 봅시다

1. 내가 생각하는 교육은 무엇이고 유아교육은 무엇인지 이야기해 봅시다.

2. 내가 경험한 유아 시기의 경험을 나누어 봅시다. 유아교육기관에 다녔던 경험이나 그 밖의 기억에 남는 경험을 나누어 봅시다.

3. 현대사회에서 유아교육의 중요성을 유아의 측면, 사회적 측면에서 설명해 봅시다.

CHAPTER 02

우리나라 유아교육의 역사와 사상

▶ 학습목표

1. 우리나라의 전통 유아교육사상을 이해한다.
2. 우리나라 유아교육의 역사적 변화를 이해한다.

우리나라는 전통적으로 불교, 도교, 유교의 종교적·학문적 체계를 형성하였으며 이는 이 땅에 사는 사람들의 가치관과 교육방식에 큰 영향을 미쳐 왔다. 안경식(2005)은 우리나라 전통사회의 아동교육 사상은, 첫째, 아동을 우주적·신적 존재로 보고 아동 자체를 완성된 하나의 인간으로 인정하며, 둘째, 태교와 조기교육을 매우 중요시하며, 셋째, 영유아교육에 있어 부모의 역할, 특히 어머니의 역할을 중시하고 가정을 중요한 교육적 공간으로 보며, 넷째, 보육과 교육 방법에 있어 정성이 필요하다고 여기는 공통점을 가진다고 하였다. 그러나 현대에 와서는 서양문화의 영향으로 의식의 새로운 변화가 나타났다. 따라서 이 장에서는 시대에 따른 아동관과 교육에 대해 살펴보려고 한다.

1. 고려시대의 영유아관과 교육

고려시대는 삼국시대에 전래된 불교가 주체적으로 성장하여 고려만의 고유한 불교사상을 성립하였다. 불교에서는 모든 인간의 마음속에 '불성'이 있어 누구나 깨달음을 얻을 수 있다고 하였다. 특히 영유아는 '동자'로서 석가여래와 같이 잡념이나 편견이 없는 순수한 마음 그 자체로 세속에 물들지 않은 이상적 인간상으로 비추어진다(임부연, 오정희, 2009). 즉, 영아기를 인간의 가장 온전한 상태라고 인식하여 우리가 보고 듣고 말하는 것에 의해서 혼탁해지는 것을 경계하여 탁해지지 않도록 하는 것을 중요한 덕목으로 여겼다. 아동의 소질이나 품성 등은 선천적으로 타고나는 것으로 생득적인 것을 강조하였고 이후의 모습이 이러한 생득적 본성에 의해서 결정된다고 보아 상대적으로 후천적 환경의 영향이 약하다고 인식한 것으로 보인다(신양재, 권은주, 2004).

불교는 자비사상을 바탕으로 어려움에 처한 아동을 사찰에서 위탁의 형태로 보호하거나 시설에 수용하여 보호하였으며, 가난한 부녀자의 아동을 시설이나 사찰에서 위탁 보호하게 하면서 양육에 필요한 물품을 국가에서 지급하였다(조건덕, 민광미, 현정희, 정희정, 천은영, 2011). 『고려사』에서는 고려 제6대 성종, 현종, 예종, 인종, 고종 등은 부모와 친척이 없는 아이들 중 병이 있는 아이들에게는 관가에서 곡식을 주어 구제하였으며, 노인, 부모 없는 어린이, 자식 없는 늙은이, 중환자에게 물품을 차등 있게 주었다. 이는 고려시대의 사회적 약자들에 대한 보호책이 사회적 수준에서 실시되었음을 말해 준다.

불교에서는 현상의 결과보다 그 원인을 중시하여 인간의 출생 전 단계, 즉 임신 전, 임신 중, 출산의 전 과정에서 부모교육을 중시하였다. 그뿐 아니라 출생 후 영유아를 기름에 있어 부모는 영유아를 깊이 사랑하고 제어하고, 가르쳐 악을 멀리하고 선을 행하도록 교육시킬 의무가 있다고 보았다(권은주, 1990).

2. 조선시대의 영유아관과 교육

조선시대는 불교를 배제하고 유교의 성리학이 기반인 사회가 되었다. 주자는 『소학』에서 봄, 여름, 가을, 겨울에 따라 만물이 변하는 것은 하늘의 불변의 법칙이고, 어질고(仁), 옳고(義), 예의 바르고(禮), 슬기로운 것(智)은 인간의 본성이라고 하여 인간의 본성은 선하지 않은 것이 없다고 하였다. 그러나 인간이 외부와 접촉하게 되면서 기질이 혼탁해져 악하게 될 수 있으나 윤리를 실천함으로써 혼탁한 기질을 제거할 수 있어 본연의 선을 회복할 가능성을 가지게 된다고 하였다. 이를 위한 방법으로 교육을 크게 강조하였다. 또한 '배부르게 먹고 따뜻하게 입고 편안하게 살면서 가르치는 것이 없다면 금수에 가까워지는 것'이라고 보아 인간에게 있어서 교육을 필수조건으로 인식하였으며 교육이 조기에 이루어질수록 효과적인 것으로 생각하였다(백혜리, 1997).

성리학에서는 태아기부터 인간으로 인정하였으며 이 시기 어머니의 교육, 즉 태교를 통하여 인성, 지적 능력이 결정된다고 보아 출생 이후 받게 되는 교육보다 더 중요한 것으로 인식하였다. 태어나서 3세까지는 신체적으로 인지적으로 미성숙하므로 통제 없이 무조건 보호가 필요한 시기라고 인식하였다. 7세까지의 아동은 아직 분별력이 없으나 10세가 되면 성인과 같은 생활을 할 수 있는 능력이 있다고 인정되었다. 따라서 10세 아동에게 어른을 섬기는 예를 가르쳐야 한다고 하였다.

성리학의 유아시기 교육에 대한 인식을 살펴보면 다음과 같다.

첫째, 이 시기 유아는 신체적 · 정신적으로 미성숙하므로 이 시기에 적절한 양육이 필요하다고 여겼다.

둘째, 유아의 성장발달은 후천적으로 이루어진다고 보았다.

셋째, 영유아기 교육의 목표는 성현이 되기 위한 준비로 성실하고 근면한 생활태도와 학문탐구를 강조하여 현재보다는 미래를 위한 준비과정이었다(백혜리, 1997).

인간의 본성을 선하게 본 성리학에서는 선한 본성이 혼탁해지지 않게 유지하고 타고난 재능을 넓혀 성현이 되기 위해 교육을 강조하였다. 이처럼 성리학에서는 유아의 선한 본성과 교육가능성을 인식함으로써 유아를 성인과 동등한 존재로 존중받을 수 있는 긍정적인 존재로 인식하였다. 그러나 조선사회의 수직적 · 종속적 위계질서로 인해, 아동을 인간으로 보는 본질적인 면에서는 긍정적으로 인식하였지만 현실적으로는 유아의 삶은 성인과 대등하게 인식받지는 못하였다(백혜리, 1997).

임진왜란과 병자호란 등에 따른 조선후기의 극심한 사회 혼란은 명분과 사유를 중요시하는 성리학의 후퇴를 가져왔고, 실생활에 이로운 학문에 대한 관심으로 실학이 탄생하였다. 실학은 경세치용(經世致用)[1)]과 이용후생(利用厚生)[2)]을 목표로 현실적인 입장에서 정치, 경제, 사회적인 실천이론을 전개하였다.

실학에서도 성리학과 마찬가지로 인간의 본성을 선한 것으로 보았으며 인간 본성의 회복을 위한 교육의 중요성을 강조하였다. 『사소절』에서는 "지극히 중요한 일은 자식을 가르치는 것보다 더한 것이 없다."라고 하여 교육의 중요함을 강조하였다. 교육은 집안의 흥망성쇠와 연관되어 있는 중요한 것으로 영유아교육에서 부모의 적극적인 역할을 강조하였다. 교육의 목적은 영유아들에게 좋은 것과 나쁜 것을 분명히 제시하여 나쁜 데 물들지 않도록 하여 사람이 악하게 되는 것을 방지하려는 데 있었다.

실학에서 교육을 통한 성취는 성현(聖賢)에 이르는 것과 동시에 사회적인 성취의 가능성을 인정하는 것이었다. 인간의 본성이 선하다고 믿었으나 수직적 · 종속적 사회에서 차별을 인정한 성리학과 달리 실학은 조선후기 양반제라는 신분제의 붕괴에 따른 인간평등 사상을 기초로 하고 있다. 이는 영유아기에 대한 관심으로 이어졌고, 영유아를 사회의 구성원으로 보게 되었다. 따라서 교육의 실행에 있어서 영유아의 입장을 고려하여 구체적인 실생활에 대한 것으로 교육내용이 제시되었다. 실학에서는 체벌이

---

1) 경세치용: 학문이 실제 정치 · 사회에 유용하지 않으면 안 된다.
2) 이용후생: 이용은 백성의 쓰임에 편리한 것으로 공작기계나 유통수단 등을 의미하며, 후생은 의, 식 등의 재물을 풍요하게 만드는 것이다.

인정되었으나 아동의 인격을 손상해서는 안 된다, 즉 체벌의 대상이 아동의 인격이 아닌 아동의 잘못에 있어야 한다고 생각하였다(백혜리, 1997).

3. 근대의 영유아관과 교육

조선말기 봉건제를 기반으로 하는 왕정의 위기와 정치인들의 민중수탈, 당시 동아시아를 향한 서구 열강의 침탈은 조선으로까지 뻗쳐 와 백성의 삶은 극도로 피폐해졌고 조선왕조는 국내외적으로 큰 어려움에 처하게 되었다. 이 시기에 외적에 대항하고 지배층의 모순을 해소하며 어려움에 처한 민심의 방향을 제시하기 위해 유 · 불 · 선 3교와 무속신앙, 음양오행설, 정감록 등의 여러 요소를 혼합하여 수운 최제우에 의해 동학이 창제되었다(백혜리, 1997).

동학에서는 인간을 누구나 '한울님'을 모신 평등한 존재로 인식한다. 즉, 모든 인간은 한울님과 같이 존엄한 존재로 인간과 한울님은 서로 다르지 않고 동등한 존재임을 나타낸다(인내천, 人乃天). 남녀노소, 빈부귀천의 차이가 존재할 수 없으며 존재하는 모든 것은 한울님을 모시고 있어 무조건적으로 평등하다는 것이다.

따라서 동학의 교육은 인간이 스스로 깨닫고 각성하여 망각하고 있는 자신 본연의 모습을 되찾도록 하는 데에 그 핵심이 있다. 즉, 인간은 주체적 존재로 스스로 교육을 받고자 하면, 그 교육의 가치나 효용성은 극대화되며 잃어버린 자신 본연의 모습을 되찾을 수 있다는 것이다. 인간존중 사상에 뿌리를 둔 동학의 교육사상은 전통적 여성교육과 유아교육에 대한 반성으로 이어졌다. 여성 스스로 인간으로서의 자신의 존엄성과 자유 그리고 행복을 추구해야 함을 각성하고 자각하여 남녀가 공히 동등한 존재임을 발견하고 인식토록 하였으며, 유아교육에도 그대로 적용되어 유아에 대한 태도와 교육사상이 근대적인 모습으로 발전하도록 하였다.

> "아이가 태어난 그 처음에 누가 성인이 아니며 누가 대인이 아니겠는가? 다만 뭇 사람이 어리석어 깨끗한 성인의 성품을 잊고 있다. 그러므로 수심정기하여 혼탁한 마음을 바로잡고 순결한 어린이의 마음으로 돌아가야 한다."

인간은 태어날 때 한울님의 조화로운 기를 그대로 간직하고 있어 인간의 가장 이상적인 상태는 한울님을 모신 유아의 선한 마음이라고 보았다. 따라서 이상적인 선의 상태에 있는 유아는 성인이 따라야 할 존재이며 성인을 가르칠 수 있는 존재가 된다. 이는 아동의 능력이 성인의 그것과 다르지 않다고 인정하는 것으로 성인과 아동이 서로 대등한 관계임을 나타내는 것이라고 할 수 있다. 그렇다고 아동의 미성숙함을 부정하는 것은 아니다. 이제까지 성인의 가르침 아래에 존재하는 아동의 위상을 성인과 대등한 존재로 높였다는 사실을 의미하는 것이다. 아동은 미래의 어른이며 주인공으로서 그 존엄성에 있어서 성인과 차이가 없다고 인식한 것이다.

동학의 유아교육은 태아 때부터 시작된다. 동학에서는 태아를 잉태하는 것은 곧 한울님을 잉태하는 것이기 때문에 매우 중요하다. 한울님을 마음에 가진 유아는 인격적인 존재로서 한울님을 모시듯 유아도 소중하게 길러야 한다는 생각으로 발전하였으며 어른의 종속물로서가 아니라 독자적인 인격을 소유한 주체적인 인간으로서 어른과 동등하게 평가되어야 하는 평등한 존재임을 밝혔다(김세곤, 2016).

따라서 성인에 의한 아동 체벌은 어떠한 경우라도 금하고 있다. 즉, 어린아이도 성인과 대등한 존재로 한울님을 모셨기에 아이를 때리는 것은 곧 한울님을 때리는 것이 되기 때문이다(백혜리, 1997). 동학의 아동존중 사상은 근대적인 아동관의 시작을 의미하며 성리학과 실학의 아동관이 지닌 한계를 극복한 것으로 볼 수 있다(이순형, 2006).

동학의 영향을 받은 근대 아동운동가로 소파 방정환의 이야기는 빼놓을 수 없다. 소파는 아동교육가, 소년운동가, 민족운동가, 근대 아동문학의 선구자로 잡지 『어린이』 등을 발행한 아동출판 운동가, 색동회와 소년운동협회 등의 소년단체를 조직하여 활동한 아동문화 운동가이기도 하였다. 소파는 「어린이 찬미」라는 글에서 어린이는 하늘 뜻 그대로의 산 하느님이며 어린이의 얼굴에서 하느님의 얼굴을 발견한다고 하여 어린이를 완전한 하나의 인격체요 성인의 예속물이 아닌 '훌륭한 한 사람으로 태어나오는 존재'로 보았다(명지원, 2010).

소파의 아동관은 아동의 본성이 어떤 것인가, 아동이 어떤 존재이냐, 아동교육과 환경의 관계의 세 가지 측면으로 설명할 수 있다.

첫째, 소파는 아동의 본성이 본래 선하다는 성선설 또는 천사주의 아동관을 가지고 있는데 이러한 아동관은 아동의 인권회복과 감성해방에 상당한 성과를 거두게 하였다.

둘째, 소파는 아동을 개성과 인격과 존엄성을 지닌 독립된 인격체로 보았다. 아동을 독립된 인격체로 본 소파는 어린이에게 존댓말 쓰기 운동과 같은 구체적인 실천 운동을 전개하였다.

셋째, 소파는 아동이 환경과의 수동적인 관계에서 벗어나 능동적으로 바르게 성장할 수 있는 좋은 환경을 개척할 뿐만 아니라 그 아동만이 갖는 환경과의 고유한 경험을 통해 나름대로 독특하게 성장할 수 있는 존재라고 보았다(한상규, 이은하, 2005).

소파의 교육관을 살펴보면 다음과 같다.

첫째, 아동중심 교육이다. 어린이의 올바른 성장을 위해 성인중심의 생활환경을 아동중심의 생활환경으로 바꾸어야 한다. 어린이에게 자유로운 환경을 조성해 주고, 어린이의 용기를 북돋아 주는 풍토를 조성해 주며, 어린이에게 자유로움과 기쁨을 누릴 수 있는 환경을 조성해 주는 것이다.

둘째, 전인교육이다. 과거 유교적 전통과 일제강점기의 교육이 지나치게 인지적 측면의 교육을 강조하여 아동의 조화로운 성장을 방해한다고 보아 지적인 부분과 정서적인 부분을 골고루 갖춘 조화로운 인간상, 즉 전인교육을 추구하였다. 이를 위해 성인들은 아동의 인격을 존중하고 감성해방을 돕는 조력자의 역할을 수행해야 한다는 것이다.

셋째, 예술교육이다. 그림, 동요, 동화, 동극 등의 예술을 통해 아동이 기쁨, 슬픔, 좌절, 갈등 등의 억압된 감정을 표현할 수 있도록 하여 아동의 감성해방을 꾀하고자 하였다.

이를 바탕으로 소파가 주장한 교육원리를 정리하면 다음과 같다(차호일, 1989).

- **자발성과 흥미를 통한 교육**: 성인은 아동이 요구하는 것을 들어주고 성장을 돕고 보호해 줄 뿐이지 강제로 교육을 행해서는 안 된다. 아동이 흥미를 가지고 참여할 때 자연스럽게 교육이 이루어지는 것이다.
- **견학을 통한 교육**: 이는 실생활을 통한 교육, 감각을 통한 교육, 직관에 의한 교육의 원리를 강조하는 것으로 소파의 교육이 실생활중심의 교육, 실재적인 교육이었음을 증명하는 것이라고 할 수 있다.
- **놀이를 통한 교육**: 소파는 어린이가 제일 기쁨을 얻을 때는 자유로운 활동을 할 때라고 보고 이러한 활동은 육체뿐 아니라 정신의 활동도 포함하고 있다고 본다. 소파에 따르면 놀이는 아동생활의 전부이며 정신과 육체를 성장하게 하는 교육이다. 놀이를 통한 교육방법은 소파가 그 시대에 이미 아동교육에서 놀이의 중요성을 인식하고 있었다는 것을 알 수 있다.

■ 칭찬과 대화를 통한 교육: 소파의 사상적 토대가 된 천도교는 인내천과 사인여천을 기본 사상으로 하고 있어, 소파는 아동의 체벌에 대해 부정적인 입장을 가지고 있으며 이는 칭찬과 대화를 통한 교육방법으로 나타나고 있다.

■ 발달 수준에 알맞은 교육: 소파는 아동을 교육할 때 아동의 수준에 알맞게 쉽게 교육할 것을 당부하고 있다. 아동의 발달 수준에 맞는 교육만이 아동중심 교육이며, 아동중심 교육만이 아동에게 기쁨과 흥미와 이해를 줄 수 있다는 사실을 알고 있었다. 이는 어린이의 심리와 발달의 관계를 잘 이해하고 있지 못하고서는 주장하기 어려운 일이다.

4. 유치원 성립 시기(1945년 이전)

우리나라에서는 전통 서당이라는 사설 아동교육기관이 오랫동안 존재해 왔으며(임재택, 2008), 1920년대에는 개량 서당이 근대교육기관인 보통학교를 압도할 만큼 많았다(김형목, 2005). 1915년 당시 3만 468개의 서당에 19만 5,689명의 남녀 아동이 다니고 있었다. 그러나 서당은 학령기인 8세 이상의 아동이 다니던 곳으로 유아를 대상으로 하고 있지는 않았다. 따라서 4세 이상의 유아를 대상으로 한 유치원의 설립을 우리나라 유아교육의 시작으로 보는 것이 일반적이다(정선아, 윤은주, 2014).

우리나라의 유아교육은 약 100여 년 전 한일합방 당시 일본인 자녀를 위해 설립한 서구식 사립유치원과 기독교와 천주교 단체의 선교사들이 세운 유치원으로부터 시작되었다. 1910년대 시작된 유아교육은 1920년대 확장 시기를 거쳐 1943년에는 343개 유치원에서 2만 7,397명의 유아가 다닐 만큼 확장되었으며 유치원 교육의 확대는 조기에는 일본인, 후기에는 조선인에 의해 주도되었다(이상금, 1996).

〈표 2-1〉 초기 유치원 설립 역사

연도	한국계 유치원	일본계 유치원	비고
1897		부산유치원	일본거류민단 설립 사립유치원
1900		경자기념 경성유치원 인천기념유치원	공립유치원
1904		진남포심상고등소학교 부설유치원	진남포거류민단 설립 공립유치원
1907		대구유치원	대구부인회 설립 공립유치원
1909		원산유치원	원산거류민단 설립 사립유치원
		나남유치원	함경북도 정토종 설립 사립유치원
		군산심상소학교 부속유치원	경성 거류민단 설립 사립유치원
1910		경성유치원	사립유치원
1913	경성유치원		한국인에 의해 한국인의 자녀를 위해 설립되었지만, 조선총독부의 지원하에 한국인을 일본인으로 동화시키고자 함
1914	이화유치원		설립자: 선교사 L. E. 프레이(L. E. Frey) 교사: 브라운 리(Brown Lee)
1916	중앙교회 부설 중앙유치원		최초의 한국 유치원 교육기관 한국인 자녀를 위해 박희도가 민족독립 정신을 교육목표로 설립
1917	배화유치원		설립자: 선교사 L. 에드워즈(L. Edwards)
	덕수궁유치원		고종 승하 2년쯤 덕수궁 내에 설립 운영
1918	아현유치원		설립자: 선교사 E. 반 플리트(E. Van Fleet)
1919	동, 남, 북 유치원		설립자: 왕래 운영: 선교사 클라라 하워드(Clara Howard)

1926년에 '경성보육학교'가 설립되었고 1922년 박희도에 의해 세워진 유치원 사범과가 1928년 9월 '중앙보육학교'로 승격되어 많은 유치원 교사가 배출되었다.

1930년대에 이르러서는 약 206개의 유치원이 전국에 걸쳐 설립되었다. 그러나 그 당시 유치원 교육은 한국인 자녀를 위한 보편적인 교육이라기보다는 일본인 중심의 상류층 자녀를 위한 교육이 주류를 이루었다(이기숙, 2002a). 일본인 중심의 유치원은 한국인으로 하여금 유치원 교육에 대한 관심을 촉발시키는 계기가 되었고 교육구국주의 정신을 계승하여 많은 유치원이 설립되었다. 그러나 곧이어 유아교육의 참뜻을 인식하지 못한 채 이루어지는 유치원 교육에 대한 회의와 자성의 움직임이 나타났으며 유치원 무용론이 제기되기에 이르렀다(이상금, 1991).

5. 대한민국 수립과 「교육법」 제정 시기(1945~1961년)

대한민국 수립 후 유치원 교육은 문교부의 보통교육국 초등교육과에서 담당하게 되었다. 1949년 「교육법」이 공포되었고 유치원에 관한 조항이 포함되어 있었으나, 이때는 국가수준의 교육과정도 없고 정부에서의 행정·재정적인 지원 및 교육활동을 지도할 수 있는 체계도 없었기 때문에 정부의 뚜렷한 유아교육 정책은 없었다고 볼 수 있다(신의숙, 2004). 「교육법」 제146조, 제147조, 제148조에 유치원 교육의 목적, 목표, 방법, 유치원의 유형, 설립인가, 감독권자, 교원의 임무 등을 규정하고 취원 연령을 만 4세부터 초등학교 취학 전으로 규정하여 최소한의 법적 기준을 마련하였으나 구체적인 시행규칙은 없었다. 1950년 '국립유치원 설치 계획'을 발표하였으니 이후 6·25 전쟁과 무계획한 교육정책 등으로 혼란을 거듭하였다.

6. 유치원 교육과정 제정 시기(1962~1980년)

1962년에는 「유치원 시설 기준령」이 문교부령 제106호로 공포되어 유치원의 위치, 원사, 시설·설비, 완구와 교구, 소방시설 등에 관한 최소한의 유치원 시설 기준이 마련되고 시행됨으로써 유아교육 체제를 정비하는 데 많은 영향을 미쳤다.

1969년 2월 문교부령 제207호로 '제1차 유치원 교육과정'이 제정·공포되었다. 이는 유치원이 도입된 지 70년 만에 이루어진 것이다. 이는 유아들의 바람직한 성장 · 발달을 조성하는 유아교육의 특수한 목적과 기능을 구현하기 위해 제정되었으며, 건강한 신체와 건전한 정신으로 행복하게 생활할 수 있는 유능한 한국 국민이 될 기초를 닦음을 목적으로 두었다(이경희 외, 2009). 교육과정은 교과중심인 초등학교와 달리 생활영역을 중심으로 건강, 사회, 자연, 언어, 예능의 5개 영역으로 구성하였다.

1970년대는 공립유치원을 설립하면서 공교육을 추진한 우리나라 유아교육의 중요한 시기이다. 1975년 부산에 1개, 1976년 서울에 4개의 공립유치원을 설립하였고 1981년까지 총 20개의 공립유치원이 서울 시내에 설립되었다(정혜손, 2008).

1979년 3월 '제2차 유치원 교육과정'이 공포되었다. 이는 사회적 변화에 대응하고 유아교육의 새로운 이론적 체계를 반영하고자 하였다. 제1차 교육과정이 교과목 형식의 5개 생활영역으로 구성되었던 데에 반해, 제2차 교육과정은 전인발달을 강조하여 사회 · 정서발달 영역, 인지발달 영역, 언어발달 영역, 신체발달 및 건강 영역의 4개 발달영역으로 구분하였다.

7. 「유아교육 진흥법」 제정 시기(1980년대)

1980년대는 우리나라 유아교육에 새로운 전환기를 맞이하는 시기였다. 낙후된 유아교육 부분을 육성하기 위한 행정적 · 재정적 지원이 강화되었다. 1982년 3월 '유아교육 진흥 종합 계획'이 수립되었으며 이 계획에 따라 문교부는 유아교육 진흥책 5개년 계획을 수립하였다.

1982년 12월 유아교육 진흥을 정책적으로 추진하기 위한 법적인 기반을 확고히 마련하고자 법률 제3635호로 「유아교육 진흥법」이 제정 · 공포되었으며, 이어서 1983년에는 동법 시행령이 공포되었다. 이 법에 의해 관련부처의 담당 부서가 신설되었다. 이전의 유치원 교육업무를 담당했던 보통교육국 의무교육과에서 보통교육국 내의 유아교육 담당관실로 이관되었다. 처음으로 유아교육 전반에 관한 업무를 총괄하는 부서가 문교부 내에 설치된 것이다. 또한 각 시 · 도 교육위원회에 유아교육 담당 장학사가 배치되어 유아교육 행정의 효율성을 가져오게 되었다. 그리고 4개 부처로 4원화되어 관장되었던 유아교육기관들은 내무부의 새마을 유아원과 문교부의 유치원으로 이원화되었고 법적으로는 「유아교육 진흥법」이라는 단일 법을 적용하는 법적 단일화 체제를 갖추게 되었다(이기숙, 장영희, 정미라, 엄정애, 2003).

「유아교육 진흥법」 제정 이후 유아교육은 급속히 확대되어 1980년에 공립 40개, 사립 861개로 총 901개였던 유치원이 1983년에는 공립 2,562개, 사립 1,714개로 총 4,276개로 급증하였고 취원 유아 수도 약 2배로 증가하였다. 정부가 농촌 지역과 도서 벽지 지역을 중심으로 공립유치원을 확대하여 사립유치원의 수를 능가하게 되었다.

1981년 12월 제3차 유치원 교육과정이 개정 · 공포되었다. 제3차 유치원 교육과정은 처음으로 초 · 중등 교육과정 개정과 같이 이루어져 상호 연계성을 가졌다는 데 의의를 지닌다(이기숙, 2002a). 1987년 6월 제4차 유치원 교육과정이 개정 · 공포되었다.

8. 공교육 추진기(1990년대 이후~)

1990년대는 유치원 교육의 공교육화 추진이 우선되었다. 1991년「영유아보육법」이 제정 · 공포되어 내무부가 관장하던 새마을 유아원이 1993년까지 교육부 산하의 유치원이나 보건사회부 산하의 어린이집으로 전환하게 됨으로써 유아교육은 교육부 유치원과 보건사회부 어린이집으로 이원화되었다.

1991년 12월「교육법」이 개정되어 유치원 입학 연령이 만 3세로 하향 조정되었다.

1992년 3월 제5차 유치원 교육과정이 개정 · 공포되었다. 제5차 유치원 교육과정에서는 교육과정 영역을 발달영역에서 건강, 사회, 표현, 언어, 탐구의 생활영역으로 구성하였고 교육내용을 유아의 연령, 발달 수준을 고려하여 수준별(Ⅰ, Ⅱ 수준)로 조정할 수 있도록 하였다.

1997년 6월 교육개혁위원회는 유아교육의 공교육 체제 확립방안을 발표하여 유아교육개혁안을 제시하였고, 1997년 12월「초 · 중등교육법」안에 5세아 무상교육의 근거가 마련되었다. 구체적인 내용은 다음과 같다.

- 3세 이상 초등학교 취학 전 유아에 대한 교육을 유아학교 체제로 구축
- 초등학교 취학 전 유아에 대한 1년의 무상교육 수혜 권리 보장
- 유아교육 개혁 추진체제 확립

이상의 유아교육 개혁방안을 실현하기 위해「유아교육법」등 관련법제 정비, 재정투

자 계획, 3세 미만 영아에 대한 대책, 유아학교 체제에 관한 사항 등을 조정하려고 했지만 유치원과 보육시설 종사자 간의 입장 차이와 정부 각 부처 간의 입장 차이로 결실을 맺지 못하였다(이기숙 외, 2003).

2000년 5월 유아교육발전추진위원회를 구성하여 유아교육 체제를 정비하고 유아학교법을 추진하게 되었다. 그러나 이후에도 실질적인 측면에서 유아교육의 공교육화는 추진되지 못하고 있다.

2001년 「교육기본법」 제20조에 국가나 지방자치단체는 유아교육의 진흥을 위하여 필요한 시책을 수립하고 시행하여야 함을 명시하고 있고 「초 · 중등교육법」에서는 학교의 한 종류로서 유치원을 유아교육기관으로 규정하고 있다.

9. 「유아교육법」 제정 시기(2004년 이후~)

2004년 1월 「유아교육법」이 제정 · 공포되었다. 이는 마침내 유아교육이 초 · 중등교육과 동등하게 공교육으로서의 기본 틀을 갖추게 되었다는 데 의의가 있다.

2007년 12월 유치원 교육과정이 개정 · 공포되었다. 종일제 유치원 운영을 위한 교육과정 개선, 교육과정 체계의 개선, 교육내용의 개선 및 적정화, 문자 기초교육의 강화, 유치원과 초등학교 교육과정의 연계성 등에 중점을 두고 개정되었다(교육부, 2008).

2009년 12월 「유아교육 선진화를 위한 종합 발전 방안」에 따라 2010년 이후 유아교육 부문의 획기적인 정책 강화가 추진되었다. 종합 발전 방안의 주요 내용은 유아학비 부담 완화, 선진 유아교육제도의 구축, 미래 지향적 교육과정의 운영, 우수 교원 배치 및 활용, 유아교육 지원체계의 강화를 들 수 있다. 선진 유아교육제도의 구축은 유아교육과 보육의 통합을 기반으로 한다. 이러한 일원화 체계는 국제적인 추세로 보육과 교육의 통합을 통한 교육서비스의 질을 발달시키는 것이다.

2012년 3월에는 만 5세를 대상으로, 2013년 3월에는 만 3~4세를 대상으로 누리과정이 제정 · 공포되었다. 누리과정은 기존의 유치원 교육과정과 표준보육과정으로 이원화되었던 교육과정을 통합한 공통과정으로 유아의 심신의 건강과 조화로운 발달을 도와 민주시민의 기초를 형성하는 것을 목적으로 한다. 누리과정에서는 어린이집, 유치원 구분 없이 동일한 내용을 학습하게 된다. 이는 교육과정의 일원화를 통해 유아교육과 보육교육 통합의 실질적인 첫발을 내딛은 것으로 평가될 수 있다. 또한 누리과정에 의해 교육·보육을 받은 모든 만 3~5세 유아에게 월 22만 원(2015년 기준)의 교육비와 보육비를 지원하는 예산을 지방교육재정교부금으로 일원화하면서 재정의 통합을 실시하였다(이정욱, 2015).

2013년 5월 유아교육·보육 전문가 등 민·관이 참여하여 '유보통합추진위원회'와 '실무조정위원회'를 구성하였다. 2013년 12월 유보통합 추진방안을 마련하였으며, 2014년 2월에는 이해관계자 의견 수렴과 단계별 통합 작업을 담당할 '영유아 교육·보육 통합 추진단'을 발족하였다(신미경, 2015; 오경미, 2016).

2013년 12월에 마련된 '유보통합 추진방안'은 유치원과 어린이집 시설의 다양성을 유지하면서 교육·보육 서비스의 수준을 향상시키는 것을 기본 방향으로 하고 있다. 이에 따라 기존 유치원과 어린이집을 한 가지 시설 유형으로 통합하지 않고 현행과 같이 다양한 형태로 운영할 수 있도록 허용하며, 교육서비스 질과 직접적인 연관성이 있는 교육과정, 교사자격 등은 공통적으로 표준화시키고, 그 외 시설기준 등은 최소 가이드라인을 규정하여 수요자가 원하는 형태로 특화하여 운영하도록 하였다(김은설, 2015; 신미경, 2015).

활동해 봅시다

1. 고려시대와 조선시대의 유아관 및 교육관과 현재의 유아관 및 교육관의 공통점과 차이점을 비교·토론해 봅시다.

2. 우리나라 유아교육의 역사 중 가장 중요한 시기는 언제라고 생각하는지, 왜 그렇게 생각하는지에 대해 토의해 봅시다.

CHAPTER 03

서양 유아교육의 역사와 사상

▶ 학습목표

1. 근대 서양의 유아교육 사상가들의 아동관과 교육관을 이해한다.
2. 현대 서양의 유아교육 사상가들의 아동관과 교육관을 이해한다.

유아교육사상은 고대 그리스의 철학가인 플라톤의 이상주의 국가관으로부터 시작하여 중세의 기독교적 세계관을 거쳐 근대의 철학가와 사상가들에 의해 본격적으로 발전되어 왔다. 서양의 근대시대에는 르네상스와 종교개혁으로 아동관과 영유아교육에 대한 관점이 중세의 기독교적 사고관에서 보다 인본주의적 관점으로 큰 변화가 나타났다. 코메니우스, 로크, 루소 등의 주장을 바탕으로 아동존중 사상이 구축되기 시작하였다. 즉, 아동이 지닌 특수성과 독립성에 대해 인식하기 시작한 것이다. 이에 이 장에서는 서양의 유아교육 사상가들의 아동관과 교육을 중심으로 근대 유아교육사상의 변화를 살펴보고자 한다.

1. 근대 서양의 유아교육사상

1) 코메니우스의 유아교육사상

'근대교육의 아버지'라고 불리는 코메니우스는 휴머니즘의 측면에서 어린이교육에 헌신한 신학자이고 새롭고 근대적인 교육론을 체계화한 근대교육의 선구자이자, 17세기의 대표적인 실학교육 사상가이다.

코메니우스(Johann Amos Comenius, 1592~1670)

1622년 모라비안의 푸레크 교회의 목사교장을 역임하며 교육에 대한 연구에 박차를 가하게 된 그는 그해 일어난 페스트로 부인과 두 아들을 잃고 1623년에 자신의 서재에서 일어난 화재로 모든 연구물이 타는 등 개인적으로 역경을 맞이하게 된다.

그러나 1628년에서 1633년 사이 다시 연구와 집필에 매진한 그는 『교수법(Didaklitika)』를 출판하면서 그림을 삽입하여 언어중심의 교육을 실물교육으로 바꾸게 된다. 이후 1657년『세계도회(Orbis Sensualis Pictus)』출간 등 죽을 때까지 수많은 저서를 남겼다.

(1) 코메니우스의 아동관

코메니우스의 사상과 아동관은 기독교적 세계관에 그 바탕을 두고 있다. 즉, 유아는 신의 귀중한 선물이며 지상의 보물이라고 하였다. 코메니우스에 의하면 유아는 신을 위해서 태어나고 신에 의해 우리의 손에 맡겨졌기 때문에 깊은 경의를 갖고 아동을 보호하고 교육할 필요가 있다. 유아는 원죄를 제외한 순진무구한 상태라고 하였다. 인간이 선해질 수 있는 것은 자기 속에 기독교적 덕성을 지니고 있기 때문이다. 그의 인간관은 백지설이나 성선설에 기초를 둔다기보다 신의 창조에 의해 유아는 덕성과 학식과 신에 귀의하는 마음이 본래부터 있었던 것으로 본다. 유아를 어른의 축소판으로 보았던 중세적인 유아관을 완전히 벗어나서 기독교를 바탕으로 한 새로운 유아관을 수립하였다.

코메니우스는 현실을 절망적으로 보면서, 교육에 의해 평화로운 세계를 건설할 수 있다고 보았다. 즉, 현실에 오염되지 않고 순진무구하며 무한한 가소성을 지닌 아동을 교육에 의해 참된 인간으로 육성함으로써 지상에 평화로운 세계를 건설할 수 있다고 보았다. 신의 원리가 깃든 자연을 이용하여 신의 소명에 응답할 때 인간은 지상에서 평화로운 세계를 창조할 수 있다고 보았다.

아울러 유아기에 교육이 필요한 이유에 대해 유아기에 실생활의 활동을 시작하기 전에 준비를 해 두기 위해서 필요하고, 모든 것은 유아기와 같은 유연한 시기에 형성하는 것이 가장 쉽기 때문이며, 인생 초기인 유아기에 형성하는 것은 확실하게 습득되기 때문이라고 하였다.

(2) 교육관

코메니우스는 하나님이 만물의 창조자, 보존자이시며 인간의 교수와 학습 능력 역시 하나님의 섭리 안에서 이루어진다고 하였다. 그의 과학적인 교수법도 하나님이 창조하신 세계의 비밀을 치밀하게 관찰하고 발견한 원리에 입각한 것이다.

① 교육목적

코메니우스는 교육목적을 인간이 신과 합일되어서 영원한 행복을 누리는 것으로 보고 가장 큰 가치를 두었다. 코메니우스의 교육목적은 종교적(신앙과 숭배), 도덕적(도덕적 고결함과 덕성), 지적(학식 도야) 도야를 이끌어야 한다. 코메니우스의 교육목적에도 통일의 원리가 담겨져 있다. 종교와 도덕과 지식을 가르침으로써 인간 내부의 개인과 신적인 합일이 이루어져 개인의 잠재적 능력을 계발하고 신의 원리에 따라 잘 발달되는 것으로 본다.

유아교육의 목적에서도 그 기본을 가르치는 것을 목적으로 한다. 유아의 양육자이며 교사인 어머니가 자연발생적인 것이 아니라 유아에게도 이러한 목적을 가르쳐야 한다는 교육적 역할을 강조하였다.

② 교육원리

- 범교육 사상: 코메니우스 교육사상의 중심은 범교육(Pampedia) 사상으로 인간중심의 교육관이고 인간의 변화와 개선을 위한 통일의 원리이다(안인희, 1989). 신적인 것은 세계를 지배하고 이 세상의 모든 존재는 신의 원리에 따라 존재하므로 궁극의 삶은 신의 원리와 통합되는 것이다. 신의 모습과 가장 많이 닮은 인간의 궁극적인 목적은 모든 완전함과 영광과 행복의 정점인 신과 결합하여 신의 힘에 의해 완전한 영광과 행복을 손에 넣는 것이다. 코메니우스는 현세의 생명은 영원한 생명의 준비이며, 내세에서 신과의 통일이 인간의 궁극적인 목적이라고 보았다.

- 직관의 원리: 직관의 교수원리는, 영유아가 감각을 통해 주변의 모든 것을 습득하므로 감각기관 훈련을 통해 감각에 자극을 주고 감각을 통해 사물을 경험하도록 하여야 한다는 것이다. 그는 오감각을 잘 훈련시켜 유아가 주변 환경 속에 있는 사물들을 변별하는 법을 익힘으로써 유아기에 지식의 바탕이 확립되어야 한다고 주장하였다. 이것은 세계 최초의 시청각교육 교재인 그의 저서 『세계도회』를 통해서도 잘 나타나 있다. 『세계도회』는 그림으로 아동에게 가르쳐야 할 사물과 사상을 설명하고 있는 책이다. 사물과 언어를 통합하여 짧은 시간에 흥미 있고 정확한 지식을 감각에 의해 얻도록 하였다. 이러한 감각훈련을 통해 유아는 오성과 이성에 눈을 뜨고 신의 법칙에 의한 참된 인간으로 형성되어 간다고 보고 있다.

- 자연주의 원리: 코메니우스에 의하면 자연주의에 의한 교수원리란 감각훈련이 유아의 성격과 발달단계에 따라 자연의 법칙에 따라 이루어져야 한다는 것으로 그

러기 위해서는 다음의 방법으로 교육을 하여야 한다고 제시하였다.

- 쉬운 것에서 어려운 것으로 나아갈 것
- 모형에서 시작하여 언어로 나아갈 것
- 학습이 점진적으로 이루어지도록 할 것
- 직관에서 출발하여 감각에 호소할 것
- 생활에 유용하고 가치 있는 것을 선택할 것

이와 같은 교육방법은 현대에서도 적용되는 것으로 그를 근대교육의 아버지라고 칭하게 된 이유이기도 하다.

2) 로크의 유아교육사상

로크(John Locke, 1632~1704)

존 로크는 영국 고전적 경험론의 주창자이며, 17세기 계몽주의 철학사상가이다. 그는 철학가이자 정치가이자 경제가, 종교가였고, 유아교육사상에 있어서도 중요한 공헌을 하였다. 로크는 백지설, 오성론을 주장하며 신사교육을 통한 덕성교육을 제시하였다.

(1) 아동관

로크의 유아관은 백지설로 설명된다. 즉, 로크는 "인간의 마음은 백지와 같이 깨끗하게 닦인 칠판과 같다."고 했다. 그에 따르면 우리의 마음은 백지 위에 문자가 쓰이는 것과 마찬가지로 경험이 쌓여 감에 따라 감각작용과 반성작용에 의해서 관념이 형성되며, 이 두 가지 작용을 떠나서는 관념을 얻을 수 없다. 그는 어떤 관념도 경험에 앞서지 못한다고 주장하면서 경험을 통해 적극적으로 습관을 형성할 것을 강조한다. 유아는 그들의 자연적 욕구에 의해 행동하기 쉽고 실수를 쉽게 저지르며 이성적이고 합리적인 면보다는 감정적인 면이 강하기 때문에 부모의 계속적인 보살핌과 일관성 있는 훈련에 의한 습관 형성이 필요하다고 본다. 이러한 과정을 통해 비로소 인간은 한 사람의 완전한 인격체로 성숙할 수 있다고 보았다.

따라서 인간이 생득적으로 어떠한 능력을 가지고 태어난다는 개념을 부정하고, 유아의 자주적인 활동성과 자발성에 대한 믿음을 바탕으로 인간의 능동적인 지식활동과 교육의 역할을 강조하고 있다. 이는 이전의 기독교적 유아관에서 새로운 유아관으로 돌아서는 전환점이 되었다.

(2) 교육관

로크의 교육관은 유아기부터의 경험이 관념을 형성한다고 보기 때문에, 인간의 오성이 지식을 인식하는 과정은 감각으로부터 인상이 주어지면 반성에 의해서 관념이 이루어지고 이 과정을 통해 인식에 이르게 되는 과정으로 설명된다. 교육은 백지와 아동의 마음속에 외부에서 자극을 주는 것으로, 경험에 의해서만 궁극적인 인식도 가능하고 감각적인 관념들이 더 잘 학습된다고 본다. 그에 따르면 어떤 관념으로부터 인식된 지식도 경험을 떠나 존재할 수 없다.

따라서 로크는 생득적 관념의 존재를 부인하고, 인간 행위의 윤리적인 판단을 결정하는 기준으로 실천적 이성을 강조하였다. 즉, 영유아는 감각을 통하여 지식이 생기고, 지식이 바르게 쌓이면 이성이 형성되고 이성의 훈련을 통해 마음이나 성품이 착해진다고 본다. 경험이 좋거나 자기 환경에 적응하면 성품이 좋아지고 그렇지 못하면 나빠진다고 본다. 이때 교육이란 훈련을 통하여 자기 환경에 적응하는 것으로 습관을 형성하는 것이다. 그는 지식의 원천은 유전이 아닌 환경이며, 신앙이 아닌 이성이라고 본다.

로크는 교육의 목적을 개인의 품성 도야와 국가의 보호와 번영으로 보았다. 첫 번째 목적인 개인의 품성 도야는 개인적 차원에서 이성에 의한 자기통제를 할 수 있는 사람과 전인적인 인간상인 신사도를 구현하는 것을 말한다. 두 번째 목적인 국가의 보호와 번영은 사회적 차원에서 개인적 목표달성 이후에 신사가 이끌어 가는 목적으로 교육은 사회개혁의 수단이 된다.

교육방법에 대해 로크는 유아기부터 철저한 훈육을 강조하면서 체벌보다는 칭찬이나 유아의 명예심에 호소하여 바람직한 지식과 미덕을 스스로 흥미롭게 익혀 나가도록 하는 것을 강조하였다. 모든 어린이는 제각기 다른 기질을 타고나기 때문에 일률적으로 모든 어린이에게 적합한 교육방법은 없다. 즉, 인간의 기질적 차이는 다양하나 공통된 어린이의 본성은 있다(호기심, 흥미, 용기, 게으름 등)고 보아 교육은 그들의 본성에 준거해서 필요한 습관과 지식을 배워 나갈 수 있도록 하여야 한다. 이를 위해 관찰을 중시하고 이론보다는 실제를, 암기보다는 실천을 통해 합리적 · 논리적 · 계통적인 교육 내용과 방법을 중요시하였다.

(3) 교육내용

로크는 교육내용으로 신체교육, 덕성교육, 지식교육의 세 가지 측면을 다음과 같이 제시하였다.

① 신체교육

로크에 의하면 교육은 과도하게 인위적인 생활양식에서 유아를 해방하고 절제와 단련에 의해서 변화되어 가는 환경에 적응할 수 있는 인간으로 유아를 단련시켜 나가야 하는 것으로, 육체적인 활동이 수반되는 신체교육이 필수적이라고 하였다. 유아는 어린 시절부터 편하고 부드러운 것에 익숙해지지 않도록 해야 하며 불편하고 싫은 것도 감당해 낼 수 있도록 계속적인 단련을 통하여 억제, 절제, 규칙 등의 신체적인 습관을 가져야 한다.

② 덕성교육

로크는 신사교육이 필요하다고 보고 덕성을 중요한 요소로 강조하였다. 로크가 말하는 덕이란 신사의 사회생활과 개인생활에 있어서 기본적인 행동 형태로 어린 시절부터 습관 형성을 통해 내면화되는 것이다. 그는 이러한 덕성을 잘 발휘하기 위해서 지혜와 예절이 필요하다고 하였다. 이때 학습은 필요한 것이지만 중요한 것은 아니며, 학습의 목적은 덕성의 함양과 신사로서의 자질을 갖추는 데 두었다.

③ 지식교육

로크는 일반적으로 라틴어나 희랍어의 암기 같은 것을 교과의 전부로 생각하는 기존의 지식교육을 비판하면서, 생활 전반에 걸친 교육을 주장하는 실학주의 입장에서 지식을 논하고 있다.

3) 루소의 유아교육사상

루소는 18세기의 대표적인 자연주의 철학가이자 계몽주의 철학가로 현대 서양 유아교육에 가장 많은 영향을 준 사상가이다.

루소의 교육사상은 "자연으로 돌아가라."라는 말로 대표되는데, 이는 기독교적 세계관의 영향을 받아 신의 원리이자 신이 창조한 세계인 자연 상태를 완전한 상태로 보는 것이다. 그에 의하면 인간은 자연 속에서 자연의 법칙에 따라 발달할 때 완전한 인간이 된다. 이때 참된 자연인은 교육에 의해 형성된다.

루소(Jean Jacques Rousseau, 1712~1778)

(1) 아동관

루소의 인간관은 인간의 본성은 선하며 자연 그 자체로 보는 성선설에 바탕을 둔다. 여기에서 선은 사회적인 도덕관에서의 선이 아니라 신의 자연법칙을 의미하는 선이다. 루소는 이 세상에 태어난 순간의 아기는 본질적으로 선한 존재라고 하였고, 유아 내부의 가능성은 자연에 법칙에 따른다고 보았다. 따라서 외부의 간섭은 비교육적이고, 자연에 따라 성장 · 발달하여야 하므로 유아는 어느 때나 어른과 동일하게 존중받아야 한다고 보았다.

루소는 인간이 자연 상태에서 사회 상태로 옮겨지면서 본래의 자연을 잃고 억압받게 되었다고 주장하였다. 즉, 자연 상태에서의 인간은 자연적으로 자유를 갖게 되지만 사회 상태에서는 제도에 의해 정치적인 자유가 박탈되어 가고, 사회적인 편견으로 도덕적인 자유를 잃고 있다고 주장하면서 기존의 불평등한 사회 상태를 목가적인 자연으로 되돌려야 한다고 보았다.

(2) 교육관

루소는 교육목적을 사회 속에서 살아가는 인간을 참된 자연인으로 형성하려는 것에 두었다. 궁극적으로는 악으로 물든 사회를 참된 자연인을 통해 개조하려고 하였다. 참된 자연인의 완성은 곧 모든 인간이 평등한 권리로 살 수 있고, 사회가 개조되는 것을 불러일으킨다고 보았다.

따라서 인간은 자연의 힘에 따라 발달되고 교육받아야 한다고 보았는데, 신의 원리와 자연의 법칙에 따라 인간의 본성을 계발하는 것으로 자연 상태가 지닌 모든 장점뿐만 아니라 사회 상태가 지닌 모든 장점이 결합되도록 돕는 것이다.

인간을 교육하는 주체로 자연 외에 인간과 사물의 세 가지가 있다고 하였다. 즉, 자연에 의한 교육은 인간의 능력을 내부로부터 발전시키는 것을 의미하고, 인간에 의한 교육은 자연을 어떻게 이용할 것인가를 가르치는 것이며, 사물에 의한 교육은 주변의 사물에 대하여 자연스러운 경험을 하도록 하는 것이다. 인간과 사물은 의식적으로 조절되지만 자연의 힘은 인간의 힘으로 좌우될 수 없는 신의 영역이므로 자연은 독립적인 하나의 기준으로서 신에 의해 주어지는 것이다.

인간교육에 있어 교사는 유아의 수준에 따라 가르쳐야 하고 자연적인 교육을 하는데, 자연적인 교육은 자유롭게 활동하는 것이며 활동은 억제받지 않는 것이다. 학습은 경험과 감각을 통해 이루어지며 교사는 직접 가르치기보다는 안내자의 역할을 하여 유아가 자신의 흥미를 가지고 활동하도록 안내한다. 적절한 안내를 위해 교사는 유아의 심신발달에 관한 지식과 이해가 필요하다. 이와 같이 자연과 인간, 사물에 의한 세 가지 교육이 서로 협력하여 조화를 이루고 동일한 목적에 집중될 때에 인간은 비로소 완전한 교육을 받게 된다고 본다.

(3) 교육 내용과 방법

루소는 교육내용을 가정교육, 신체교육, 감각교육의 측면에서 다루었다(김상섭, 2009).

① 가정교육

루소는 영유아기 양육에 대한 부모의 의무와 역할을 강조하며, 유아교육에서 가정의 역할은 매우 중요하다고 보았다. 즉, 어머니는 참된 수유자로서 자식에 대한 의무를 다하는 것이 최대의 미덕이라고 보았다. 아버지는 참된 교사로서 아버지에 의해 어머니와 교육방식이 일치하여야 하며, 어떠한 유능한 교사보다도 아버지에 의한 교육이 더 잘 이루어진다고 보았다. 그것은 지식이나 기술이 열등하더라도 아버지의 열의가 그 재능을 보충해 주기 때문이다.

② 신체교육

루소는 신체교육도 중요시하면서 신체발달을 위해 영양의 문제를 개선하여야 한다고 하였다. 또한 영유아에게는 전원의 신선한 공기와 자연환경이 가장 필요하다고 보았다. 자연환경에서 유아가 신체를 단련하고 건강하게 성장해야 한다고 보았다. 교육방법에 있어서 자연법을 기준으로 삼았는데 자연법은 자연의 질서를 발견하는 것이다. 따라서 교육도 자연법칙에 따라 이루어져야 한다고 보아 유아는 자연의 법칙에 의한 발달단계와 흥미에 따라 가르쳐야 한다고 제안하였다.

③ 감각교육

루소가 말하는 감각교육은 영유아가 자연 속에서 오감각을 통해 세상을 경험하고 자유롭고 자발적인 놀이와 신체활동을 함께 경험하도록 하는 것이다. 나아가 감각교육은 별적인 감각훈련에만 그치지 않고 지적 발달의 기초가 되는 추리력과 판단력을 기를 수 있도록 도와야 한다고 보았다.

4) 페스탈로치의 유아교육사상

페스탈로치는 '빈민아동의 아버지' '교육의 아버지'라는 이름이 붙을 정도로 평생 헌신적인 교육을 실천한 교육자이다. 1746년 취리히에서 태어나 산업혁명과 프랑스혁명을 직접 경험하면서 인권경시의 현상을 개선하려면 교육을 통한 의식적인 변화가 필요하다는 생각을 가지게 되었다. 이러한 그의 교육철학을 근거로 한 민중교육에 대한 저서로 『게르트루트는 어떻게 그녀의 아이들을 가르치는가?』 『유아교육서간』 『은자의 황혼』 등 29권의 페스탈로치 전집과 13권의 페스탈로치 서간전집을 남겼다.

페스탈로치(Johann Heinrich Pestalozzi, 1746~1827)

(1) 아동관

페스탈로치는 아동이 태어날 때부터 잠재적인 모든 능력을 부여받은 존재라고 보았다. 그러나 어린 아동은 아직 싹트지 않은 씨앗과 같은 존재이며 내적 잠재력을 가진 발달 가능성이 있는 존재라고 보았다.

그러면서 아동은 감성적이고 감각적이고 사랑을 갈망하기 때문에 가정에서 어머니와 더불어 정서적으로 경험하는 모든 것이 도덕성을 발달시킨다고 보았다. 그에 따르면 인간은 이유기를 시작으로 독립심이 발달하며 어머니와 자신을 분리하는 기초적인 행동으로 자립심과 자율적 행동을 훈련시킬 수 있다. 그는 아동의 도덕성 발달은 자기완성과 인류애에 대한 완성을 향해 나아가야 하며 아동은 교육을 통해 인간으로서의 삶을 자각하고 사랑을 통해 자기초월을 실천해야 하는 존재로 보았다.

(2) 교육관

페스탈로치는 교육의 목적을 인간을 개혁하고 사회를 개혁하는 일로 보았다. 즉, 인간이 자연적 상태에서 사회적 상태로 나아가 도덕적 상태로 변화되어야 하며, 인간의 타고난 소질은 지, 덕, 체의 조화적 발전을 꾀하는 것이라고 보았다. 이와 같이 교육을 통해 인간을 도야하고 교육된 인간을 다시 개혁하여 새로운 인간을 도야하는 과정을 통해 사회 전반을 개혁할 수 있다고 보았다. 그가 제시하는 인간교육의 목표는 다음과 같다.

- 교육은 아동의 본성에 따라 자기성장을 촉진해 주고 도와주는 기술이다.
- 교육은 아동의 환경과 능력에 상응하여 개별적 학습으로 진행되어야 한다.
- 아동의 교육은 그들의 발달단계와 일정한 순서로 이루어져야 하므로 교육과정 역시 발달단계에 따라야 한다.

페스탈로치에게 있어 교육활동의 이상은 지식과 기술과 도덕의 조화로운 발달이다. 즉, 신체, 덕성, 지식이 조화롭게 발달하여야 하므로 교육내용은 신체교육, 지식교육, 덕성교육으로 나누어진다. 신체교육에서 체조가 필요한데, 체조는 연령이나 체력에 따라 이루어지며 신체건강, 쾌활함, 협동정신, 근면성, 공명하고 솔직한 성격, 용기를 기를 수 있다고 보았다. 그 외에 유희나 음악도 도덕교육에 도움이 되는 내용으로 강조하였다. 그림은 유아의 첫 표현능력으로 모방의 욕구와 시도를 만족시켜 주고, 관찰하는 눈을 예리하게 만든다고 보았다. 그림의 기본 연습을 하도록 하고 자연으로부터 그리는 것을 강조하였다. 또한 명암, 원근법의 원리도 표현할 수 있으며, 유아의 유능함, 인내, 노력을 기를 수 있다고 보았다.

(3) 교수원리와 교육방법

페스탈로치는 아동의 자발성으로부터 이루어지는 교육을 주장하여 유아의 흥미와 기분을 고려하여 유아에게 적합한 방법으로 가르쳐야 한다는 것을 강조하였다. 페스탈로치에 의하면 교사는 단지 유아 자신의 잠재능력을 발현하는 데 도움을 주는 역할일 뿐이고, 교수의 기본을 직관으로 보았다. 따라서 유아는 자연을 직접 감각을 통해 경험하면서 자연이 가진 교육적 감화력을 인식해야 한다.

이에 페스탈로치는 유아를 위한 교수원리로 다음을 제시하였다.

- 감각적 직관은 학습지도의 기초이다.
- 언어는 항상 직관에, 실물 또는 내용에 결부시켜야 한다.
- 학습의 시간은 판단이나 비판의 시간이 아니다.
- 교수는 단순한 것에서 복잡한 것으로 아동의 발달에 따라 진전시켜야 한다.
- 교사는 유아의 개성을 존중하여야 한다. 유아의 흥미가 없는 교수는 주의력 부족을 가져오고 교수에 대한 혐오감을 가져온다고 하였다.
- 능력은 지식으로, 기능은 학습으로 연결되어야 한다.
- 교사와 학생의 관계는 사랑에 기초를 두어야 한다.
- 교수는 훈육보다 우선시되어야 하며, 처벌이나 체벌은 금지되어야 한다.
- 도덕교육과 종교교육은 가정에서부터 이루어져야 한다.

특히 페스탈로치는 두 번째 서간 중 언어와 수, 신체교육에 있어 다음과 같은 구체적 방법을 제시하면서 노작교육의 중요성을 강조하였다.

- 완전한 기억을 위해서 단어집을 만들어 모든 기초적인 지식을 형성하는 틀을 마련하는 가능성을 가질 수 있다.
- 선과 각, 형태는 인간 기술의 토대이므로 형태를 학습함으로써 사물을 직관할 수 있는 힘과 기술을 습득할 수 있다.
- 수학교육을 통해 계산의 기초를 터득하고 수학능력을 발전시키도록 교육한다.
- 걷고, 서고, 눕는 등의 기초적인 대근육과 소근육 운동을 통해 포괄적인 신체능력과 정신적 능력을 발달시킨다.
- 자연을 직접 관찰하고 수집하고 이해하는 교육을 한다.

5) 프뢰벨의 유아교육사상

프뢰벨(Friedrich Fröbel, 1782~1852)

프뢰벨은 목사였던 아버지의 영향으로 기독교 교육에 영향을 받았고 브르도르프에서 고아원을 운영하면서 유아교육에 관심을 가지게 되었다. 부인과 함께 자동교수 시설을 운영하면서 아동이 직접 조작하는 교구의 필요성을 느끼고 은물을 제작하여 보급하였다. 이후 교구를 정확하게 사용할 수 있는 유아교육 지도자 양성과정의 필요성을 느끼고 지도자양성 시설을 설립하였는데 이후 'Kindergarten'이라는 명칭 하에 유아교육 지도자 양성과정으로 설치 · 운영하게 된다.

(1) 아동관

프뢰벨의 아동관은 성선설에 바탕을 두고 있으며, 유아의 본성은 곧 신성이라고 보았다. 유아는 내적으로 신성을 타고나고, 그 움직임은 반드시 선이며, 이를 잘 발현하기 위해서는 신의 원리에 의해 자연적으로 발달을 도와야 한다고 보았다.

프뢰벨은 신이 만물의 유일한 본원으로서 만물 속에 존재하고 만물을 지배하므로 만물의 본성은 신성이라고 본다. 따라서 만물의 사명은 단지 그의 본질인 신성을 외부에 표현하는 것으로, 교육은 사고하는 존재인 인간으로 하여금 자신이 가지고 있는 내적인 법칙, 즉 신적인 것을 인식하게 하여 스스로의 결단으로 밖으로 순수하고 완전하게 충분히 표현할 수 있는 방법과 수단을 제공하는 것이라고 하였다.

그는 신성의 본질이 활동이며 창조이며 노작이라고 보고 유아를 위한 교육은 유아의 자기표현을 도와주는 것이며, 유아의 모든 흥미와 욕구에 따른 창조적 자기활동에 따라 교육하는 것으로 보았다. 그러므로 모든 명령적 · 간섭적 · 강제적인 교육은 부정하고 금지하여 자연스럽게 아동을 교육해야 한다고 보았다. 노작을 인간 생명의 창조적이고 자발적인 활동으로 본 프뢰벨은 감각교육의 필요성을 역설한 페스탈로치의 영향을 받아 모든 교육은 감각의 지각과 더불어 시작해야 하며, 구체적 사물의 제시는 유아의 학습에 대한 흥미유발에 적절히 사용될 수 있다고 하였다.

(2) 교육관

프뢰벨에 있어 교육은 인간 내적 본성의 발현이다. 교육목적은 자연스러운 환경을 제공하여 각자가 영원한 법칙에 의거하여 내부로부터 자연스러운 자기활동적 인간이 되도록 하는 것이다. 유아가 창조적으로 자기활동을 하도록 하기 위해서 유아의 내적 자아에 외부적 형태의 어떤 것이 투입되어야 한다고 보았다.

프뢰벨은 대표 저서인 『인간교육』에서 인간교육의 원리를 다음과 같이 제시하고 있다.

첫째, 통일의 원리이다. 그는 인간이 교육을 통해 신과 자연과의 통일을 이루어야 신의 법칙에 따라 자신의 잠재능력을 발현한다고 보았다. 통일의 원리에서 중요한 것은 신성인데, 신성은 만물 가운에 하나의 영원한 법칙으로 만물을 움직이고 지배한다. 신성은 신으로부터 나오는 것이고 신은 우주의 본질이므로 만물은 신에 의해 생생한 조화와 통일을 이룬다고 보았다.

둘째, 만유재신론의 원리이다. 그의 저서에서 보면 모든 것은 신적인 존재이고 신으로부터 탄생하였고, 신에 의해서 통제되는 존재이다. 이에 모든 만물은 자기완성을 목표로 하고 신성의 작용으로 인해 자기활동을 전개하면서 선을 지행하고 있다.

셋째, 노작의 원리이다. 이는 아동들이 노작을 통해서 발달된다는 것으로, 아동은 그들의 모든 활동과 작업을 통해서 자기발전을 완성한다고 보았다.

(3) 교육 내용과 방법

프뢰벨은 자연의 섭리대로 하느님이 인간에게 부여한 모든 능력을 개발하기 위해 발달 순응적 방법을 적용하였다. 이를 위해 프뢰벨이 제시한 유아교육 내용과 방법은 다음과 같다.

- 프뢰벨의 교육내용에서 중요한 것은 은물과 작업(놀이)이다. 프뢰벨은 교육에서 놀이를 강조하였는데, 놀이는 유아의 흥미와 발달 수준에 따라 제시되어야 한다고 보았다. 유아의 자발적이고 창조적인 활동은 놀이 속에서 자연스럽게 나타나며, 놀이의 교육적 가치를 실현하기 위해 신의 원리를 반영한 은물을 고안하였다. 은물은 신이 주신 은혜로운 선물이라는 뜻으로 유아의 기하학습과 구성활동을 돕는 열 가지의 자료로 제작되었다.

〈표 3-1〉 프뢰벨 은물의 내용

<table>
<tr><th>은물</th><th colspan="2">은물의 구성</th></tr>
<tr><td>제1은물</td><td rowspan="6">입체</td><td>• 운동과 일치 무한성의 상징물
• 빨강, 주황, 노랑, 초록, 파랑, 보라색의 털실 공(지름 6cm) 6개</td></tr>
<tr><td>제2은물</td><td>• 모든 형태를 나타냄.
• 주춧돌을 상징하는 정육면체와 건축물의 기둥이 되는 원통, 기둥머리를 상징하는 공 모양 포함
• 나무로 만든 구(지름 6cm) 1개, 한 변의 길이가 6cm인 정육면체 2개, 지름이 6cm인 원기둥 1개, 기둥 2개, 들보 1개, 가는 막대 1개, 고리 3개</td></tr>
<tr><td>제3은물</td><td>• 창조적인 작업을 시작하는 단계
• 생활의 형식에서 미의 형식을 지나 인식의 형식을 쌓아 올리도록 구성
• 나무로 만든 한 변의 길이가 3cm인 정육면체 8개</td></tr>
<tr><td>제4은물</td><td>• 자유롭게 구성하여 건축물 구성을 가능하게 함.
• 나무로 만든 직육면체 8개(3×6×1.5cm)</td></tr>
<tr><td>제5은물</td><td>• 창의성과 인지발달, 정신발달 촉진을 위한 구성을 가능하게 함.
• 나무로 만든 한 변의 길이가 3cm인 정육면체 21개, 작은 정육면체를 대각선으로 한 번 자른 큰 삼각기둥 6개, 작은 정육면체를 대각선으로 두 번 자른 작은 삼각기둥 12개</td></tr>
<tr><td>제6은물</td><td>• 제4은물과 같은 형태로 기둥을 사용하여 창조적이고 이상적인 건축물 구성을 가능하게 함.
• 나무로 만든 직육면체 18개(3×6×1.5cm), 직육면체 3개를 길게 한 번 자른 기둥 6개, 직육면체 3개를 짧게 한 번 자른 받침 12개</td></tr>
<tr><td>제7은물</td><td>면</td><td>• 면을 발달시킨 은물로 나무로 만든 8가지 색의 7종류의 도형(3cm)
• 도형: 정사각형, 직각이등변삼각형, 정삼각형, 직각부등변삼각형, 둔각이등변삼각형, 원, 반원
• 색: 빨강, 노랑, 파랑, 주황, 초록, 보라, 검정, 흰색</td></tr>
<tr><td>제8은물</td><td rowspan="2">선</td><td>• 길이가 다양한 나무나 금속으로 만든 긴 막대 형태
• 5가지 길이의 막대(3cm, 6cm, 9cm, 12cm, 15cm)</td></tr>
<tr><td>제9은물</td><td>• 사물의 특성을 구체적으로 표현하는 곡선으로 구성
• 3가지 크기의 고리(3cm, 4.5cm, 6cm), 고리를 반으로 자른 3가지 크기의 반고리</td></tr>
<tr><td>제10은물</td><td>점</td><td>• 분해할 수 없는 점을 표현하는 교구
• 지름 1cm, 높이 5mm인 원기둥 모양의 나무조각</td></tr>
</table>

- 노래, 율동, 게임, 이야기, 동시 등의 교육활동으로 유아를 교육할 것을 제안하였다. 프뢰벨은 율동과 게임은 유아의 내면적 정신 세계를 외부적으로 표출하는 수단으로 그 가치를 인식하였다. 특히 게임은 통일의 원리를 상징하는 원형으로 배치하는 것을 제안하였다.
- 놀이활동 중 극놀이를 통해 이상적인 가족관계를 제시할 것을 제안하였다.
- 각 유아를 위한 자그마한 정원을 마련하여 여러 종류의 꽃과 채소들이 자라는 것을 경험하게 하는 정원 가꾸기 활동을 통해 유아에게 보이지 않는 자연의 힘을 볼 수 있는 기회를 제공할 것을 제안하였다.

이와 같은 모든 활동의 목적이 프뢰벨을 낭만주의 교육사상가로 평가받게 하는 이유이다. 또한 이러한 활동은 그가 추구하는 상징적인 이상주의, 신비주의적 관념을 갖도록 하는 것으로 인간의 신성한 내적 법칙을 유아가 각성하게 안내하는 과정이라고 할 수 있다.

2. 현대 서양의 유아교육사상

1) 몬테소리의 유아교육사상

몬테소리(Maria Montessori, 1870~1950)

몬테소리는 학문적 소양이 풍부한 가정환경에서 1892년 이탈리아 여성으로는 최초로 의과대학을 입학하고, 졸업 후 여성의 권익과 어린이 교육을 위한 교사 양성의 지도자로서, 장애자와 정상아를 위한 교육자로서 세계 평화를 위한 사회운동에 기여한 교육실천가이다.

몬테소리는 오랜 기독교적 전통에 영향을 받아 기독교적 세계관에 바탕을 둔 교육사상을 기반으로 유아를 위한 체계적이고 조직적인 교육이론을 펼쳤으며, 이외에도 자연주의 철학, 인류학, 진화론, 특수교육학과 행동주의에 영향을 받았다고 평가받고 있다. 즉, 몬테소리는 루소, 페스탈로치와 프뢰벨의 자연주의 철학에 영향을 받아 유아의 자율성과 자발성, 자기활동의 원리, 작업의 원리,

자기발전의 원리와 같은 교육원리를 발전시키게 되었다.

또한 다윈(Darwin)과 헉슬리(Huxley)의 진화론에 영향을 받아 준비된 환경의 중요성을 강조하였고, 프로이트(Freud)의 정신분석이론, 왓슨(Watson)의 행동주의적 입장도 몬테소리 교육방법에 영향을 주었다고 할 수 있다.

(1) 아동관

몬테소리는 유아는 천부적으로 민감성, 흡수정신, 자율성을 지니고 태어나는 존재로서 유아의 성장 · 발달은 각 단계마다 독특한 특성을 가진다고 하였다(Montessori, 1965; 김지영, 성연승, 2011에서 재인용).

몬테소리 아동관에 나타난 유아기 특성은 다음과 같다.

- 어린이는 놀라운 집중력을 가지고 있다.
- 어린이는 반복을 좋아한다.
- 어린이는 질서를 좋아한다.
- 어린이는 선택의 자유를 원한다.
- 어린이는 놀이하는 것보다 작업하는 것을 더 좋아한다.
- 어린이는 상벌을 원하지 않는다.
- 어린이는 침묵을 좋아한다.
- 어린이는 단것을 거절할 줄도 안다.
- 어린이는 인간의 존엄성에 대한 감각을 지니고 있다.
- 어린이에게는 쓰기의 폭발기가 있다.
- 어린이는 스스로 읽기를 한다.
- 어린이는 자발적인 자기훈련을 한다.

이상을 종합해 보면, 유아는, 첫째, 민감기(sensitive period)로서 어떤 특성에 대해 민감성을 나타내는 상태를 가지고 어떤 특성에 대한 지적인 흡수력이 왕성하게 나타난다. 민감기의 유아는 어떤 특별한 자극에 대하여 수용적이어서 뚜렷한 이유 없이 계속 되풀이해서 어떤 행동을 하는 데 강한 흥미를 가지게 된다.

둘째, 몬테소리는 유아의 정신을 '흡수정신'이라고 하였다(Montessori, 1965: 김지영, 성연승, 2011에서 재인용). 이는 내부에 잠재해 있는 흡수하는 정신을 통해 환경을 받아들이며 스스로 경험하여 배우게 되는 유아의 특성을 말한다. 흡수정신을 지닌 유아는 의식을 갖기 이전에 환경으로부터 무의식적으로 무엇인가를 흡수하는 경향성을 가지고 있다.

셋째, 몬테소리는 유아가 자기형성에의 강렬한 동기를 지니고 있는 자율적인 존재라고 보았다. 유아는 능동적 존재이고, 독립된 인격과 창조적 정신을 가진 존재로서 자발성과 독립성을 가진다.

(2) 교육관

몬테소리는 교육목적을 유아가 주변 환경에 적응할 수 있게 하고 전인적인 성장을 하도록 도와주며 궁극적으로 '정상화(normalization)'되는 데 두었다(Montessori, 1965: 김지영, 성연승, 2011에서 재인용).

정상화는 유아가 흥미를 가지고 주의집중을 하고 반복하여 작업하는 과정에서 만족감과 자신감을 갖게 되고 내적으로 훈련하고 목적을 가지고 작업을 선택하게 되는 과정으로 민감기, 흡수정신, 내적 훈련을 통해 이루어지는 것이다. 즉, 정상화는 특별한 성향에 대해 민감성을 보이고, 환경을 받아들이고 흡수하며, 끊임없이 내적 훈련을 하는 과정에서 이루어지므로 유아 자신이 선택한 작업에 집중하여 반복하고 환경 속의 질서를 내면화하게 된다. 유아는 반복적인 작업을 통해 독립심을 기르고 성숙하면서 자발적인 순종을 통해 정상화가 이루어지며, 준비된 환경과 교사의 도움으로 정상화가 촉진된다. 몬테소리에 따르면 정상화는 유아에게 부여된 진정한 자유에서 비롯되지만 진정한 자유는 제한 속에 있다.

몬테소리가 의미하는 자유는 작업을 선택할 수 있는 자유, 시간의 자유, 반복학습의 자유, 움직일 수 있는 자유, 말할 수 있는 자유의 다섯 가지의 자유이다. 유아가 정상화에 도달한다는 것은 우주의 질서와 보편적인 법칙에 따라 생활하는 것이다.

이와 같은 유아의 정상화는 〈표 3-2〉와 같이 3단계의 과정을 거친다.

〈표 3-2〉 몬테소리의 정상화 단계

단계	개념	특성
정상화 1단계	유아가 무엇을 해야 할지 모르는 단계	• 다른 유아를 관찰하거나 다른 유아가 하는 작업을 즉흥적으로 시도하지만 교구의 목적대로 사용하지 못한다.

정상화 2단계	교사가 제시한 방법대로만 작업을 시도하는 단계	• 유아가 일시적으로 교구를 선택하여 작업하기도 하지만, 진정한 흥미를 느끼는 단계는 아니어서 유아 자신이 교구를 선택하여 작업하지 못하고 교사가 제시한 작업을 하기도 한다. • 교구를 반복 · 집중하는 시간이 짧고 교구를 자주 바꾸어서 작업한다.
정상화 3단계	유아가 정상화에 도달하는 최종 단계	• 유아는 항상 교구를 스스로 선택하고, 선택한 작업에 대해 진정한 흥미를 보이고 반복하고 집중하여 작업한다. • 제시된 방법뿐 아니라 스스로 응용하여 창의적으로 교구를 사용하기도 한다. • 작업의 집중시간이 길고 유아 스스로 작업과 휴식 시간을 조절하고 다른 유아에게 작업을 가르쳐 주기도 한다.

(3) 교육 내용과 방법

몬테소리는 교육내용을 크게 일상생활훈련, 감각교육, 수학교육, 언어교육, 문화교육의 5개 영역으로 나누어 다음과 같이 제시하였다(장혜경, 2005).

① 일상생활훈련

일상생활훈련은 매일의 일상생활에서 일어나는 활동을 구성한 것으로 독립심과 일상생활 습관을 기르는 데 도움을 준다. 일상생활훈련의 작업내용은 〈표 3-3〉과 같이 환경, 인간, 사회적 관계, 운동의 조정과 분석에 관한 활동으로 구성되어 있다.

〈표 3-3〉 일상생활훈련의 영역과 작업

영역	작업의 예
환경과 관련된 활동	깔개 펴기와 말기, 물 따르기, 문 여닫기, 의자 옮기기, 책 읽기, 앞치마 입기, 병과 병뚜껑 맞추기
인간과 관련된 활동	손씻기, 겉옷 벗기 · 걸기 · 입기, 구두 광내기
사회적 관계에 관련된 활동	지퍼올리기 틀, 단추끼우기 틀, 리본매기 틀, 가위 전달하기, 종이 오리기, 망치질하기, 열쇠와 자물쇠 맞추기, 땅콩 까기
운동의 조정과 분석	선 따라 걷기, 조용한 놀이(침묵게임)

② 감각교육

몬테소리는 유아가 감각을 통해 발달하며, 최고의 지성 또한 감각교육을 통해 일상생활훈련 영역의 확장, 감각 및 신체 발달을 이루며 가능해진다고 보았다.

이에 몬테소리 감각교구를 개발하였는데, 감각교구들은 감각의 물리적 특성에 따라 구분되어 있고 오감각을 발달시키도록 고안되어 있다. 감각교구는 〈표 3-4〉와 같이 단순감각과 복합감각 발달을 돕는 교구로 구성되어 일상생활훈련 영역의 확장뿐 아니라 수학교육, 소근육발달, 공간지각능력 발달에 도움을 주고, 많은 교구가 십(10)으로 구성되어 10을 기준으로 생각하기, 순서짓기, 입체도형 및 평면도형의 기하학적 속성 및 이름 인식하기에 도움을 줄 수 있다고 본다.

〈표 3-4〉 감각교육의 영역과 작업

감각교육의 영역		작업의 예
단순감각	시각	꼭지 달린 원기둥, 분홍탑, 갈색 계단, 긴 막대, 색깔판
	촉각	거칠고 부드러운 판, 촉각판 맞추기, 직물상자
	청각	소리상자, 음감벨
	후각	냄새 맡기 상자
	미각	맛보기 병
복합감각	온도감각	온도병, 온도판
	중력감각	무게판
	시각과 형태지각	기하도형 서랍장과 카드, 기하입방체, 나뭇잎 서랍장과 카드, 구성삼각형, 꼭지 없는 원기둥, 겹치는 기하도형, 이항식 상자, 삼항식 상자
	형태시각	단추 분류하기, 비밀주머니

③ 언어교육

몬테소리는 0~6세를 언어의 민감기로 보고 언어교육 방법을 듣기, 말하기, 읽기, 쓰기 영역으로 구성하여 〈표 3-5〉와 같이 제시하였다.

〈표 3-5〉 언어교육의 영역과 작업

언어교육의 영역	작업의 예
듣기	소리 듣고 구별하기, 이야기 듣기, 듣고 기억하기, 침묵게임
말하기	나의 것 소개하기, 새소식 말하기, 이야기 꾸미기, 동요, 동시, 극놀이
읽기	소리는 몇 개, 명사카드, 대명사카드, 수사카드, 조사카드, 형용사카드, 동사카드, 부사카드, 감탄사카드, 반대말카드, 복합단어
쓰기	그림 색칠하기, 점 잇기, 모래종이글자, 움직이는 자모음, 홈이 난 글자판, 작은 칠판에 쓰기, 덧쓰는 글자카드, 글자연습

④ 수학교육

몬테소리는 유아의 수학적 지식이 발달하기 위해서는 자연에서 경험하고 지각하는 과정이 필수적이라고 보고 수학교육 방법을 〈표 3-6〉과 같이 제시하였다.

〈표 3-6〉 수학교육의 영역과 작업

수학교육의 영역	작업의 예
수의 소개	숫자막대, 모래종이 숫자카드, 숫자막대와 카드, 방추형 막대상자, 숫자와 수 세기 단추, 숫자기억놀이
수 세기(1~19, 11~99 세기)	구슬교구, 숫자판(세강판 1, 2)
연산의 학습	덧셈의 뱀놀이, 덧셈판, 덧셈암산판, 뺄셈의 뱀놀이, 뺄셈판, 뺄셈암산판, 곱셈 색구슬 놀이, 곱셈판, 곱셈암산판, 나눗셈판, 나눗셈 암산판
추상적 연산활동	작은 구슬틀, 큰 구슬틀, 나눗셈 시험관놀이
십진법	구슬교구와 카드
분수	분수판, 분수봉

⑤ 문화교육

몬테소리는 유아기에 사회과학, 음악, 미술 분야 등 다양한 문화교육이 필요하다고 보고 〈표 3-7〉과 같은 내용을 다룰 것을 제안하였다.

〈표 3-7〉 문화교육의 영역과 작업

문화교육의 영역		작업의 예
사회	지리	지구본 1, 지구본 2, 땅과 물의 모형, 대륙지도퍼즐, 개별대륙퍼즐, 국기 꽂기, 대륙에 관련된 사진, 한국 지도, 나의 몸과 방향, 동서남북 방위 소개
	역사	날짜에 관한 짝짓기 카드, 유아 자신의 연대표, 1년, 한 달, 낮과 밤, 시계, 시간과 정각
과학	생물	생물과 무생물 구별하기, 동물카드 짝짓기, 식물카드 짝짓기, 광물카드 짝짓기, 같은 동물카드 짝짓기, 무척추동물과 척추동물 분류하기, 척추동물의 신체부위 명칭 알기, 식물 기르기, 여러 가지 꽃의 종류 알기, 꽃의 각 부분 명칭 알기
	물상	태양계, 별자리 이야기, 뜨는 것과 가라앉는 것 분류하기, 달걀 띄우기, 촛불 태우기, 자석에 붙는 것과 붙지 않는 것 분류하기
음악		소리 구별하기, 컵을 이용한 소리 듣기, 음감벨 연주하기, 음감벨의 음이름 청각적 연상하기, 피아노에서 음이름 알기, 음표, 악기 알아보기
미술		찢어붙이기, 콜라주, 크레용으로 그림그리기, 수채물감으로 그림그리기, 그림 감상하기

몬테소리는 유아의 정신이 발달하기 위해서 유아의 신체가 영양분을 공급받아야 하는 것처럼, 성장은 유아의 발달에 따라 환경으로부터 발달에 필요한 영양분을 공급받아야 한다고 보고 유아의 발달과 성장을 위해 '준비된 환경'을 제안하였다.

몬테소리의 준비된 환경은 유아를 위해 지적이고 감각적인 성인에 의해 세심하게 준비된 환경으로 교구, 환경의 물리적 환경과 유아, 또래 유아, 부모, 교사의 인적 환경을 포함한다. 이와 같은 준비된 환경의 특징은 다음과 같다(장혜경, 2005에서 재인용).

첫째, 준비된 환경에는 자유가 있어야 한다. 자유는 제한된 자유이며 유아가 생활하는 곳에서 유아 스스로 선택할 수 있는 자유, 시간에 대한 자유, 반복의 자유, 움직임과 말에 대한 자유이다.

둘째, 준비된 환경은 구조와 질서를 가지고 있다. 준비된 환경의 구조와 질서는 유아가 정신 세계를 형성하고 내면화하는 데 도움이 된다. 예를 들면, 교구는 단순한 것에서 복잡한 것으로의 순서로 진전되고 난이도가 다르게 구성되어 있다. 질서는 유아의 내면에서 형성되며 준비된 환경 속에서 유아에게 자유가 보장된다면 사회적 집단 속에 참된 질서가 형성된다.

셋째, 준비된 환경은 유아의 발달단계와 욕구에 맞게 준비되어야 한다.

넷째, 어린이집의 환경은 유아를 위한 환경이며 유아의 지적 발달을 위해 특별히 만들어진 교육적 자료뿐만 아니라 소규모의 가정을 꾸밀 시설을 갖추어야 한다. 교실의 시설은 현실적으로 꾸미되 유아의 욕구와 발달단계에 맞도록 알맞은 크기로 준비되어야 한다. 일상생활 자체로 꾸며져야 하고 동식물 사육과 재배, 자연과의 접촉을 통해 자연을 관찰하고 자연에 대한 감사, 자연의 법칙(성장)을 알게 하는 데 도움을 준다.

다섯째, 준비된 환경은 혼합 연령의 학급으로 구성되어 유아의 사회성 발달을 촉진한다. 혼합 연령으로 구성한 학급 내에서 연령이 어린 유아들은 연령이 높은 유아들에게 배려와 지원을 받고, 이에 대한 모델링을 통해 사회성이 발달하게 된다.

여섯째, 준비된 환경에서 교구는 자동교육이 되도록 고안되었고 심미감을 주며 유아의 활동을 이끈다. 교구는 유아의 민감기와 발달단계에 맞도록 고안되었고, 분리된 조작으로 되어 있고, 단순한 것에서 복잡한 것으로 진전되도록 하며, 유아의 생각을 구체적인 것에서 추상적으로 표현하게 한다.

일곱째, 준비된 환경에서 교사는 지도자(director)로서 유아를 존중하고 유아의 발달을 도와주는 역할을 한다. 교사는 유아의 발달과 작업을 관찰하는 관찰자의 역할을 하고, 작업하는 유아를 보호하는 보호자, 유아의 발달을 안내하는 안내자, 상호작용을 촉진하는 촉진자, 준비된 환경을 마련해 주는 역할을 한다.

(4) 교육방법

몬테소리의 교육방법은 자동교육, 3단계 교수법, 유아 간의 상호작용이 필요한 작업의 원리가 주요 원리로서 다음과 같은 특징을 지닌다(김지영, 성연승, 2011).

첫째, 자동교육은 유아가 교구를 통해 스스로 배우는 것을 의미한다. 몬테소리는 유아가 교육 프로그램 속에서 자신이 선택한 교구를 가지고 작업하면서 자신의 능력을 발달시켜 나갈 수 있다고 보았다. 몬테소리 교구는 잘못을 정정할 수 있는 기능이 있어서 유아는 교구를 다루면서 자신의 잘못된 점을 스스로 고칠 수 있도록 되어 있다. 예를 들어, 꼭지 달린 원기둥의 경우 유아가 어느 하나를 잘못 끼우면 마지막에 끼우게 되는 원기둥은 나머지 구멍에 맞지 않게 된다. 유아는 구멍의 높이와 원기둥의 높이 또는 원기둥의 지름과 구멍의 지름의 틈을 발견함으로써 중간에 잘못된 것을 스스로 찾을 수 있게 된다. 유아 스스로 수행한 작업을 피드백하고 그것에 근거하여 다음 단계의 작업에 몰두할 수 있다. 이러한 자동교육은 유아와 교구 간 상호작용 속에서 유아 스스로 발달해 나감을 의미한다.

둘째, 교사가 유아에게 교구의 사용법을 시범 보일 때 〈표 3-8〉과 같은 3단계 교수법을 사용한다.

〈표 3-8〉 몬테소리 3단계 교수법

1단계	사물과 명칭을 일치시킨다.	모래숫자카드의 경우 교사가 모래 숫자를 손가락으로 만지며 "1. 이것은 1이야."라고 말하며 명칭을 말해 준다.
2단계	명칭에 해당되는 사물을 유아가 인지하여 지적해 본다.	교사가 유아에게 "1은 어느 것이니?" 또는 "1을 선생님에게 줘 보겠니?"의 질문으로 유아가 인지한 것을 확인한다.
3단계	사물의 명칭을 기억하여 말하도록 한다.	"이것은 무엇이니?"의 질문으로 유아가 사물의 명칭을 기억하여 말하도록 한다.

셋째, 몬테소리의 어린이집은 2세 반에서 6세 유아의 혼합 연령 학급으로 구성되었다. 처음에 구성되는 학급의 유아 수는 12~15명에서 시작하여 매년 7~10명의 유아를 영입하여 그 후 3년까지 약 35명의 유아가 한 학급에서 지내도록 한다.

이로서 유아의 사회성 발달을 기를 수 있고 서로 다른 발달 수준의 유아들이 서로 도움을 주고 상호작용할 수 있다. 이러한 학급구성은 유아의 독립심과 자율성을 기르고 사회성을 발달시킨다.

2) 듀이의 유아교육사상

듀이(John Dewey, 1859~1952)

존 듀이는 20세기 미국을 대표하는 실용주의 철학자이며 진보주의 교육사상을 강조한 학자이다. 실용주의는 철학의 한 방법으로서 사상을 행위와 관련지어 파악하려는 철학이다. 듀이는 근대 과학의 경험적 방법을 생활 전반에 적용하여 구체적 경험 속에서 과학적 방법을 활용하는 것에 관심을 두었다. 또한 형이상학적 이론에 디하여 그것이 뜻하는 사실과 행동, 실제적 효과를 반성하고 타당성 여부를 검증하는 과정을 중요시하였고, 탐구의 결론에 이르게 되는 과정, 탐구방법의 의의를 강조하였다(송도선, 2009).

(1) 아동관

듀이는 다윈의 진화론의 영향을 받아 인간을 생물학적 존재로 파악하였다. 듀이는 인간성의 기본적인 3요소를 충동, 습관, 지성으로 보았다. 생물학적 존재인 인간은 먼저 자신의 이해와 욕망에 따라서 행동을 일으키려는 존재이며, 행동을 가능하게 하는 힘은 본능적 충동이고 이 충동이 삶에 표출될 때 습관이라는 표현방식으로 나오게 된다고 파악하였다. 충동 자체는 맹목적이고 습관도 고정적이고 반복적인 특성을 가지고 있어 개인적 습관과 사회적 습관 사이에는 반드시 조화가 이루어지지는 않는다. 보편적으로 충돌과 불일치가 일어나기 쉬운데, 자신과 타인 간의 이해, 개인적 이해와 사회적 이해의 불일치를 조정하기 위해 사고가 필요하고 이때 사고할 수 있는 능력으로 지성이 필요하다고 하였다.

듀이는 인간을 지성적인 존재로 보고 있다. 지성은 태어날 때부터 본능적으로 타고나는 것이라고 하면서 인간은 자신의 신체적 욕구와 생명 보존을 위해 환경에 조화를 이루려는 본질적 경향이 있으며, 그 목적을 달성하기 위해 수단과 방법을 생각하는 지성을 가지고 있다고 본다. 듀이에게 지성은 끊임없는 반성적 사고의 계속적 과정이고, 충돌과 불일치를 조정하고 새로운 적응을 가능하도록 한다. 듀이의 인간관은 이러한 지성의 역할을 강조함으로써 유아 개인의 능동성을 강조하고 있다.

듀이는 유아를 본능과 충동을 가진 존재이면서 지성을 타고난 가능성을 가진 존재라고 보았다. 유아는 경험과의 상호작용 속에서 능동적이고 지적인 존재로서의 역할을 한다.

(2) 교육관

듀이는 교육목적의 궁극적 원리를 성장이라고 보았다. 성장은 생물학적 의미와 지적인 의미를 포함하는데, 지적인 의미의 성장은 바람직한 경험의 확대라고 할 수 있다. 성장은 개인을 고정적이고 통속적인 상태에서 어떤 형태로든지 변화시키고, 이러한 변화는 개인을 새로운 모습으로 환경에 적응하도록 한다. 듀이는 미성숙을 적극적인 가능성을 가진 의미로 보고, 성장할 수 있는 힘이며 계발될 수 있는 능력이라고 보았다.

그는 성장을 의존성과 가소성의 개념으로 보았다. 의존성의 의미는 인간은 미성숙한 존재로 혼사 살아갈 수 없으며 다른 사회 구성원들과 의존해 나갈 수밖에 없다는 상호의존성의 의미이다. 또한 가소성은 미성숙한 인간이 사회에 스스로 적응하고 변화할 수 있는 잠재력을 의미한다. 유아는 환경과의 상호작용을 통해 배우고 발달하게 되므로 이 두 개념은 상호 보완적이다.

듀이는 교육이 경험을 통한 끊임없는 성장과정이라고 보았고, 성장 자체를 교육의 목적으로 본 것이다. 듀이는 유아의 성장을 교육목적으로 보고, 그것이 유아가 현재 가지고 있는 경험을 조사하여 이를 다룰 잠정적 계획을 세우고 새로운 조건이 발생함에 따라 계획을 수정하여 나가는 실험적인 목적이며, 행동에 의해 검증되면서 끊임없이 성장하도록 하는 목적이라고 보았다(박철홍, 2008에서 재인용).

(3) 교육 내용과 방법

듀이는 경험의, 경험에 의한, 경험을 위한 교육을 강조하였다. 그는 경험을 인간의 몸과 마음이 하나 되어 작용하는 과정이고, 감각적인 요소와 관념적인 요소가 함께 행위 속에서 통일되어 활동하는 상태라고 하였다.

듀이가 제시하는 경험은 계속성과 상호작용의 원리의 특성을 가지고 있다. 계속성은 경험의 시간적 측면으로, 수동적인 면과 능동적인 면의 통일이다. 경험은 먼저 받아들이는 것이고 시간적으로 과거의 산물이 전달되는 것이다. 유아는 처음에 외부의 사물과 감각적으로 접촉하고 점차 능동적인 지적 사고활동을 형성해 간다. 사고과정을 통해 과거의 산물은 현재의 활동과 연결될 수 있는데, 이는 과거를 받아들이고 미래를 시도하는 통일과정이다. 또한 상호작용의 원리는 경험의 공간적 측면으로서 인간이 사회적 · 물리적 환경과 상호 교섭하는 것을 의미한다. 인간은 사물과 사람의 세계에서 존재하고 경험은 환경에서 행해지며 이때 개인과 환경 간 상호작용이 일어난다. 이를 장의 형성이라고 하는데, 교사는 교육 경험을 제공하는 장의 조정을 중요시하여야 한다(송도선, 2009).

이에 듀이는 교육내용으로 경험과 교과를 관련지어 유아의 경험을 출발점으로 하고 경험 안에서 새로운 사실과 아이디어를 능동적으로 탐구하도록 내용을 구성하여야 한다고 하였다. 듀이의 교육내용 특성을 살펴보면 다음과 같다(박철홍, 2008).

첫째, 교육내용은 유아의 경험으로부터 출발하지만 교육과정의 중요한 요소로서 유아와 사회의 상호작용을 중요시한다.

둘째, 교육내용으로 경험이 중요하지만 지성(사고)이 개입되어야만 교육의 효과를 가져온다. 유아의 교육적 경험은 수동적으로 이루어지는 것이 아니라 유아의 지성에 의해 통제되거나 조정되어야 한다.

셋째, 교육은 사고하는 것을 배우는 것으로, 이를 통해 삶, 성장, 지식을 이끌 수 있어야 한다.

넷째, 교육내용은 인간과 가정을 중심으로 유아의 사회적 활동에 초점을 맞추어야 한다. 듀이는 교육내용에서 요리, 목공, 바느질, 수공 등의 표현활동이나 블록놀이와 같은 구성활동은 유아의 지적 부담을 덜어 줄 뿐만 아니라 생활과 밀접한 관계를 가지고 있다고 보았다.

다섯째, 읽기, 쓰기, 셈하기는 유아의 내적 동기를 강조하여 필요를 느낄 때까지 기다려서 지도하여야 한다고 보았다. 읽기가 교과나 과제로 유아에게 제시되었을 때 아무 의미가 없으며, 유아에게는 자기표현 활동(음악, 그리기, 구성놀이 등)이 글자에 집중하는 것보다 더 필요하다고 보았다.

이러한 교육내용은 유아의 경험이 지적으로 연결되도록 경험에서 출발하되 능동적으로 학습이 일어나도록 조직하여야 한다.

듀이는 유아를 교육의 출발점으로 보기 때문에 교육방법에 있어서도 다음과 같이 아동중심, 흥미중심, 경험중심 이론을 전개하였다.

- 교육은 유아의 본성에 따라야 한다. 듀이는 교육방법이 아동의 힘과 흥미의 발달이 이루어지는 순서에 따라야 한다고 하였다.
- 교육방법은 유아의 흥미를 존중하여야 한다. 듀이는 이러한 흥미가 노력과 결합될 때 진정으로 일어난다고 보고 유아가 자유의지로 사물에 대해 지적인 방향으로 자기표현을 할 때 의미를 가진다고 보았다.
- 교육 방법, 내용과 목적은 분리될 수 없다.
- 유아를 위한 개별화 방법을 찾아야 한다.
- 교사는 유아의 활동 방향이 지적으로 향하도록 다리를 놓아 주는 사람이다. 교사는 관찰자, 안내자, 연결자, 제안자, 중재자로서의 역할이 강조된다. 교사는 유아의 현재 발달 수준을 정확히 파악해야만 올바른 교육을 이끌 수 있고, 유아로 하여금 새로운 지성 세계로 안내할 수 있다. 새로운 대상이 유아의 이전 경험과 지적으로 연결되도록 도와주어야 한다. 또한 교사는 유아가 토론을 통해 사고하도록 제안하고, 예상되는 결과를 갖고 적절한 개입을 통해 활동을 제시하도록 하여야 한다.

이와 같이 듀이의 아동중심, 흥미중심, 경험중심의 교육철학은 현재의 교육사상에까지 많은 영향을 주고 있다.

활동해 봅시다

1. 발달과 관련된 비디오를 시청한 후 포스트잇에 생각나는 키워드를 써 봅시다. 포스트잇에 같은 단어를 쓴 친구들끼리 모여서 서로의 의견을 나눕시다.

2. 인지발달이론과 관련하여 퀴즈를 내고 정답을 맞혀 봅시다.

CHAPTER 04

유아교육과 발달이론

▶▶ 학습목표

1. 발달의 개념적 기초를 이해하고 설명한다.
2. 발달이론을 설명하고 비교 · 분석한다.
3. 영유아의 발달적 특성을 이해한다.

유아의 발달을 알아야 하는 이유는 무엇일까? 인간발달은 인간의 전 생애에 걸친 모든 발달적 변화 양상과 과정을 의미한다. 이러한 인간발달의 모든 연령과 시기는 서로 밀접하게 관련되어 있으며 유아시기의 발달적 특성은 청소년기를 비롯하여 성인기의 발달을 예견할 수 있게 하는 주요 요인이 된다. 또한 한국교육심리학회(2000)의 『교육심리학용어사전』(2000)에 의하면 청년기와 성인기에 나타나는 다양한 특성은 영아기와 유아기의 성장과정을 이해하지 않고는 그러한 특성이 형성된 원인과 배경을 찾아내기 어렵다. 이러한 점에서 인간이 전 생애에 걸쳐 행복한 삶과 건강한 삶을 누리기 위해서는 영유아기의 발달에 대한 지식을 이해하여 영유아의 성장을 바람직한 방향으로 도울 수 있도록 하는 것이 중요하다.

1. 발달에 대한 개념적 기초

1) 발달에 대한 개념

발달이란 인간이 수정되어 사망에 이르기까지 연령 증가에 따라 일어나는 신체적 · 정신적 변화과정을 의미한다. 과거에는 세포의 크기나 수의 증가 등 긍정적인 변화만을 발달에 포함시켰으나 최근에는 노화의 과정도 발달의 과정이라는 개념이 확산되어 수정에서부터 사망에 이르기까지의 모든 변화를 발달로 보고 있다.

발달 개념은 성장, 성숙, 학습이란 유사한 용어를 포함하고 있으며 발달은 가장 상위 개념이다. 성장은 시간의 흐름에 따라 점차 키와 몸무게가 증가하는 양적인 변화로 신체의 상승적 변화를 뜻하는 개념이다. 성숙은 태내 발달, 출생 이후 신생아의 급성장, 2차 성장을 비롯한 사춘기 변화 등 유전적이며 생리적인 요인에 의존하여 정해진 순서로 발달단계를 거쳐 간다. 지나치게 빠른 성숙이나 지연된 성숙은 지적 · 신체적 · 정신적 발달의 불균형과 부조화를 가져오게 되고 적응에서 어려움을 겪게 된다. 그리고 발달은 신체의 양적 변화, 즉 신체의 크기나 능력이 증가하는 성장(growth)이나, 경험에 의해 나타나는 행동의 변화인 학습(learning)과는 구별된다. 학습은 연습이나 경험의 결과로 일어나는 행동의 변화를 의미하며 그 변화는 비교적 영속적이어야 한다. 따라서 학습은 동기, 피로, 감각적 순응 또는 유기체의 감수성의 변화 등 성숙에 의한 변화와는 구별된다. 순수심리학적인 견해는 진보적 또는 퇴보적인 행동의 변화를 모두 학습으로 간주하나 교육적인 견해로는 바람직한, 진보적인 행동의 변화만을 학습으로 간주한다(서울대학교 교육연구소, 1995).

2) 발달에 대한 관점

인간발달을 바라보는 관점은 생물학적 · 환경적 · 상호작용적 관점 등 다양하게 제시되고 있다.

첫째, 생물학적 관점은 인간의 성장 · 발달은 환경보다는 인간 스스로 성장하고자 하는 유전적 힘에 의해 성장 · 발달을 한다는 관점이다. 성숙이론에서는 발달이 유기체 내부에서 발생하는 자연스러운 과정이므로 개별 아동의 발달 속도에 초점을 둔 아동중심의 양육과 아동의 성숙 수준에 맞는 학습준비도가 중요하다. 또한 부모로부터 물려받은 유전자에 의해 유아의 공통된 발달 패턴과 개인차의 일부분이 결정된다고 주장한다. 성숙을 중시하는 발달이론가로는 홀(Hall), 게젤(Gesell), 몬테소리(Montessori) 등을 들 수 있다.

둘째, 환경적 관점은 인간 스스로는 재능, 기질, 성격 등을 변화시킬 힘을 가지고 있지 않으며 그것이 환경에 의해 결정된다는 관점이다. 행동주의 이론가인 왓슨(Watson, 1925)은 인간은 적절한 훈련과 자극에 의해 계획한 대로 성장이 가능하게 된다고 하였다. 즉, 인간의 발달은 개체의 자유의지나 연령에 따른 발달 속도에 의존하기보다는 환경의 질, 환경의 변화, 학습 등에 의해 결정된다고 본다.

셋째, 유전과 환경의 상호작용적 관점은 단순히 유전과 환경의 작용을 합친 개념이 아니라 인간 발달에 있어서 역동적인 힘과 원리를 설명하는 관점이다. 즉, 인간의 성숙과 발달적 단계 과정을 수용하면서, 이에 반응하는 적절한 경험과 환경의 자극은 인간의 발달을 더욱 촉진한다는 관점이다. 상호작용주의 이론가로는 피아제(Piaget), 비고츠키(Vygotsky) 등이 있으며 이들은 좋은 학습 환경의 조건이 성숙단계에 이른 개체의 발달 속도를 가속화할 뿐 아니라 질적 발달(언어, 사고 등)에도 많은 작용을 한다고 본다.

3) 발달의 원리

수많은 실험과 관찰을 통해 얻은 자료에 의해 인간발달의 공통적 특성을 추출하고, 발달의 규칙성을 이해하고, 발달의 가능성을 예견한다. 이러한 발달의 원리를 살펴보면 다음과 같다.

(1) 발달은 순서가 있으며, 그 순서는 일정하다

발달에는 순서가 있으며 그 순서는 일정하기 때문에 연령에 따라 발달을 예측할 수 있다. 예를 들어, 언어발달 과정에 있어서 영아는 옹알이를 한 다음, 한 단어, 두 단어를 말하고 3~4세가 되면 복잡한 문장을 구사할 수 있다. 이처럼 발달에는 순서가 있으므로 그 순서가 일정하므로 연령에 따라 발달을 예측할 수 있다.

(2) 발달은 일정한 방향으로 진행된다

발달은 일정한 방향으로 진행된다. 일정한 진행 방향은 크게 세 가지로 나뉜다. 첫째, 머리에서 발끝 방향으로 발달이 일어나므로 머리 부분이 몸통이나 다리보다 먼저 발달한다. 둘째, 중심에서 말초 방향으로 발달이 일어나므로 팔을 움직일 수 있게 된 영아는 손목, 손, 손가락의 순서로 움직인다. 마지막으로, 발달은 전체 활동에서 세분화된 활동으로 발달이 진행된다. 영아 초기에는 미분화된 상태의 몸전체로 활동을 하지만 이후 세분화된 활동을 하게 된다. 즉, 대근육이 먼저 발달한 후 소근육이 발달한다.

(3) 발달은 연속적인 과정이지만 발달 속도는 일정하지 않다

발달은 수정되어 사망에 이르기까지 계속적으로 일어나지만 발달의 속도는 발달영역에 따라 일정하지 않다. 즉, 신체의 다양한 기관과 부위의 발달 속도를 보면 키와 몸무게는 첫돌까지 크게 증가하지만 생식기관은 사춘기에 급속하게 발달한다. 즉, 시간적 연속선상에서 특히 발달 변화가 많이 이루어지는 성장 급등 시기가 있다(권민균 외, 2005).

(4) 발달에는 개인차가 있다

발달의 순서는 일정하지만, 속도의 차이가 있기 때문에 최종적 발달 정도에 이르는 시기는 개인마다 다르다. 어떤 영아는 돌이 되기 전에 말을 하기 시작하고 어떤 영아는 세 돌이 될 때까지도 말을 하지 못한다. 심지어 일란성 쌍생아들 간에도 태어날 때부터 개인차가 나타난다. 따라서 같은 연령이라도 발달은 각자의 고유한 특성에 따라 개인차가 있다.

(5) 발달은 상호 연관성을 갖는다

개체의 발달이 유전과 환경의 상호작용에서 이루어지는 원리와 같이 신체, 정서, 지능, 사회성 등 발달의 각 영역은 서로 관련이 있다. 예를 들어, 정서적 장애를 가진 영유아는 신체적 · 사회적 · 지적 성장 시 그 장애로 인한 부정적 영향을 받을 수 있음을 예견할 수 있다. 또한 영아의 비만은 지적 · 사회적 성장 · 발달에 부정적 영향을 미칠 수 있다. 왜냐하면 오감각을 통해 사물을 지각하는 시기에 비만일 경우 사물을 탐색하는 과정에 영향을 미칠 수 있기 때문이다.

(6) 발달은 결정적 시기가 있다

모든 발달은 어느 시기든지 가능한 것이 아니라 가장 적절히 이루어지는 최적기가 있다. 대인관계에서 애착을 형성하는 문제도 애착 형성 시기를 놓치게 되면 어려움을 겪게 되고, 출생 후 2개월간의 시각 차단의 경험이 지각발달에 치명적 영향을 준다는 실증적인 연구 결과가 있다(Fantz, 1963). 이러한 발달의 결정적 시기는 대부분 생의 초기에 집중되어 있으며 이 시기에 필요한 적절한 자극을 받지 못하면 이후 발달에 부정적인 영향을 미칠 수 있다는 점에서 발달의 초기단계는 일생 중 가장 결정적으로 중요한 시기이다.

2. 발달이론

발달이론은 영유아의 발달에 대한 근거를 제공해 주지만 영유아의 발달 특성을 한 가지 이론으로만 설명할 수는 없다. 왜냐하면 인간 발달에 대한 초점을 행동의 변화, 심리적 변화, 유전적 영향, 환경적 영향 등 어디에 두느냐에 따라 주장하는 이론들이 다르기 때문이다. 이 절에서는 인간 발달을 성숙주의 이론, 정신분석이론, 행동주의 이론, 인지이론을 중심으로 살펴보고자 한다.

1) 성숙주의 이론

아널드 게젤(Arnold Gesell, 1880~1961)

성숙주의 이론에서는 인간의 모든 발달이 유전적 요인에 의해 결정된다고 보았다. 즉, 인간은 시간이 경과함에 따라 뚜렷한 생리적 성숙이 이루어지며, 신체적인 성장과 함께 유전에 의한 행동 특성이 다르게 나타난다고 보았다. 다만, 발달 정도나 속도는 개인에 따라 다르지만 모두가 정해진 발달단계의 순서를 지니게 되며 자연적으로 자신의 발달단계에 적합한 행동을 보이므로 발달에 있어 인간에게 자유를 부여하라고 주장한다.

성숙요인을 강조한 게젤은 여러 연구 결과를 바탕으로 유아를 둘러싼 환경은 발달에 어느 정도 영향을 미칠 수 있으나 유전적으로 정해진 발달의 기본 틀은 변화하지 않으며, 이러한 틀은 정해진 유전적 계획에 따라 진행된다고 설명한다. 게젤은 그의 스승인 홀(Hall)과 함께 객관적인 자료의 수집을 위해 아동 연구에서 규준적 접근(normative approach)을 시도했다. 이 접근법은 다수의 아동을 대상으로 측정하고 연령별 평균치를 구하여 전형적인 아동발달을 보여 주는 것이다. 게젤은 50세에 아동발달 연구기관인 예일 클리닉에서 그의 동료들과 함께 아동의 운동신경 발달에 관한 광범위하면서도 세부적인 연구를 시도했고, 그 결과로 발전시킨 발달표준치 행동규준(behavior norms)은 지금도 소아과 의사와 심리학자들이 기본 정보 자료로 사용하고 있을 정도로 소중하고 유용한 연구 결과로 인정받고 있다. 발달표준치 행동규준은 출생에서 청년기까지의 행동발달 변화 정도에 관한 관찰연구를 바탕으로 운동행동, 적응행동, 언어행동 그리고 개인적 · 사회적 행동의 연령적 발달 특성을 기술한 것이다. 영유아의 행동발달은 출생 후부터 16세까지 3개의 주기가 있는데 출생에서 5세, 5~10세, 10~16세로 구분하였으며 이 중 첫 주기인 출생에서 5세까지가 행동발달의 가장 기초로서 후기의 행동발달에 많은 영향을 미친다고 하였다. 게젤의 발달표준치 행동규준은 당시 유아교육자에게 제공되어 유아의 학습기능을 비롯하여 신체적 · 정서적 · 지적 발달에 관한 성숙 정도를 객관적으로 볼 수 있는 중요한 준거가 되었다.

또한 게젤은 '준비도'라는 개념을 설명하였다. 학습에 있어서 학습이 가능한 인지적 · 신체적 · 사회적 능력의 준비가 필요하다고 보고, 이러한 준비가 될 때까지 서둘러

훈련시킬 필요가 없으므로 교사나 학부모는 유아가 학습할 준비가 될 때까지 기다려야 한다고 보았다. 게젤의 행동규준은 유아발달에 있어 일반적인 발달행동의 기준이 되어 발달지체 유아의 선별검사의 기초가 되었다는 장점은 있으나, 유아 스스로 주변 환경과 적극적으로 상호작용하여 성장하는 측면은 설명하지 못한다는 단점이 있다. 또한 그가 연구한 유아는 미국 예일 대학교 주변에 거주하는 중산층 가정의 유아이므로 그 결과를 다른 계층으로 일반화하기에는 무리가 있다는 비판을 받기도 하였다.

2) 정신분석이론

20세기 중반에 아동발달의 관심이 고조되면서 유럽의 학자들은 아동의 내면 사고와 감정에, 미국의 학자들은 과학적 정확성과 객관적 · 관찰 가능한 행동에 초점을 두었다. 정신분석이론은 정신의 무의식적인 힘을 분석하여 인간의 행동을 설명하는 이론으로 마음의 분석 혹은 영혼의 분석을 의미한다. 정신분석이론은 프로이트의 심리성적 발달이론과 그의 제자인 에릭슨이 프로이트의 이론을 수정한 심리사회적 발달이론을 포함하므로 여기에서는 프로이트 이론과 에릭슨의 이론을 살펴보겠다.

(1) 프로이트의 심리성적 발달이론

지그문트 프로이트(Sigmund Freud, 1856~1939)

정신과 의사인 프로이트는 최면을 통해 이를 수 있는 무의식적 충동이나 동기에 관심을 가졌다. 그는 인간의 행동이 무의식 속에 잠재된 생각이나 욕망에 의해 일어나므로 이를 통해 인간의 행동을 이해할 수 있다고 믿었다. 인간의 본성을 이해하기 위해 프로이트는 인간의 정신세계를 의식, 전의식, 무의식으로 구분하였다. 의식은 인간이 주의를 기울이는 순간에 알아차릴 수 있는 정신세계이며, 전의식은 주의를 기울이고 마음에 떠올리려고 노력해야 의식세계로 인식될 수 있다. 그리고 의식적인 노력에 의해서도 자각되지 않는 정신영역으로 우리의 행동을 지배하는 정신세계가 무의식이다. 무의식은 인간의 행동을 결정하는 중요한 역할을 하며, 특히 어린 시기의 성적인 본능과 충동들은 무의식 속에 잠재되어 있다가 사고와 행동의 동기를 제공한다. 프로이트는 본능에 의해 일어난 욕망을 충족할 수 있도록 사고와 행동이 동기화되고, 그 결과 정신적인 긴장이 해소되는 과정이 바로 인간의 성격발달 과정이라고 보았다. 프로이트의 이론을 심리성적 이론이라고 부르는 이유도 여기에 있다. 또한 인간의 성격은 원초아(id), 자아(ego), 초자아(superego)로 구성되어 있다. 원초아는 출생부터 존재하며 본능과 쾌락원리에 의해 지배된다. 원초아는 즉각적인 욕구 충족을 통해 쾌락을 추구하므로 비현실적이고 비합리적인 방식으로 욕구를 충족하고자 하며, 만약 욕구가 충족되지 못하면 심리적 갈등이나 욕구불만을 느끼게 된다. 자아는 현실원리의 지배를 받는다. 자아는 원초아의 욕구 충족을 위해 논리적인 계획을 세우고 현실에서의 실현 가능성을 검토하는 역할을 한다. 마지막으로, 초자아는 도덕원리의 지배를 받는다. 옳고 그름을 분별하여 기준을 정하고, 하지 말아야 할 것을 어겼을 경우 죄의식을 갖게 된다. 본능적인 욕구를 충족하려는 원초아와 이를 억제하려는 초자아 사이에서 중재하는 역할을 하는 자아가 제대로 역할을 하지 못할 경우 인간은 내적 갈등을 겪게 되어 방어기제를 사용한다. 방어기제에는 억압, 반동형성, 투사, 합리화, 퇴행 등이 있다.

프로이트는 정신과 환자의 문제가 어린 시절의 성적인 갈등에서 비롯됨을 임상 실험을 통해 발견한 후 가장 중요한 본능을 성적인 본능이라고 하였으며 이를 리비도(libido)라고 불렀다. 유아가 성장함에 따라 리비도가 집중되는 신체 부분은 달라지며, 각 단계에서 추구하는 성적 충동이 적절히 만족되어야 다음 단계로 발달할 수 있지만 과잉 충족되거나 결핍되면 고착되어 그 단계의 특징적인 성격유형이 형성된다고 하였다. 프로이트의 심리성적 발달단계를 살펴보면 〈표 4-1〉과 같다.

〈표 4-1〉 프로이트의 심리성적 발달단계

단계(해당 연령)	특징
구강기 (출생~1세)	• 리비도가 구강에 집중되는 시기로 빨고 깨물며 씹는 행동을 통해 성적 욕구를 충족시킨다. • 자아가 발달되지 않은 상태에서 원초적인 자아에 의해 쾌락만 추구한다. • 구강 쾌락의 과도한 만족 또는 좌절로 손가락 빨기, 과식, 과음, 지나친 흡연 등 구강기에 고착된 반응을 보이는 구강기 성격이 나타난다.
항문기 (1~3세)	• 이 시기의 성감대는 항문 주변으로, 항문의 괄약근을 수축하고 이완하는 과정을 통해 만족감을 얻는다. • 배변 훈련을 통해 이러한 욕구가 충족될 수 있다. • 항문기 고착현상은 배변 훈련이 너무 엄격하거나 청결을 지나치게 강조하면 나타나는 것으로 인색하거나 고집이 세고 의심이 많은 성격을 형성할 수 있다.

남근기 (3~6세)	• 리비도가 성기로 집중되면서 자신의 성기자극을 통해 만족감을 얻는 시기로 자위행위를 하기도 한다. • 동성의 부모를 강하게 질투하는 오이디푸스 콤플렉스와 엘렉트라 콤플렉스가 나타나기도 하지만, 남아는 거세불안의 두려움, 여아는 남근선망의 갈등으로 인해 결국 동성의 부모와 동일시함으로써 문제를 극복하고 초자아가 발달하게 된다.
잠복기 (6~11세)	• 학령기가 되면 외부환경과 성취과업에 관심을 갖게 되고 리비도가 무의식 속으로 잠복하면서 평온한 상태를 유지한다. • 리비도는 여전히 성기 부위에 있으나 성에 대한 표현이나 행동은 두드러지게 나타나지 않는다.
생식기 (청년기)	• 잠복되었던 성적 에너지가 신체적 성숙이 이루어짐에 따라 진정한 의미에서의 성욕이 나타나는 시기이다. • 가족 이외의 이성을 향한 성적 충동이 발생한다. • 청소년이 이성에 대한 욕구를 운동, 사회봉사활동과 같은 대체 활동으로 승화시키지 못하면 성적 에너지가 비행으로 표출된다.

오이디푸스 콤플렉스: 프로이트는 아들이 어머니에 대해 애정의 감정을 느끼면서 아버지에 대해서는 질투와 혐오, 강한 반항심을 품고 있는 심리를 오이디푸스 콤플렉스라고 하였다. 아들이 어머니를 얻기 위해 아버지와 같은 위치를 쟁취하려고 하며 아버지와 같은 남자가 되려 하는 동일화가 강하게 나타난다. 아이는 곧 아버지를 배제하고 싶어 하지만 아이에게 아버지는 절대적인 존재이기 때문에 아버지의 무서움을 안다. 아이는 위협을 무의식적인 거세불안으로 느끼게 되며, 어머니를 요구하면 '음경이 거세된다.'고 생각한다. 아이는 자신의 성기를 유지하기 위해 근친상간을 하려는 욕망을 포기하고, 또한 아버지와 충돌하는 일도 포기하고 부모와 다른 방향으로 걸어 나간다. 이렇게 오이디푸스 콤플렉스는 극복되고, 아이는 성기를 유지하면서도 사회에 진출한다. 프로이트는 그 시기를 잠복기라고 하며, 유아적인 욕구(성적 욕망)의 의식화를 억제하고 대부분 표출하지 않게 되는 시기라고 한다.

오이디푸스와 스핑크스(BC 480~470년경의 도기 그림)

출처: 이동귀(2016).

엘렉트라 콤플렉스: 딸이 아버지에게 애정을 품고 어머니를 경쟁자로 인식하여 반감을 갖는 경향을 가리키는 정신분석학 용어로 정신분석학에서 오이디푸스 콤플렉스와 대비되는 개념이다. 남근기(男根期)에 여자아이들은 자신에게는 남동생이나 아버지가 갖고 있는 성기(penis)가 없다는 사실을 알고 남성을 부러워하는 한편 자신에게 남성 성기를 주지 않은 어머니를 원망한다고 한다. 프로이트는 이와 같은 음경선망(penis envy)이 여자아이로 하여금 엘렉트라 콤플렉스를 갖게 하는 적극적인 원인으로 보았다. 이러한 욕구는 어머니의 여성적 가치를 자기와 동일시하고 초자아(超自我)가 형성되면서 사라진다. 오이디푸스 콤플렉스와 대비되지만 그만큼 중요시되지는 않는데, 이는 최악의 상황이라도 어머니가 딸을 거세(去勢)할 수는 없으므로 남자아이들만큼 거세 콤플렉스를 느끼지 않는다고 보기 때문이다. 이런 관점에서 프로이트는 여성의 초자아가 남성보다 약하다고 믿었다.

출처: 서강훈(2013).

(2) 에릭슨의 심리사회적 발달이론

에릭 에릭슨(Erik Erikson, 1902~1994).

프로이트의 제자이면서 신 프로이트 학파의 한 사람인 에릭슨은 개인의 성격발달을 위한 중재자가 사회적 맥락에 있다고 주장하였다. 에릭슨은 비엔나에서 정신분석 훈련을 받은 후 미국으로 건너가 다양한 사회집단에서 일어나는 발달의 유사점과 차이점을 관찰하였다. 그는 프로이트의 심리성적인 이론 체계에 기초하면서도 차이점을 통해 다음과 같은 독자적인 이론을 제시하게 되었다.

첫째, 에릭슨은 유아를 생물학적인 충동에 얽매인 수동적인 존재로 보는 프로이트의 입장에서 벗어나 환경에 적응하고자 하는 능동적인 존재로 보았다.

둘째, 어린 시절의 경험에서 부모의 중요성만을 강조했던 프로이트와는 달리 가족, 친구, 사회와 문화 배경도 중요한 영향 요인으로 보았다.

셋째, 발달단계에 있어 청소년기에서 벗어나 전 생애의 발달을 강조하면서 심리사회적 발달과정을 8단계로 소개하였다.

각 발달단계는 환경적 요구에 적응하기 위한 심리사회적 위기가 존재한다. 이러한 위기를 극복하는 주체는 자아라고 보았으며, 발달이 진행되면서 나타나는 위기의 긍정적 · 부정적 측면을 제시하고 있다. 이 두 가지 측면이 다 중요하지만 건전한 발달을 위해서는 긍정적 측면이 부정적 측면보다 더 많이 경험되어야 한다고 보았다. 에릭슨의 심리사회적 발달단계를 소개하면 〈표 4-2〉와 같다.

〈표 4-2〉 에릭슨의 심리사회적 발달단계

단계(해당 연령)	특징
기본적 신뢰감 대 불신감 (출생~1세)	• 세상에 대한 신뢰감 형성이 중요하다. • 양육자에게 전적으로 의지하는 단계이다. • 양육자가 일관되고 지속적인 경험을 제공하면 신뢰감이 형성되나 그렇지 못할 때에는 불신감이 형성된다. • 이 시기의 기본적 신뢰감 형성은 성장한 후의 사회관계의 기초가 된다.
자율성 대 수치심 (1~3세)	• 대소변의 통제가 가능하다. • 신체적·언어적 능력의 발달과 함께 모든 일을 스스로 하려고 하는 자율성을 발휘하게 된다. • 자유를 허락하면서 적절히 도와주면 자율성이 더욱 발달한다. • 지나친 통제나 사회적 기대에 부응하지 못하면 수치심을 느끼고 회의감을 느낀다.
주도성 대 죄책감 (3~6세)	• 성인의 인정을 받고 싶어 하며 또래와 갈등도 경험하게 된다. • 유아가 스스로 자신의 일을 잘하고 목표를 달성하게 되면 주도성을 갖게 된다. • 실패를 경험하거나 완성할 기회를 갖지 못하면 죄책감이 생긴다.
근면성 대 열등감 (6~11세)	• 프로이트의 잠복기에 해당하며 자아성장에 결정적인 시기이다. • 학교생활을 통해 기초적 인지 기능과 사회적 기능, 신체 기능을 습득하면서 근면성이 발달한다. • 각종 능력을 습득하지 못하고 학습에 실패하거나 놀이에서 실수하는 경험이 누적되면 열등감을 갖게 된다. • 소속된 사회의 문화와 규칙을 자발적으로 습득해 가면서 근면성이 발달한다.
정체성 대 역할혼미 (청년기, 11~19세)	• 사춘기로 인해 2차 성징이 나타나며 자아정체감을 형성하는 시기이다. • 자기 존재에 대한 의문과 탐색을 하는 시기이다. • 자기 존재의 의미를 찾지 못하면 역할이 혼미해지며 부정적인 자아개념이 형성된다. • 자신이 선택한 가치관과 직업적 목표를 통해 개인적 정체성을 형성한다. • 방황이 길어지고 정체감이 제대로 형성되지 못하여 미래의 성인역할에 대한 혼란에 빠질 수 있다.

친밀성 대 고립감 (성인 초기, 19~24세)	• 이전 단계에서 형성된 자신의 정체성을 바탕으로 타인과 연합하여 공동의 정체성을 확립한다. • 친밀감을 나누고 사회적 관계를 형성해 간다. • 이전 단계에서 자아정체감이 확립되지 못하면 타인들과 원만한 관계를 맺지 못하고 자신에게만 몰두하여 고립감을 느끼게 된다.
생산성 대 침체성 (성인 후기, 25~54세)	• 자녀의 출산과 양육이 이루어지는 시기이다. • 다음 세대의 복지나 사회적 변화에 관심을 가지며, 직업에 있어서도 매우 생산적으로 일하는 시기이다. • 생산성이 결핍될 때 이기적인 목적에만 몰두하여 타인에게는 관심이 없고 오로지 자신의 욕구에만 몰두하여 침체성이 형성된다.
자아통합 대 절망감 (노년기, 54세 이후)	• 개인의 전 생애를 통한 완성적 노력과 성취에 대하여 반성하는 시기이다. • 지금까지의 발달과정에 대한 최종적인 통합을 하며 인생의 가치를 평가하게 된다. • 자신의 삶이 무의미하다고 느낄 때 죽음에 대한 두려움과 절망감을 느끼게 된다.

3) 행동주의 이론

행동주의 이론은 인간의 발달이 유전적인 힘에 의존하기보다, 환경과 경험의 누적이라고 본 로크(Locke)의 백지설에서 출발한다. 행동주의는 왓슨(Watson)에 의해 창시되었으며, 그는 심리학이 객관적인 과학이 되려면 보이지 않는 정신보다 눈으로 직접 관찰할 수 있는 자극과 반응 같은 것을 연구해야 한다고 믿었다. 왓슨은 러시아의 생리학자 파블로프(Pavlov)의 동물 학습에 관한 연구에 자극을 받았다. 1950년대와 1969년대에 절정을 이루었던 왓슨의 행동주의를 비판하며 등장한 이론은 스키너의 조작적 조건형성이론이다. 이어서 인간의 행동을 모방과 관찰학습으로 설명한 밴듀라(Bandura)의 사회학습이론이 있다. 따라서 여기에서는 파블로프의 고전적 조건형성이론에 행동주의 이론의 기원을 두고, 스키너의 조작적 조건형성이론, 밴듀라의 사회학습이론 등을 살펴보고자 한다.

(1) 파블로프와 왓슨의 고전적 조건형성

이반 파블로프(Ivan Petrovich Pavlov, 1849~1936)

파블로프는 러시아의 생리학자로서 개의 타액 분비 실험을 통해 고전적 조건형성의 기본원리를 처음으로 제시하였다. 파블로프는 개에게 고기를 주고 그것의 생리적 반응인 타액 분비과정을 연구하였는데, 연구 도중 파블로프는 음식을 주지 않아도 개가 타액을 분비한다는 사실을 발견하였다. 그는 개에게 종소리(중성자극)를 들려주고 음식을 주는 과정을 여러 번 반복하였더니 개가 종소리(조건자극)만 듣고도 타액을 분비하는 것(조건반사)을 발견하였다. 즉, 음식물과 관련 없는 자극도 타액 분비반응과 연합이 이루어진다는 것을 발견한 것이다. 여기에서 중요한 점은 조건자극이 무조건자극보다 먼저 주어져야 조건형성이 가장 잘 이루어진다는 점이다. 그러나 새로이 조건형성이 이루어진 후에 조건자극만 제시하면 처음에는 조건반사인 타액을 분비하는 반응이 나타나지만 반복될수록 점차 미약해지고, 마침내 조건반사는 나타나지 않게 되는데 이러한 현상을 소거라고 한다.

① 조건화 전 단계

1. 종소리(중성자극) → 개(무반응)
2. 음식(무조건자극) → 개(타액의 분비)

② 조건화 단계

1. 종소리(중성자극) → 음식(무조건자극) → 개(타액의 분비)
2. 반복

③ 조건화 후 단계

종소리(조건자극) → 개(타액의 분비)

왓슨은 파블로프의 고전적 조건형성이론의 기본원리를 교육학과 심리학에 응용한

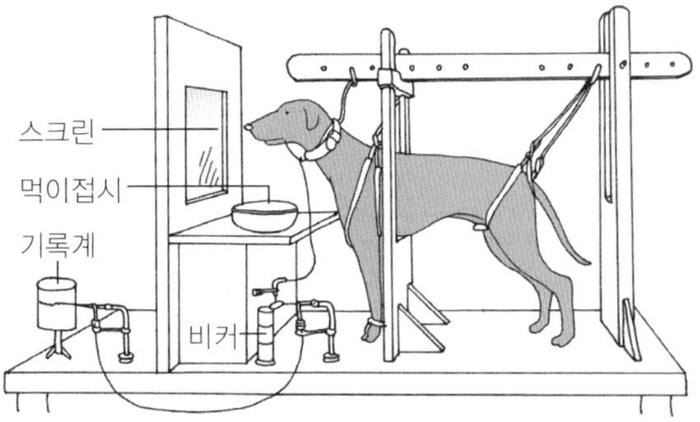

개의 타액은 튜브를 통하여 비커로 들어가는데 그때 밸브의 움직임은 스크린 뒤쪽에 있는 기록계에 전달되어 분비반응이 기록된다.

[그림 4-1] 파블로프의 조건반사

학자이다. 왓슨은 11개월 된 자신의 아들 앨버트(Albert)를 대상으로 실험하여 인간이 새로운 자극에 대해 공포감을 느끼게 되는 형상을 조건형성으로 설명하였다. 그는 앨버트에게 흰쥐(중성자극)를 보여 줄 때 망치로 쇠막대를 때리면서 큰 소리(무조건자극)를 내어 놀라게(무조건반응) 하였다. 처음에 앨버트는 흰쥐에 대해 공포심이 없었지만 같은 실험이 7회 반복되자 소리를 제거하고 흰쥐만 보고도 놀라서 우는 반응을 보였다. 이 실험으로 왓슨은 인간의 정서인 공포가 큰 소리인 중성자극과 연합될 수 있다는 것을 보여 주었다. 왓슨은 공포를 제거하는 것 역시 조건형성을 통해 가능하다고 하였다. 토끼를 무서워하는 피터라는 3세 아이를 대상으로 실험하였다. 피터는 이미 토끼에 대한 공포반응이 형성되어 있었으나 오후 간식을 준 후 피터가 무서워하지 않을 만큼 떨어진 거리에 토끼를 보여 주었다. 그다음 날에도 조금씩 토끼를 피터 가까이 가져오게 하였다. 이 과정을 반복하자 마침내 피터는 과자를 먹으면서 다른 한 손으로 토끼를 만질 수 있게 되었다. 이러한 실험을 통해 왓슨은 인간의 모든 행동은 결국 환경에 의존하여 학습되는 것이며, 환경이 발달에 가장 중요하다는 것을 보여 주었다.

존 왓슨(John B. Watson, 1878~1958)

(2) 스키너의 조작적 조건형성

스키너(B. F. Skinner, 1904~1990)

고전적 조건형성은 반사행동의 학습을 설명해 주는 반면, 조작적 조건형성은 사람이나 동물이 스스로 조작하는 행동의 학습과정을 설명한다. 스키너는 스키너 상자([그림 4-2] 참조)를 만들어 이 상자에 흰쥐를 넣고 쥐의 행동을 관찰하였다. 상자의 한쪽 벽에는 지렛대가 있어 이를 누를 경우 먹이와 물이 나오도록 되어 있다. 처음에 쥐는 여기저기 움직이다가 우연히 지렛대를 누르고 먹이를 먹게 된 후 부터는 지렛대를 누르는 횟수가 증가함을 관찰할 수 있었다. 쥐가 스스로 지렛대를 누르는 행동을 한 결과 먹이와 물이 나오게 되어 쥐는 지렛대를 누르는 행동을 더 자주 하게 된 것이다.

이처럼 특정 행동 뒤에 먹이와 물이라는 보상이 주어져 반응을 높이는 절차와 과정을 강화(reinforcement)라 하며, 주어진 먹이는 강화인(reinforcer)이라고 한다. 즉, 조작적 조건형성이론은 유기체가 자극에 반응한 그 결과를 강조하며 그 결과에 해당하는 유기체의 반응을 빈번히 일으키게 함으로써 자극요인을 조건화하게 된다. 자극요인을 조건화하게 만드는 것이 보상인데, 고전적 조건형성이론에서는 보상이 자극과 동시에

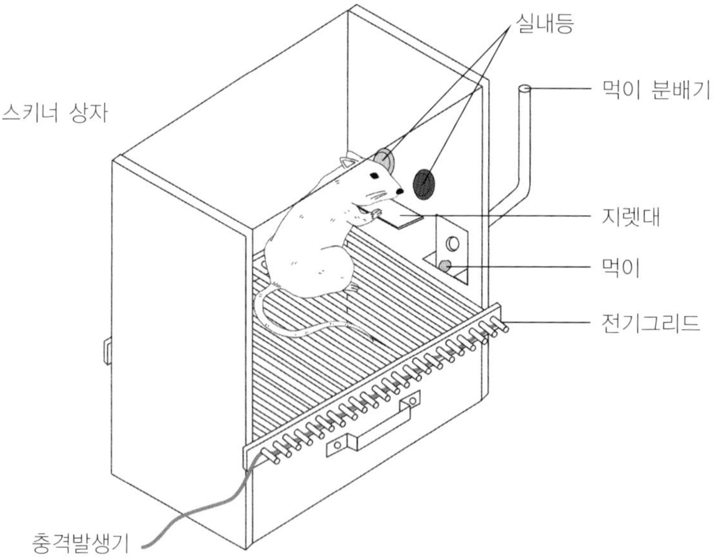

[그림 4-2] 스키너 상자

나타나므로 행동을 끌어내는 유인체제로 이해되었으나, 조작적 조건형성이론에서는 강화란 행동 뒤에 따라오는 것으로서 행동을 통제하는 작용을 한다고 본 것이다.

스키너(1953)는 이 같은 과정을 1차 강화물 또는 무조건 형성 강화물, 2차 강화물 또는 조건형성 강화물로 설명하였다. 1차 강화가 먹이를 준다거나 고통을 제거해 주는 등의 감각적 교류와 같은 것이라면, 2차 강화는 미소를 짓거나 안아 주는 것과 같은 타인의 행동을 통해 나타나는 것이다. 행동에 따라 빈번히 일어나기를 기대하는 행동도 있지만 행동이 소멸되기를 기대하여 같은 행동이 나타나지 않기를 바라는 경우에는 통제를 요구하게 된다. 따라서 행동 통제는 두 가지 양상을 띠게 된다. 특정 행동이 계속 일어나도록 '행동목표'를 설정하고 그 행동이 유발될 때 강화하는 일을 정적 강화라고 한다. 반면, 목표지향에서 이탈된 행동, 방해되는 행동이 발현될 경우 이를 소멸시켜야 하는 통제기능이 요구될 때는 부적 강화가 실시된다. 부적 강화는 일반적으로 처벌을 하거나 정적 강화를 철회하는 것인데, 처벌의 경우는 통제기능의 효과는 있으나 또 다른 정서적 영향을 동반하기 때문에 적합하지 않고 그 대신 정적 강화를 철회함으로써 소거하도록 스키너(1953)는 제안하였다.

(3) 밴듀라의 사회학습이론

앨버트 밴듀라(Albert Bandura, 1925~1990)

사회학습이론에서는 스키너의 조작적 조건형성이 동물에 있어서는 중요 학습원리이지만 동물과 달리 인지적 존재인 인간은 강화 없이도 학습이 일어난다고 보았다. 인간은 사회적 상황 속에서도 타인의 행동을 관찰함으로써 학습할 수 있다고 주장한다. 캐나다 출신의 밴듀라(1965)는 행동의 원동력이 환경이라는 행동주의의 기본적인 가정에서 벗어나 발달과정이 개인과 환경 간의 상호성에 의한다는 상호결정론적 입장을 취하였다. 따라서 영유아는 자신의 개인적인 선호도와 판단에 따라 특정 모델의 행동을 관찰하여 모방하면서 학습한다는 것이다. 밴듀라는 학습과정이 주의(attention)-파지(retention)-운동재생(motor reproduction)-동기화(motivation)의 4단계 과정에 걸쳐 진행된다고 보았다. 주의는 관찰할 대상의 행동에 주의를 기울이는 과정이다. 파지는 관찰한 행동을 기억 속에 저장하는 과정이다. 운동재생은 기억하고 있는 모델의 행동을 실제로 옮기는 과정이다. 동기화는 관찰을 통해 학습된 행동이 계속해서 외적으로 혹은 스스로 강화를 받음으로써 지속되는 과정이다. 밴듀라의 이론은 모델의 중요성을 강조함으로써 부모, 교사의 역할에 대한 중요성을 환기시켰으며 인간을 수동적인 존재로 보지 않고 인지의 역할을 하는 적극적인 존재로 인정했다는 측면에서 주목할 만하다.

4) 인지발달이론

인지이론은 인간의 사고과정과 지식을 구성해 가는 과정에서 인간이 어떻게 인적·물적 환경과 상호작용하는지에 관심을 갖는다. 즉, 인지란 앎(knowing)의 상태로 이끄는 내적 과정으로, 사고하고, 기억하고, 추론하고, 문제를 해결하고, 창조하는 모든 정신 활동을 포함하는 것이므로 이러한 인간의 사고과정에 관심을 갖는 이론이라 할 수 있다. 인지이론의 대표적인 이론은 피아제의 인지발달이론, 비고츠키의 사회문화적 인지이론, 정보처리이론, 뇌 발달이론 등이 있다.

(1) 피아제의 인지발달이론

장 피아제(Jean Piaget, 1896~1980)

피아제는 첫딸이 태어난 1925년부터 세 자녀의 행동을 세심하게 관찰하면서, 지식이 수동적이고 강화받은 유아에게 주어지는 것이 아니라 능동적인 인지 활동을 통해 형성된다고 주장하였다. 즉, 유아는 주변 환경과의 끊임없는 상호작용을 통해 지식을 구성한다고 보았다. 그리고 인지능력은 유아가 환경에 적응하는 과정의 결과에 의존하며 적응과정의 메커니즘은 동화와 조절에 의한 것으로 설명하였다. 동화(assimilation)는 도식의 양적인 변화로 유기체가 환경에 적응하고 조직하는 인지 과정의 일부분이다. 새로운 정보를 적용하려는 경향성을 말하는 것이다. 반면에, 조절(accommodation)은 도식의 질적인 변화로, 새로운 자극을 받아들일 수 있도록 이미 갖고 있던 도식을 변형시키는 과정이다. 이 같은 인지적인 성장과 발달에서 동화와 조절의 인지적인 균형을 유지하도록 하는 것을 평형화(equilibration)라고 한다.

피아제는 모든 아동이 개인에 따라 속도는 다를 수 있지만 정해진 단계를 순서대로 거쳐 가며, 각각의 단계에서는 이전의 단계보다 더 높은 수준으로 질적으로 변화한다고 하였다. 이처럼 인지구조가 질적으로 변화하는 과정에 따라 피아제는 인지발달 단계를 구분하여 〈표 4-3〉과 같이 제시하였다.

피아제의 이론은 교육에 많은 것을 시사해 주고 있다. 우선, 아동들을 능동적으로 사고하는 존재로 보았다. 스스로 지적 갈등을 일으키면서 스스로 실험하고 발견하는 과정에서 지식을 구성해 나가는 존재로 본 것이다. 이러한 아동의 능력에 대한 관점은 교사의 역할에도 변화를 일으켰다. 교사들은 학습자에게 단순히 지식을 전달하는 역할보다는 아동들이 적극적으로 학습을 하도록 지원하고 중재하는 역할을 하여야 한다

〈표 4-3〉 피아제의 인지발달 단계

단계(해당 연령)	특징
감각운동기 (출생~2세)	• 감각기관을 통해 사물을 이해 • 8~12개월부터 대상영속성(사물이 눈앞에 보이지 않거나 만질 수 없을 때에도 여전히 존재한다는 것을 아는 것) 시작 • 목표 지향적 행동 시작
전조작기 (2~7세)	• 상징적 사고의 출현 • 자아중심적: 유아들이 우주의 모든 현상을 자기중심적으로 생각하는 것으로 타인도 자신과 동일한 방식으로 지각한다고 생각하는 것 • 물활론적 사고: 무생물이 살아 있고, 사람처럼 감정이나 의도를 가지고 있다고 생각하는 것으로 4~6세의 유아들은 활동하는 모든 대상물을 살아 있다고 여김. • 보존개념의 결여: 사물의 외형이 변한다고 할지라도 그것의 속성은 변하지 않는다는 것을 이해하는 능력이 결여됨. • 불완전한 분류 능력: 상위 유목과 하위 유목 간의 관계, 전체와 부분의 관계를 이해하는 능력이 불완전함.
구체적 조작기 (7~11세)	• 보존개념 이해: 문제 해결을 위해 직관보다는 논리적 조작이나 규칙을 적용하기 시작함. • 유목화 및 서열화: 큰 것부터 작은 것으로 또는 그 반대로 순서적인 배열을 하는 능력을 획득 • 조망 수용: 자기중심적인 사고에서 벗어나 타인의 입장, 감정, 인지 등을 추론하고 이해할 수 있는 능력 • 분류 가능: 대상물이 지니고 있는 공통 속성에 따라 분류하고, 하나의 속성에 따라 분류하는 단순 유목화, 물체를 두 가지 이상의 속성으로 나누어 분류하는 다중 유목화가 가능
형식적 조작기 (11세 이후)	추상적 사고, 가설적 사고가 가능

고 보았다. 교육에 대한 시사점이 많음에도 불구하고 피아제의 이론에 대한 비판점은 단계이론에 대한 것이다. 피아제는 각 사람마다 차이는 있지만 순서는 불변한다는 보편적인 발달단계를 강조하였다. 피아제 이후 인지발달은 그의 이론에 근거하여 단계적 발달을 인정하되 단계의 전이가 보다 점진적으로 일어난다고 보는 신 피아제 접근 이론가들과 인지단계론을 포기하고 정보처리의 과정을 발달이라고 보는 정보처리 이론가들로 나뉘어 연구되고 있다(권민균 외, 2008).

(2) 비고츠키의 사회문화적 이론

레프 비고츠키(Lev Vygotsky, 1896~1934)

비고츠키는 피아제와 같은 해인 1896년에 러시아에서 태어나서 1934년 37세에 폐결핵으로 사망하였다. 그는 피아제가 간과했던 사회문화적 요인을 강조함으로써 유아의 인지발달 연구에도 영향을 끼쳤다. 비고츠키는 모든 아동은 똑같은 인지발달 단계를 거치지 않으며, 어떤 문화 속에서 또래와 성인 간에 어떠한 상호작용을 하는가에 따라 유아들은 아는 것과 생각하는 방식이 다르게 형성된다고 가정하였다.

또한 비고츠키는 정신과정을 하등 정신 기능과 고등 정신 기능으로 나누었다. 하등 정신 기능은 고등 동물과 인간 모두가 갖고 있는 것으로 주로 성숙을 통해 이루어진다. 주로 반응적인 주의집중, 자발적인 기억, 감각 동작 기능 등이다. 반면에, 고등 정신 기능이란 학습과 교수를 통해 획득되는 인지적 과정들이다(권민균 외, 2008). 비고츠키는 '의식' 하는 것을 가장 고등한 정신 기능으로 인식하고, 자기조절 과정은 타인과의 상호관계 속에서 사회적 지식을 내면화하는 과정에서 나타나는 하나의 정신과정으로, 낮은 형태의 사고가 사회적인 관계 속에서 교육적 상호작용을 통해 고등 형태의 사고로 변형되어 가는 것을 의미한다고 하였다.

언어는 모든 인간 문화에서 볼 수 있는 도구로서 각 구성원들이 사고를 하기 위해 사용하는 정신적인 도구, 1차적인 기능을 의사소통하는 것으로 보았다. 비고츠키는 언어가 유아의 사고발달에 필수적인 것이라고 믿었다. 유아는 문제를 해결하거나 중요한 목표를 달성하고자 할 때 혼잣말(private speech)을 하는 경향이 있다고 한다. 언어는 대략 3세 정도가 되면 다른 사람과의 상호 교류를 위한 언어와 자신만이 들을 수 있는 자기중심적인 언어로 나누어진다. 비고츠키의 자기중심적인 언어는 문제나 행동을 계획하거나 생각하기 위해 혼잣말로 이야기한다고 보았다.

또한 비고츠키는 학습과 발달 사이의 관계를 개념 짓는 방법으로 2개의 발달 수준을 이용하여 설명하였다. 실제적 발달 수준(level actual development)과 잠재적 발달 수준(level of potential development)이다. 그리고 이것의 중간 영역을 근접발달영역(zone of proximal development)이라고 하였으며 학습이 가장 역동적으로 일어나는 영역이라고 하였다. 비고츠키의 이론은 우선 문화적 맥락의 중요성을 강조하였다는 측면에서 교육적으로 시사하는 바가 크다. 그는 유아를 맥락과 분리된 개체로 바라보지 않고, 일상적인 생활 속에서의 유아에 대해 관심을 가졌기 때문에 유아의 발달과 학습에 대한 실질적인 정보를 제공하였다.

(3) 정보처리이론

정보처리이론에서는 새로운 기술 변화를 통해 컴퓨터가 더 우수한 정보처리를 할 수 있는 것처럼 유아들도 발달을 통해 보다 효율적이고 유능한 사고자로 발달해 간다고 보았다(Bee, 1997). 정보처리 이론가들은 외부에서 들어오는 자극을 부호화(encoding), 저장(storage), 인출(retrieval)의 세 가지 기본적인 과정을 거쳐 정보처리를 한다고 보고 있다. 부호화는 나중에 필요할 때에 정보를 잘 기억해 낼 수 있는 형태로 기록하는 과정으로 시각, 청각, 촉각 등의 방법으로 부호화한다. 저장은 정보를 기억 속에 쌓아 두는 과정으로 감각기억, 단기기억 그리고 장기기억으로 구분된다. 인출은 기억된 정보를 얼마나 쉽게 인출할 수 있는가, 기억 재료들이 얼마나 체계적으로 잘 저장되어 있는가에 달려 있다. 회상은 장기기억 내에 저장되어 있는 정보의 홍수 속에서 해답을 찾는 과정이며, 재인은 장기기억 내에 저장된 정보와 보기에 제시된 정답을 짝짓는 과정이 더 용이하다. 또 다른 정보처리 이론가 중 케이스(Case, 1985)의 이론은 피아제의 이론을 정보처리적 조망 내에서 재해석한 이론으로 신 피아제 이론에 해당한다. 그는 피아제의 인지발달 단계의 이론을 수용하지만, 단계의 이동은 단순한 성숙에 의해서가 아니라 작동기억 용량의 증가에 기인한다고 설명한다. 즉, 아동이 유능하게 정보처리를 함에 따라 그들이 작동기억 속에 보유하고 결합할 수 있는 정보의 양은 확대되고, 그 결과 지적 발달을 이룬다고 주장한다.

정보처리 접근은 인간의 인지과정을 컴퓨터와 비교함으로써 인간의 복잡한 사고과정을 가시화하였다. 문제 해결 능력이나 사고과정에서의 개인차를 설명할 수 있고, 교육적으로 각 개인에 따라 학습에 도움이 되는 전략이나 방법을 제공하도록 도움을 주었다는 측면에서 교육적으로 시사하는 바가 크다. 그러나 정보처리이론은 상상력이나 창의성 같은 논리적이지 못한 인지 측면에 대한 연구를 소홀히 했다는 지적을 받고 있다. 인간과 컴퓨터 간의 유사성이 있지만 인간은 감정을 지니고 있으며, 타인과의 상호작용 속에서 지내기 때문에 단순히 과제처리 기제나 과정만으로 모두 다 설명할 수는 없다(Berk, 2000).

(4) 뇌발달이론

오늘날 발달심리학에서 관심을 불러일으키고 있는 인지신경과학적인 접근은 인지발달에 대해 다룬 것으로 발달심리학뿐만 아니라 심리학 분야에서도 뜨거운 관심을 모으고 있다. 피아제도 생물학이 발달을 구성하는 중요한 요소라고 주장했지만 최근 인지신경과학적인 접근에서는 생물학적인 유전과 양육의 쟁점에서 생물학과 성숙이 어떤 역할을 하는지를 직접적으로 살펴보려고 노력하였다. 그중에서도 최근 뇌발달에 대한 관심이 높아지면서 학습에 사용되는 뇌의 역할에 대한 연구가 진행되어 뇌발달의 중요한 요소들을 교육에 적용하며 기존의 교육학 원리나 이론에서 확인하는 것이 가능하게 되었다. 뇌과학의 발달로 뇌의 성숙 정도, 여러 종류의 인지과정 또는 영역들 간의 관계 그리고 지식이 조직되는 방식의 변화에 대한 단서를 제공할 수 있게 되었다. 뇌의 활동을 영상으로 나타내어 뇌에서 자극을 받을 때 어떻게 활성화되는지를 볼 수 있게 된 것이다. 이에 학자들(Bruer, 2000; Jensen, 2005; Schiller, 2010)은 뇌의 구조와 기능은 유전적으로 고정된 것이 아니라 후천적 양육 환경의 영향이 복합적으로 작용함에 따른 결과이며, 뇌의 생성과정도 중요하지만 뇌는 가소성(plasticity) 또한 뛰어나기 때문에 영아기에 제공되는 양질의 양육 환경의 중요성을 강조하고 있다.

유아교육 분야에서도 지금까지는 영유아의 여러 발달영역의 활동을 측정하거나 평가하는 방법으로 연구가 진행되었다면 이제는 탐색과 놀이, 양육으로 인한 경험이 뇌에 미치는 영향을 과학적으로 증명하기 위한 교육과 과학의 학제 간 연구의 필요성을 주장하고 있다. 뇌과학과 교육이 통합되면서 뇌에 관해 밝혀진 사실과 일치되는 원리와 전략을 교육에 적용하는 뇌기반 교육원리(Jensen, 2010)가 제시되었는데, 이는 1990년대 이후 나타난 새로운 교육 패러다임이다. 과거의 패러다임은 주로 행동주의 모형에 기초하여 교사를 중심으로 지식의 전달에 중심을 두었다면 새로운 패러다임에서는 뇌의 차이를 이해하고 수용하는 관점에서 총체적 사고, 정서와 학습의 관계, 주의집중과 정보처리 등을 강조하는 것이다(정미라, 권정윤, 박수경, 이방실, 2012). 뇌기반

교육의 원리는 일반적으로 알려진 뇌발달을 활성화하여 특정 발달영역, 예를 들어 인지발달, 사고력 또는 학업 수행능력만을 강조하여 적용하는 시도들과는 본질적인 의미에서 차이가 있다. 뇌기반 교육의 원리는 뇌과학의 연구 결과를 인간발달의 제 영역에 적용하여 교육의 효율성을 높이고자 하는 것이며, 학습자의 주도적인 학습계획이나 수행능력과 과정을 강조하고 있다.

5) 동물행동학적 이론

동물행동학적 이론은 진화론적 관점에서 인간의 특정한 행동의 의미와 가치를 발견하고자 하는 이론이다. 모든 문화권에서 공통적으로 나타나는 발달의 근원을 찾고자 하는 대표적인 학자는 로렌츠(Lorenz)와 볼비(Bowlby)가 있다.

(1) 각인이론

콘라트 로렌츠(Konrad Lorenz, 1903~1989)

오스트리아의 동물학자 로렌츠는 틴버겐(Tinbergen)과 함께 진화과정과 적응행동 간의 밀접한 관계를 강조함으로써 동물행동학의 기초를 확립하였다. 로렌츠는 자연관찰법을 사용하여 동물행동을 연구하였다. 그는 동물들이 후천적·사회적 본능을 일정한 생의 초기에 획득한다는 사실을 발견하였다. 로렌츠는 청둥오리의 알을 두 집단으로 나누고 한 집단은 알을 낳은 어미가 부화하게 하고, 다른 한 집단은 로렌츠 자신이 부화시켰다. 그 결과, 후자의 청둥오리들은 로렌츠를 어미 청둥오리로 생각하고 어미처럼 따라다니는 행동을 보였다. 알에서 깨어난 새끼가 어미로 인식하고 따라가는 행동은 움직이는 대상을 따르려는 생득적 경향성(청둥오리는 부화 후 13시간에서 16시간 사이가 가장 민감한 시기)과 알에서 깨어난 후 일정 시간 내에 실제로 움직이는 대상이 제공되는 환경을 만날 때 각인(imprinting)되는 종 특유의 행동인 것이다. 이러한 각인설은 인간의 행동에도 적용되어 생의 어떤 결정적인 시기에 각인 현상이 나타나고 이후에는 지울 수 없는 강력한 작용을 하는데 이는 학습과는 구별되는 과정이라고 주장한다.

(2) 애착이론

볼비는 각인현상을 인간에게서 찾으려 했다. 볼비는 동물행동학적 이론을 인간의 발달, 특히 영아와 어머니 간의 관계를 이해하는 데 적용하였다. 그는 삶에서 특별한 사람에게 느끼는 강력한 정서적 결속을 나타내는 용어로 애착이라는 용어를 사용하였다. 애착은 종족을 보존하기 위해 주위 환경에 적응하는 데 필요한 요소로서, 애정이나 사랑과 같은 긍정적인 정서의 의미를 지닌다(Ainsworth, 1973). 그는 인간의 사회정서적 발달을 위한 민감한 시기가 생후 3년간이라고 믿고 이 시기에 주 양육자를 각인하고 긴밀한 애착을 형성해 나가는 과정에 대해 설명하는 애착이론을 제시하였다. 애착은 상호적 관계로 형성되는 것으로 아기의 출생과 동시에 형성되는 것이 아니라 초기 몇 개월간 일상생활 속에서의 반복적이고도 지속적인 상호작용을 통해 서서히 형성된다. 즉, 영아와 양육자 간의 지속적 상호작용을 통해 서로에 대해서 잘 알게 되고 편안해지며 서로 만족하게 되면서 강력한 상호 애착을 형성하게 된다.

애착 형성에서의 사회적 상호작용과 접촉의 중요성은 할로(Harlow)의 원숭이 실험 연구를 통해서도 증명되었다. 할로는 새끼 원숭이를 어미와 격리하여 철사로 만든 '철사 모형 어미'와 부드러운 천으로 싸여 있는 '헝겊 모형 어미'에게서 길렀다. 새끼 원숭이들은 어느 모형 어미에게서 우유를 먹었는가와 관계없이 헝겊 모형 어미를 더 좋아하였다. 우유병을 철사 모형 어미에게만 달아 놓았을 때조차도 젖을 먹는 시간을 제외하고는 헝겊 모형 어미에게 매달려 대부분의 시간을 보냈다(Harlow & Zimmerman, 1959). 이 실험은 단순히 먹이를 제공하는 대상보다 부드러운 감촉을 주는 원숭이에 의해 애정이 형성됨을 설명하였고, 이 결과는 인간발달 과정에서 모자관계의 스킨십이 중요함을 뒷받침하고 있다. 실제로 영아기에 형성된 애착은 이후 사회정서 발달에 중요한 영향을 미친다(Thompson, 1998). 일반적으로 안정된 애착관계를 형성한 영아는 유아기에 자신감, 호기심, 타인과의 관계에서 긍정적인 성향을 보이는 것으로 나타났다. 또한 아동기에 접어들어서도 도전적인 과제를 잘 해결하고 좌절을 잘 참아 내며 문제행동을 덜 보이는 것으로 나타났다.

3. 유아기의 발달적 특징

만 3세부터 초등학교에 들어가기 전까지의 시기를 유아기라고 한다. 유아기는 영아기처럼 급속한 신체발달은 이루어지지 않으나 성인에 가깝도록 점차 균형이 잡혀 가면서 꾸준한 신체적 성장이 이루어지는 시기이다. 그러므로 신체적 발달이 원만히 이루어지기 위해서는 음식물을 통한 충분한 영양 공급이 이루어져야 하며, 규칙적인 생활 습관이 형성되어야 한다. 또한 안전한 발달을 위하여 사고나 질병에 노출되지 않도록 세심한 주의와 각별한 보호가 필요하다. 이 장에서는 영유아기의 주요 발달적 특성을 신체 및 운동기능 발달, 인지발달, 언어발달, 정서 및 사회성 발달로 나누어 살펴보고자 한다.

1) 신체 및 운동기능 발달

유아기는 대소근육이 발달하게 됨에 따라 신체의 균형을 유지하고 신체 각 부분의 협응력을 기르는 등 기초적인 운동을 하게 되는 시기이다. 3세 유아들은 단순히 움직이는 것을 좋아한다. 뛰기, 오르기, 앞과 뒤로 달리기를 하며 반복적인 활동을 통해서 즐거움을 얻는다. 이러한 활동을 통해 유아는 자신감과 성취감을 얻게 되어 자신의 신체적인 자아개념을 형성하게 된다. 4세가 되면 좀 더 모험적인 활동을 한다. 정글짐을 기어 올라가거나 한 번에 한 발씩 계단을 밟아 가며 올라갈 뿐만 아니라 내려올 때도 한 발씩 내딛으며 내려올 수 있다. 5세가 되면 유아들은 4세 때보다 훨씬 더 모험적이 된다. 빠르게 뛰며 경주하기를 좋아해 부모나 또래들과 많은 경주를 한다. 3세 유아들에게는 여전히 소근육 발달이 미숙하고 서툴지만 4세 유아의 소근육 협응은 훨씬 정확해진다. 5세에 눈과 손의 협응력은 훨씬 향상된다.

〈표 4-4〉 소아 · 청소년 표준 성장도표

남아				연령	여아			
체중(kg)	신장(cm)	체질량지수(kg/m²)	머리둘레(cm)		체중(kg)	신장(cm)	체질량지수(kg/m²)	머리둘레(cm)
3.41	50.17		34.70	출생 시	3.20	49.35		34.05
5.68	57.70		38.30	1~2개월	5.37	56.65		37.52
6.45	60.90		39.85	2~3개월	6.08	59.76		39.02
7.04	63.47		41.05	3~4개월	6.64	62.28		40.18
7.54	65.65		42.02	4~5개월	7.10	64.42		41.12
7.97	64.56		42.83	5~6개월	7.51	66.31		41.90
8.36	69.27		43.51	6~7개월	7.88	68.01		42.57
8.71	70.83		44.11	7~8개월	8.21	69.56		43.15
9.04	72.26		44.63	8~9개월	8.52	70.99		43.66
9.34	73.60		45.09	9~10개월	8.81	72.33		44.12
9.63	74.85		45.51	10~11개월	9.09	73.58		44.53
9.90	76.03		45.88	11~12개월	9.35	74.76		44.80
10.41	78.22		46.53	12~15개월	9.84	76.96		45.54
11.10	81.15		47.32	15~18개월	10.51	79.91		46.32
11.74	83.77		47.94	18~21개월	11.13	82.55		46.95
12.33	86.15		48.45	21~24개월	11.70	84.97		47.46
13.14	89.38	16.71	49.06	2~2.5세	12.50	88.21	16.34	48.08
14.04	93.13	16.29	49.66	2.5~3세	13.42	91.93	16.01	48.71
14.92	96.70	15.97	50.10	3~3.5세	14.32	95.56	15.76	49.18
15.91	100.30	15.75	50.42	3.5~4세	15.28	99.20	15.59	49.54
16.97	103.80	15.63	50.68	4~4.5세	16.30	102.73	15.48	49.82
18.07	10.7.20	15.59	50.86	4.5~5세	17.35	100.14	15.43	50.04
20.39	113.62	15.72	51.10	5.5~6세	19.57	112.51	15.50	50.34
21.60	116.64	13.87	51.17	6~6.5세	20.27	113.47	15.61	50.44

22.85	110.54	16.06	51.21	6.5~7세	21.95	110.31	15.75	50.51
24.84	123.71	16.41		7~8세	23.92	122.39	16.04	
27.81	129.05	16.97		8~9세	26.93	127.76	16.51	
31.32	134.21	17.58		9~10세	30.52	133.49	17.06	
35.50	139.43	10.22		10~11세	34.69	139.90	17.65	
40.30	145.26	18.56		11~12세	39.24	146.71	18.27	
45.48	151.81	19.45		12~13세	43.79	152.67	18.88	
50.66	159.03	20.00		13~14세	47.84	156.60	19.45	
55.42	165.48	20.49		14~15세	50.93	158.52	19.97	
59.40	169.96	20.90		15~16세	52.82	159.42	20.42	
62.41	171.81	21.26		16~17세	53.64	159.98	20.77	
64.46	172.80	21.55		17~18세	53.87	160.42	21.01	
65.76	173.35	21.81		18~19세	54.12	160.74	21.13	

* 1~2개월은 1개월부터 2개월 미만에 해당하며, 다른 연령에도 동일하게 적용됨.
출처: 질병관리본부(2007년).

뇌발달은 생후 5년 동안 90% 정도가 이루어지는데 이때 영아가 겪는 경험과 주 양육자와의 정서적 교류가 뇌의 시냅스 형성에 직접적인 영향을 준다. 시냅스의 연결은 태아기부터 이미 이루어지기 시작하며 출생 후에도 계속되는데, 특히 생후 일 년 동안 급속히 증가한다. 어휘가 폭발적으로 증가하는 생후 16개월에서 24개월 사이에 시냅스 연결도 폭발적으로 증가하여 저장 용량과 정보처리 능력도 향상된다. 영아기의 경험은 기본 신경망 형성에 결정적인 영향을 주며 이후 성인기에 형성하는 능력에 기반이 된다. 따라서 생애 초기 뇌발달을 돕는 적절한 정서적 · 인지적인 지원이 중요하다. 뇌와 신경계는 유아기에도 계속 성장하나 영아기만큼 급속도로 성장하지는 않는다. 그러나 5세가 되면 어른 크기의 90%가 되고 뇌와 머리는 다른 어떤 신체 부위보다도 빠르게 성장한다.

2) 인지발달

인지란 사람이 지각하고 기억하고 학습하고 사고하는 과정을 포함하는 것으로 케이스(1985)는 유아들의 인지발달이 기억 용량을 사용하는 효율성에 따라 다르게 나타난다고 설명하고 있다. 유아의 기억이 발달한다는 것은 정보의 저장과 활용 측면에서 보이는 양적 · 질적 변화를 의미하며, 유아의 연령에 따라 효과적으로 사용하는 능력이 다르게 나타난다(박영아, 최경숙, 2007). 기억을 저장할 때에는 주의집중, 암송, 조직화, 정교화의 전략이 필요하고, 기억을 인출할 때 회상과 재인의 전략이 필요하다.

(1) 주의집중

주의는 특정한 자극에 관심을 보이고 잠시 몰두함으로써 기억될 수 있는 역할을 한다. 유아의 주의력은 연령과 함께 증가한다(Ruff & Lawson, 1990). 영아들은 짧은 시간에 장난감을 가지고 놀지만, 유아들은 놀이가 진행됨에 따라 점점 주의집중하는 시간이 길어지고 연령이 많을수록 계획적으로 주의(planning attention)를 기울인다.

(2) 암송

암송은 기억해야 할 목록을 여러 번 반복하는 것으로, 암송 전략은 연령이 증가하거나 연습을 많이 할수록 자동화되어 광범위한 상황 속에서 사용될 수 있다. 암송은 아동 초기에 시작되지만 6세까지는 일관성 있게 하지 못한다.

(3) 조직화

조직화는 기억해야 할 것들을 의미적으로 관련지어 묶거나 범주화하는 방법이다. 예를 들어, 자동차, 기차, 포도, 말, 오렌지 등을 기억할 때 자동차와 기차는 탈것으로, 포도와 오렌지는 음식으로 분류한 다음 암송을 한다. 조직화는 상위 개념과 하위 개념에 대한 이해를 전제로 하기 때문에 암송보다 늦게 나타나며 9세나 10세에 이른 아동이 사용 가능한 전략이다.

(4) 정교화

정교화는 기억해야 하는 항목들에 무엇인가 덧붙이거나 의미 있게 연결함으로써 기억을 촉진시키는 전략으로 서로 관계가 없기 때문에 범주화가 쉽지 않은 두 정보에 관계를 설정해 주는 것이다. 정교화 과정을 통해 기억은 단기기억에서 장기기억으로 옮겨 가며, 일단 장기기억으로 저장되면 기억은 항상 뇌에 남아 있게 된다. 그러나 11세 이전의 아동들에게 정교화 방법을 가르치는 것은 거의 불가능한 일이라고 본다(Schneider & Pressley, 1997).

(5) 회상과 재인

기억이 장기기억으로 저장되기 위해서는 인출 과정이 필요하다. 인출은 저장된 기억에서 정보를 꺼내는 것을 말하며 회상과 재인은 인출의 유형이다. 회상은 특별한 단서 없이 이전에 본 물건이나 사건을 기억해 내는 것을 의미한다. 회상하기 위해서는 자극 없이 정신적 이미지를 생성할 수 있어야 하기 때문에 재인보다 더 이후에 발달한다. 반면, 재인은 저장된 정보를 꺼낼 수 있게 하는 인출단서가 주어질 때 정보가 인출되는 방식이다. 즉, 과거에 경험하였던 것을 선택하거나 확인하는 것이다. 피아제의 대상영속성 실험에서 영아들이 숨겨진 장난감을 찾아내는 것이나 어느 정도 시간이 지난 후 타인의 행동을 모방하는 지연 모방은 영아기의 회상 능력을 보여 주는 것이다.

3) 언어발달

언어발달 과정은 신체적 · 인지적 · 정서적 및 사회적 능력을 포함하여 영역 간의 상호작용에 통해 이루어진다. 유아의 언어발달도 인지적 성숙이 이루어지면서 이루어진다. 4~5세 유아들의 언어는 성인의 언어와 거의 유사해진다. 문장은 길어지고 문법에 맞게 된다. 놀이는 능동적이며 말이 많아지고, 다른 사람의 어휘나 말하는 방식을 모방한다. 이 시기에는 사회적 말하기(social speech)가 발달하기 시작해서 눈 맞추기, 옆 사람 두드리기, '있잖아' 등의 표현 쓰기를 통한 타인의 관심을 자신에게 맞추게 하는 기술, 또한 잠깐 멈추고 다른 사람의 말을 듣기, 자신의 말을 수정하기, 자신이 말하고 있는 동안 다른 사람이 끼어들지 못하도록 짬을 주지 않기, 자신이 말하고 싶은 바를 마음에 간직한 채 자신이 말할 차례가 올 때까지 참고 기다리기와 같은 능력이 발달한다.

4) 정서 및 사회성 발달

(1) 정서발달

정서이해는 유아가 자신의 정서를 정확하게 인식하고 타인의 정서를 이해하는 능력이다. 정서이해 능력은 대인관계 상황에서 상대방의 행동을 예측할 수 있게 해 준다. 또한 상황에 적절하게 대처할 수 있도록 하며 결과적으로 원만한 사회적 관계를 형성하도록 돕는다. 약 3세경이 되면 유아들은 얼굴 표정과 상황 단서를 사용하여 정서를 이해한다. 정서 조절이란 내적 감정 상태 및 정서와 관련된 생리학적 과정의 발생, 강도, 지속 기간을 조정하는 과정을 말하며, 사회문화적으로 용인된 방법으로 정서반응을 하는 능력이다. 타인과 상호작용할 때 자신과 타인의 정서를 이해하고, 사회적 맥락에 맞도록 정서를 조절하는 능력은 유아기의 중요한 사회적 기술이다.

(2) 자아발달

유아는 발달하면서 자신에 대한 이해를 넓히고, 자기표현을 구체적으로 할 수 있다. 자아존중감은 자신의 역량 또는 유능함에 대해 평가하는 것으로 개인의 바람직한 환경 적응 및 건전한 인성발달, 나아가 자아실현에 가장 중요한 요소이다. 이러한 자아존중감 형성에 부모의 양육 태도는 결정적인 요소이다. 영아기에 부모가 자녀의 요구에 민감하게 반응하면 영아의 자아 형성에 분명한 영향을 준다. 학령기와 청소년기에도 온정적이며 지지적이고 양육하는 데 분명한 기준을 세우고 자녀의 의견을 수용하는 부모일수록 자녀들의 자존감이 높았다(Coopersmith, 1967). 자아존중감에 영향을 미치는 또 다른 요인은 또래이다. 유아는 여러 영역에서 또래보다 자신이 월등한지 아니면 열등한지를 구별하기 위해서 사회적 비교(social comparison)를 하면서 자신과 또래 간의 차이를 인식한다. 이런 종류의 비교는 연령이 증가하면서 더욱 정교화되고 유아의 자존감 형성에 중요한 역할을 한다.

(3) 친사회적 행동발달

친사회적 행동은 타인을 이롭게 하는 행동으로 친구에게 자기 소유물을 나누어 주거나, 곤경에 처한 사람을 돕거나, 자신보다는 남을 칭찬하는 것을 의미한다(Hay, 1994). 일반적으로 친사회적 행동은 연령이 증가하면서 증가하는 양상을 보이나 만 2~3세에 타인에 대한 공감을 보이는 것은 진정한 자기희생적 반응은 아니다. 자발적인 자기희

생은 걸음마기를 지나 유아기 초기에 나타나며 만 4~6세가 되면 진정한 돕기 행동을 보인다.

(4) 공격성 발달

인간의 공격적 성향은 생의 초기부터 나타난다. 만 1세의 영아는 다른 영아가 놀고 있는 장난감을 빼앗기 위해 과격한 행동을 보이며, 심지어 자기가 동일한 장난감을 가지고 있을 때도 다른 영아의 장난감을 빼앗기 위해 힘을 사용한다. 생의 초기에 나타나는 이러한 도구적 공격성은 유아기를 거치면서 성인이 유아들 간의 갈등을 해결하기 위해 협상이나 분배의 방식을 제시함에 따라 점진적으로 감소하게 된다. 한편, 타인에게 해를 가하려는 의도를 갖고 행하는 적대적 공격성은 점차 증가하여 언어적 공격성의 형태로 표출된다. 만 3세에서 5세 사이에 유아가 보이는 신체적 공격성은 점차 감소하는 반면 고자질하기, 놀리기 등 다양한 형태의 언어적 공격성은 증가한다.

(5) 성역할 발달

만 2~3세 유아는 성별에 적합한 명칭을 이해하고 있으며 고정관념 수준이 더 높았다(Fagot et al., 1992). 이 연령에는 남녀에게 적합한 장난감, 활동에 대해 더 잘 알게 되며(Welch-Ross & Schmidt, 1996) 주로 옷, 머리 모양 같은 외적 특성으로 남성과 여성을 구분하고 성별이 불변적 속성임을 인식하지 못한다. 5~7세 유아는 성 항상성 개념을 형성하기 시작한다. 이 시기의 유아는 자신의 성 항상성을 먼저 인식하며, 동성과 이성의 순으로 성 항상성을 인식하게 된다.

활동해 봅시다

1. 발달과 관련된 비디오를 시청한 후 포스트잇에 생각나는 키워드를 써 봅시다. 포스트잇에 같은 단어를 쓴 친구들끼리 모여서 서로의 의견을 나눕시다.

2. 인지발달이론과 관련하여 퀴즈를 내고 정답을 맞혀 보세요.

CHAPTER 05

유아교육환경

▶▶ 학습목표

1. 유아교육기관의 환경구성의 원리를 안다.
2. 유아교육기관의 흥미영역별 환경구성의 방법을 안다.

유아기는 주변 환경에 대한 끊임없는 흥미와 호기심을 가지고 적극적으로 주변 환경을 탐색하고 반응하기 때문에 다양한 경험을 줄 수 있는 물리적 환경 제공이 절대적으로 필요한 시기이다. 이러한 이유로 유아의 발달에 적절한 시설 및 설비, 교구가 잘 갖추어진 유아교육기관의 물리적 환경은 인적 환경요인과 더불어 유아교육의 질을 결정짓는 중요한 요인이 된다. 즉, 물리적 환경이 적절한 유아교육기관에서 교육을 받은 유아는 언어나 인지적 기능뿐 아니라 사회적 능력 면에서 뛰어나 사교적이고, 감정이입이 잘되며, 정서적으로 잘 적응하고, 더 친사회적 반응을 보이며, 또래와의 상호작용에서 긍정적이고 적극적인 것으로 나타난다. 유아의 놀이의 질은 놀이에 필요한 실내외 공간과 배치 등에 의해 영향을 받게 되므로 매우 중요한 교육의 요소가 된다(Johnson, Christie, & Yawkey, 1987).

1. 유아교육기관 환경구성의 기준

1) 유아교육기관 환경구성 평가지표(ECERS-R)의 이해

유아의 발달에 중요한 영향을 미치는 유아교육기관의 교육환경을 적절히 구축하기 위해서는 유아기에 적절한 교육환경을 평가하는 기준을 먼저 살펴볼 필요가 있다.

유아교육기관 환경구성의 전반적인 질을 평가하기 위한 평가지표로서 ECERS-R(Early Childhood Environment Rating Scale-R)은 Harms, Clifford와 Cryer(2005)가 개발한 것으로 공간 및 시설 · 설비, 개인의 일상생활 보호, 언어-논리, 영역활동, 상호작용, 프로그램 구조, 부모와 교직원 등 포괄적인 대상을 포함하는 일곱 영역으로 구성되어 있다. 우리나라에서는 이영자 등(1999)이 ECERS-R을 우리나라 실정에 맞게 번역 및 수정하여 유치원 평가척도로 개발하였다. 이 척도가 유치원의 교육환경 평가를 위한 연구들(백미열 외, 2003; 신동주, 류진순, 2006)에 사용되어 우리나라 유치원 교육환경

영역의 평가지표 발달에 필요한 많은 영향을 주고 있으므로 교사들은 다음과 같은 세부내용을 살펴보고 점검해 볼 필요가 있다.

(1) 공간 및 설비

유아들이 유아교육기관에서 생활하고 활동하는 데 필요한 공간이 충분한지 여부, 각종 설비 및 가구와 유아 작품 등이 구비되어 있는 정도와 배치·활용되고 있는 정도를 점검한다. 이 영역에는 실내 공간, 일상적 양육 및 놀이와 학습을 위한 가구, 휴식을 위한 설비와 놀잇감, 놀이를 위한 방 배치, 사적인 공간, 아동과 관련된 전시, 대근육 운동을 위한 공간, 대근육 운동을 위한 시설의 여덟 문항이 포함되어 있다.

(2) 일상적 양육

손 씻기, 식사, 화장실 사용 등 유아교육기관에서 일어나는 일상적인 일과활동으로 유아들의 일상생활 습관과 관련된 환경과 이에 대한 교사의 지도·감독 등을 평정한다. 이 영역은 인사/등원 및 귀가, 식사/간식, 낮잠/휴식, 화장실/기저귀 갈기, 건강실제, 안전실제의 여섯 문항으로 구성되어 있다.

특히 유아교육기관의 환경구성에서 안전에 대한 부분은 최우선적으로 고려할 사항으로 유아교육기관의 벽과 바닥 등에 튀어나오거나 파손된 부분이 없는지, 유아의 손이 닿는 곳에 위험한 물건을 놓아두지는 않는지, 유아를 위한 교재·교구가 무독하거나 파손된 부분은 없는지 등을 수시로 점검하고 구성하여야 한다.

(3) 언어-추리

언어-추리 영역에서는 유아들의 활발한 의사소통을 통하여 인지발달을 격려하기 위한 자료의 준비 정도와 활동, 일상적인 언어가 일어날 수 있는 물리적·심리적 환경 등에 대해서 알아보고 있다. 이 영역에 포함된 문항은 책과 그림, 아동의 의사소통 격려, 언어 사용을 통한 추론 기술의 발달, 일상적 대화이다.

(4) 학습활동

이 영역은 유아교육기관에서 일어나는 학습활동으로 조작, 미술, 블록, 극놀이 등의 활동에 관한 자료와 활동계획 및 지도·감독 등의 내용을 점검하도록 제시하고 있다. 즉, 이 영역에는 자유선택놀이를 위한 각 홍미영역 구성과 관련한 소근육 운동, 미술,

음악/동작, 블록, 모래/물, 극놀이, 자연/과학, 수학/수, TV · 비디오 · 컴퓨터의 사용, 다양성에 대한 수용 능력의 증진의 열 문항이 포함되어 있다.

(5) 상호작용

유아교육기관에서 교사가 유아들의 학습활동 및 일상생활을 지도 · 감독하는 과정에 사용하는 언어 및 비언어적인 상호작용을 유아교육기관의 환경구성 점검지표로 제시하고 있다. 이 영역은 대근육활동의 감독, 일반적인 아동의 감독, 훈육, 교사-아동 상호작용, 아동 간 상호작용의 다섯 문항으로 구성되어 있다.

(6) 프로그램 구성

유아교육기관에서 제공하는 활동의 균형과 융통성, 교육과정의 발달적 적합성 등에 대한 내용이다. 이 영역에 포함된 문항은 일과계획, 자유놀이, 집단활동, 장애아동을 위한 배려의 네 가지이다.

(7) 부모와 교직원

이 영역은 유아교육기관의 주요 성인들인 부모와 교직원을 위한 공간과 시설이 구비되고 있는지 점검하도록 제시한다. 나아가 부모와 교직원을 배려하는 분위기, 교사의 자질 함양을 위한 기관 내외의 활동계획과 지원체계, 유아교육의 효과를 보다 높이기 위한 부모의 참여를 위한 계획 및 활동 등을 포함한다.

세부적으로는 부모에 대한 배려, 교사의 개인적 요구에 대한 배려, 교사의 전문적 요구에 대한 배려, 교사 간의 상호작용과 협조, 교사의 감독과 평가, 전문적인 성장을 위한 기회의 여섯 문항으로 구성되어 있다.

2) 우리나라 유치원 평가지표의 교육환경 영역 지표 이해

우리나라의 유치원 교육환경에 대한 평가 기준은 국가 수준의 유치원 평가지표에 근거하여 살펴볼 수 있다. 우리나라는 새로 제정된 「유아교육법」 제19조에 의거하여 유치원 기관평가의 법적 근거가 마련되면서 2007년도에 각 시 · 도 교육청의 추천을 받아 국 · 공립유치원 50개와 사립유치원 50개에서 시범평가를 실시하였으며 2008년부터 2010년까지 시 · 도 교육청 주관으로 전국의 8,300여 개 공 · 사립 유치원에 대한

1주기 평가를 실시한 이래 2017년 제4주기 유치원평가가 시행되었다.

제4주기 유치원 평가지표는 교육과정, 교육환경 및 운영관리, 건강 · 안전, 교직원의 네 영역으로 나누어 제시되는데 이 중 교육환경 부분의 평가지표를 살펴보면 〈표 5-1〉과 같다(교육부, 2017b).

〈표 5-1〉 제4주기 유치원 평가지표 중 교육환경 관련 내용

영역	평가지표	평가 항목
II. 교육환경 및 운영관리 (20)	2-1. 실내 공간 구성(5)	1. 교실 내 흥미영역은 유아의 연령 및 발달 특성을 고려하여 충분한 공간에 구성한다. 2. 유아의 요구를 충족하는 다양한 공간을 마련하고 있다. 3. 실내 시설 및 설비가 유아의 발달 수준에 적합하다. 4. 계획안의 주제와 관련된 교재 · 교구들을 유아의 연령수준에 맞게 영역별로 다양하게 구비하고 있다. 5. 비품과 교재 · 교구를 보관하는 별도의 공간이 있고, 연령별, 주제별 또는 영역별로 정리되어 있다.
	2-2. 실외 공간 구성(3)	1. 실외(옥외) 놀이터 등을 구비하고 있다. 2. 유아 발달에 적합한 다양한 놀이기구를 구비하고 있다. 3. 실외 공간에 다양한 활동 영역을 제공하고 있다.
		……〈 중략 〉……
III. 건강 · 안전 (15)	3-1. 실내외 공간의 청결 및 안전(4)	1. 실내외 공간을 청결하고 쾌적하게 관리하고 있다. 2. 실내외 공간을 유아의 안전을 위해 위험요인 없이 관리하고 있다. 3. 실내외 놀잇감이 안전하고, 위험한 물건을 안전하게 보관 · 관리하고 있다. 4. 안전시설 및 설비를 비상시 효율적으로 사용할 수 있도록 관리하고 있다.

제4주기 유치원 평가매뉴얼(교육부, 2017b)은 각 유치원의 교직원이 교육환경을 자체 평가해 보도록 하고 있으므로 구체적인 내용을 살펴보면 교사 스스로 유아를 위한 교육환경으로 무엇이 필요한지 알고 준비할 수 있다(〈부록 3〉 참조).

〈표 5-1〉을 보면 유아를 위한 교육환경은 크게 실내와 실외 공간으로 구성되어 있

고, 실내외 공간은 시설과 설비로 나누어지며 각 공간에는 유아의 놀이를 지원하는 교재·교구가 구비되어 있어야 한다.

이외에도 유아교육기관의 설계 시 계획해야 하는 실내 공간은 다음 그림과 같이 유아를 위한 출입구 혹은 현관, 활동실, 휴식 및 낮잠을 위한 공간, 화장실, 유희실 등이며, 교사를 위한 공간으로는 교사실, 행정실, 조리실, 교재·교구 보관실 등을 구비한다. 또한 학부모와의 소통을 위한 공간으로 학부모 대기실(현관 겸용), 관찰실, 상담실 등을 둘 수 있다.

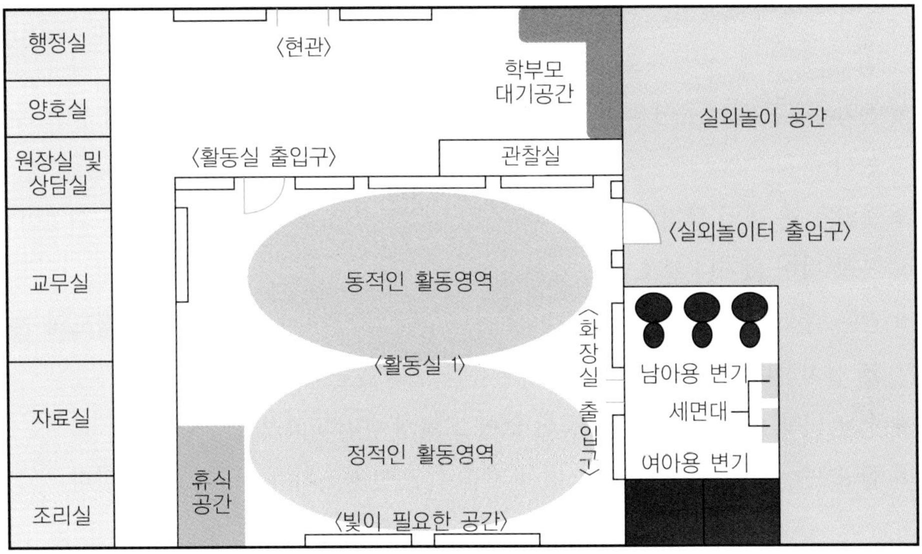

유아교육기관 환경구성의 예

2. 유아를 위한 환경구성의 원리

앞서 살펴본 유아교육기관 환경구성의 평가 기준에 기초하여 유아교육기관에서 유아를 위한 물리적 환경을 구성할 시 고려해야 하는 환경구성 원리를 제시하면 다음과 같다.

1) 안전과 청결을 고려한 환경구성

유아 및 교사, 학부모가 사용하는 공간은 안전이 최우선으로 고려되어야 한다. 먼저 유아교육기관의 안전한 시설 관리를 위해서 기관 전체를 둘러싸는 담장과 현관을 설치하고 실내 현관문 자체에 외부인의 출입을 막을 수 있는 개폐장치를 설치하여 관리하여야 한다. 모든 실내외 공간의 설비와 자재는 안전을 고려하여 매끈하게 마감되어야 하며 바닥과 벽은 탄성이 있는 천연원목, 무독성 우레탄 등의 자재로 마감되는 것이 바람직하다.

각각의 설비에 대해서는 다음과 같은 안전사항을 점검한다.

- 전기선과 콘센트: 유아의 손이 닿지 않는 위치에 설치하거나 안전 덮개 등으로 막는다.
- 출입문: 손 끼임 방지장치가 부착되어 있고, 문턱은 유아가 걸려 넘어질 위험이 없도록 턱이 없거나 보호대로 덮어 놓아야 한다.
- 창문: 추락방지 시설이 설치되어야 하고 유아가 서서 바라볼 수 있는 정도의 높이로 설치하며 딛고 올라갈 만한 가구류를 두지 않는다.
- 천장, 바닥, 벽면: 균열, 돌출 등이 없이 고르게 마감되고 방염 처리한다.
- 실내계단, 화장실, 세면장: 미끄럼 방지를 위한 안전조치가 되어 있어야 한다.

실내외에 비치되는 놀잇감 또한 위험요인이 없는 것으로 구입하여야 한다. 세제 등의 위험한 물건은 유아의 손에 닿지 않는 곳에 보관하여야 한다. 유아 손이 닿는 위치에 보관하는 경우에는 잠금장치를 사용하여야 한다.

2) 유아의 발달 수준에 적절한 환경구성

유아교육기관 환경구성의 목적은 각 유아의 다양한 발달 요구를 충족시켜 전인적인 발달을 이루도록 지원하는 것이다. 따라서 유아교육기관의 각 공간은 연령별 유아의 발달적 특징과 요구에 적절하게 구성하여야 한다.

유아발달 요구를 고려한 화장실과 샤워 시설 · 설비의 예

■ 실내 시설 및 설비는 유아의 연령 및 신체에 적합한 크기 및 높이로 유아 스스로 사용할 수 있도록 마련되어야 한다. 예를 들어, 유아의 연령이 높아질수록 의자의 높이나 책상 높이, 교구장 높이 등을 더 높은 것으로 구입하고, 어린 연령 유아반의 경우 대근육 활동에 대한 요구가 많으므로 대근육 기구를 구비하여 주는 것이다.

■ 화장실의 경우, 유아의 신체 사이즈에 맞는 변기나 세면대 높이를 고려하여 설치하고 유아가 편안하게 사용할 수 있도록 유아의 키 정도 높이로 개방적인 문을 설치하여 교사를 바라볼 수 있도록 한다. 유아들이 배변 욕구가 조절되지 않아 옷을 버리게 되는 경우를 대비하여 샤워기 등을 화장실 한쪽에 마련하는 것도 필요하다.

■ 낮잠 혹은 휴식을 위한 공간은 별도로 공간을 마련하거나 공간이 여의치 않을 경우, 언어 영역 등에 편안한 소파와 쿠션 등을 마련해 준다.

■ 특수교육 대상 유아를 배려하여 그 특성에 적절하게 현관과 문턱, 화장실 안전바 등이 적절하게 설치되어 있는 것이 권장된다.

■ 실외놀이영역은 강한 햇빛이나 비바람 등으로부터 보호되도록 그늘막, 바람막이, 배수시설 등을 설치한다. 유아가 쾌적하고 건강하게 사용하도록 화장실과 물 마시는 곳이 가까워야 한다.

3) 심미감 있는 환경구성

유아가 매일 접하는 물리적 환경은 유아기의 인성발달과 창의성 발달뿐만 아니라 미적 감각을 발달시키는 데 영향을 주므로 심미감을 고려하여 구성한다. 아늑하고 자연스러우며 심미감 있는 환경을 구성하기 위하여 바닥, 벽, 조명 등의 기본 설비는 자연의 색과 소재로 편안하게 마감하는 것이 좋다. 즉, 유아들이 생활하는 공간은 적당한 밝기의 파스텔 컬러를 사용하거나 나무 소재 등을 사용하고 활동실 내 녹색 식물을 두어 유아들이 심미감을 느낄 수 있도록 한다.

실내 채광은 낮에 최대한 햇빛이 들어오도록 활동실 벽에 최대한 면적을 확보하여 창문을 내거나 천창 등을 활용하다. 자연채광으로 충분하지 않을 경우 유아의 시력에 영향을 줄 수 있으므로 활동실 전체의 조명 혹은 각 영역의 목적에 알맞은 부분 조명으로 보완한다.

전체적으로 놀잇감 등을 매일 깔끔하게 정리함으로써 유아들이 차분한 분위기 속에서 스스로 교구를 찾고 정리하기에도 쉽도록 배치한다. 유아의 옷이나 개인 소지품을 정리하거나 유아가 만든 작품을 보관할 수 있는 공간을 유아의 수에 맞게 마련한다.

심미감 있게 구성된 활동실의 예

4) 전인적 발달을 지원하는 통합적 환경구성

무엇보다 각 교실은 유아의 연령 및 발달 특성을 고려한 흥미영역으로 구성되어 있어야 한다. 이러한 흥미영역은 유아의 연령 및 발달 특성을 고려하여 배치되는데, 일반적으로 3~5세 유아를 위한 흥미영역은 언어영역, 미술영역, 음률영역, 수·조작영역, 과학영역, 역할놀이영역, 쌓기놀이영역 등으로 제시하고 있다. 각 흥미영역은 유아의 놀이가 방해받지 않을 정도의 크기로 구성되어 있는 것이 좋은데, 흥미영역별 최소 공간 크기는 3~5세 유아의 경우 3~4명 이상이 놀이할 수 있는 공간을 확보하는 것이 바람직하다(교육부, 2017).

유아의 신체발달, 언어발달, 인지발달, 사회·정서 발달을 위해 각 흥미영역별 활동 자료는 유아의 연령별 발달 수준과 흥미 등에 적절하게 구비하고 있어야 한다(〈부록 2〉 참조). 각 흥미영역에는 감각 자료와 자연물 등 직접 관찰하고 느낄 수 있는 기본 교재·교구를 포함하여 계절, 주제, 유아의 흥미에 기초한 다양한 활동 자료와 교재·교구를 구비하고 정기적으로 교체한다.

- **기본 교재·교구의 예:** 연령별 그림책과 정보 제공 자료, 여러 가지 종이류와 필기도구류, 쌓기놀이를 위한 나무 블록, 종이벽돌 블록, 우레탄 블록이나, 예술활동을 위한 조형 자료, 물감류, 점토류 등 주제와 상관없이 교실에 지속적으로 비치되어 있는 교재·교구
- **주제별 교재·교구의 예:** 교통기관이 생활 주제인 경우, 횡단보도 판, 운전대, 교통기관 퍼즐, 교통기관 관련 정보그림책, 보드게임 등 교실에서 다루고 있는 주제와 밀접하게 관련된 교재·교구 등

5) 유아, 교사, 학부모가 소통하는 공간구성

유아는 유아교육기관에서 하루 일과를 지내는 동안 또래 유아와 교사, 환경과 활발하게 상호작용할 때 발달이 더 잘 이루어진다. 따라서 교실 내 유아가 자신의 작품을 보여 주는 전시 공간이나 또래와 의사소통할 수 있는 공간을 선반, 벽면 게시판, 자석 시트 등으로 별도로 마련하여 주면 유아 간, 유아와 교사 간의 의사소통이 더욱 활발해질 수 있다.

학부모와의 의사소통을 위한 공간구성의 예

또한 교사는 유아의 활동 상황과 발달 상황 등에 대해 학부모와 의사소통할 때 최적의 교육 효과를 달성하는 동시에 기관의 교육철학과 교사의 전문성을 더 잘 이해시킬 수 있으므로 원내에 학부모와 자녀의 교육과 양육에 대해 의사소통할 수 있는 공간을 마련하는 것이 효과적이다. 예를 들어, 등·하원 시 현관의 공간을 활용하여 게시판, 메모장 등을 두고 의사소통하거나 학부모 상담실이나 관찰실 등을 별도로 마련하여 유아 행동관찰에 근거한 상담이 효과적으로 이루어지도록 할 수 있다.

3. 자유선택 활동을 위한 실내놀이 환경구성

1) 실내 흥미영역의 배치원리

유아들에게 진정한 자유선택 활동이 되기 위해서는 유아들이 안전하고 편안한 시설 내에서 자유롭게 환경을 탐색할 수 있어야 하고 교육적 가치가 있는 교재·교구들이 유아의 흥미와 발달 수준에 맞추어 각 활동영역에 적절하게 배치되어야 한다. 이에 유아의 자유선택놀이를 효과적으로 운영하기 위해 교사는 다음과 같은 배치원리를 기초로 흥미영역을 구성한다.

■ 유아는 다른 활동에 쉽게 이끌리기 때문에 활동하는 곳에서 모든 영역이 보이게 되면 주의집중이 되지 않고 진행되던 활동을 완성하기 어려우므로 흥미영역들은 시각적으로 분리하여 구성한다. 낮은 개방적 선반, 개인장, 이동식 나무가림대, 투명 아크릴 게시대 등을 활용하여 활동영역을 구분하여 주어진 공간 내에서 유아가 주의집중하여 놀이할 수 있도록 하되, 교사는 유아의 모든 활동을 볼 수 있도록 교구장의 높이나 배치를 고려한다.

■ 정적 활동영역과 동적 활동영역들이 서로 떨어져 있도록 배치한다. 이는 유아가 집중하는 놀이 형태가 다른 활동과 서로 방해하는 것을 피하는 데 도움이 된다. 또한 소음이 심한 블록영역에서는 미끄럼 방지가 된 방염 카펫을 깔아 주면 소음을 줄일 수 있다.

■ 조형영역, 과학영역, 물 · 모래놀이영역 등과 같이 물이 필요한 영역은 활동 준비나 정리정돈이 용이하고, 유아들의 활동이 원활히 일어나도록 싱크대, 화장실 근처에 위치하게 한다. 물을 사용할 때는 물이 바닥에 고이지 않도록 활동방법 등을 미리 안내하고 물이 떨어진 경우 유아가 미끄러지지 않도록 바로 제거한다.

■ 출입구, 놀이영역, 간식영역 등은 서로 분리되도록 구성하되, 화장실이 활동실에 접해 있어 교사의 관리 아래 쉽게 드나들 수 있어야 한다.

■ 쌓기놀이영역과 역할놀이영역처럼 활동이 연계하여 일어날 수 있는 영역은 인접하여 배치한다. 꼭 필요한 영역은 아니지만 유아교육기관에 따라 배치되는 점토놀이영역 등이 있는 경우, 조작영역과 조형영역에 통합하여 한 부분으로 구성해 줄 수 있다.

■ 주제의 진행 상황에 따라 영역을 융통성 있게 재구성할 수 있다. 예를 들어, '운동'이라는 주제가 진행되는 경우, 할 수 있는 대근육영역을 따로 조성한다든지, 유아요가 운동을 음률영역과 연계하여 신체표현이 이루어지도록 조정할 수 있다. 다른 예로, '미술관'에 대한 프로젝트 활동이 활발히 전개될 경우, 미술작품 감상 코너를 조금 더 확장하고 미술작품 감상이 언어영역과 연계하여 일어나도록 재구성할 수 있다.

■ 흥미 영역의 수와 공간 등은 유아교육기관의 형편에 따라 조정할 수 있으나, 제한된 경우 영역의 유형을 바꾸어 주는 등의 노력이 필요하다. 예를 들어, 수학영역과 과학영역을 통합하여 구성하거나 조형영역에 반죽놀이 코너를 더해 줄 수 있다.

■ 가정과 같이 안정되고 아늑한 개인 공간도 필요하다. 아늑한 공간은 언어영역의 안락의자 배치, 캐노피 커튼 설치, 푹신한 쿠션과 봉제 인형 제공 등으로 이루어질 수 있다.

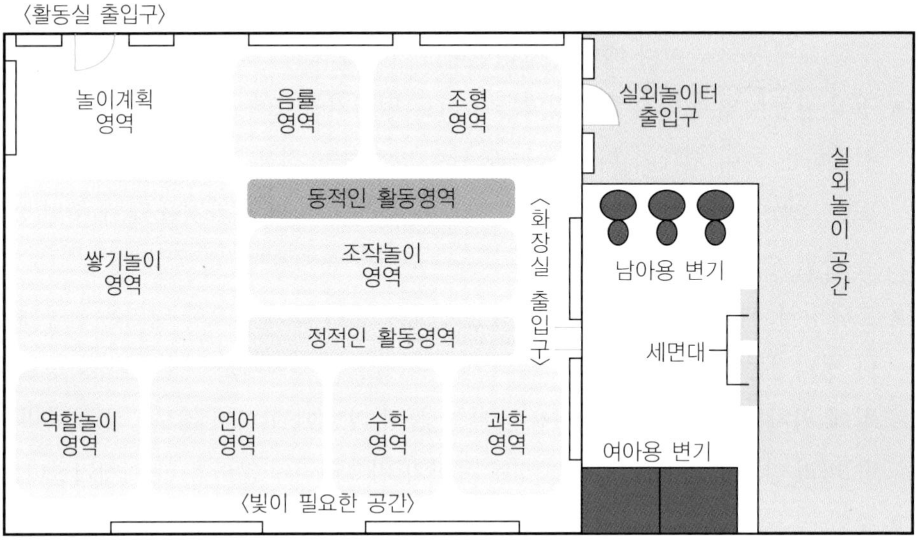

실내 활동실의 흥미영역 배치의 예

2) 흥미영역별 환경구성의 내용

유아의 발달을 지원하는 활동실은 다양한 흥미영역으로 구성된다. 각 영역별 특성을 제시하면 다음과 같다.

(1) 놀이계획영역

유아의 자유선택놀이를 위해 스스로의 놀이를 계획하고 실제 놀이한 것을 계획한 것과 비교하여 평가하고 지속할 수 있도록 놀이계획영역을 별도로 마련한다.

놀이계획영역에는 교실 내의 흥미영역, 새로운 활동이나 자료가 제시되어 있는 영역에 관한 정보를 그림, 사진, 글 등으로 제공하는 놀이 안내판을 게시한다. 놀이용 이름표와 놀이용 이름판, 달력, 하루일과표, 개별 계획 용지를 위한 보관함과 각종 필기도구 등의 자료를 제공하여 유아주도적인 놀이계획을 지원한다. 유아 간 또래 협력학

놀이계획영역 구성의 예

습을 촉진하기 위해서 전날의 협의를 통해 다음 날 자유선택 활동시간에 하기로 한 소집단 활동(예: 프로젝트 수행을 위한 조사 및 구성 활동, 요리활동 등)의 순서표를 가까이 두면 집단놀이 계획이 용이하게 이루어진다.

(2) 언어영역

유아기에 언어능력의 발달은 매우 중요하므로 언어영역은 듣기, 말하기, 읽기와 쓰기의 네 가지 요소를 포함하는 자료를 구비한 영역으로 통합성 있게 구성한다.

듣기와 말하기와 같은 구어지도를 위하여 교사는 하루 일과를 통해 자연스럽게 말로 표현하고, 유아의 경험과 관련된 노래와 문학작품을 들려주어야 하므로 언어영역 내에 말하기 코너와 듣기 코너를 마련한다. 유아의 경험과 관련된 사진이나 그림자료, 손인형, 융판 자료와 같은 이야기 꾸미기 자료, 유아들에게 대소집단 시간에 들려주었던 동화의 녹음 자료와 녹음기 등의 자료를 제공한다.

읽기와 쓰기의 문해발달을 위해서는 풍부한 문자환경과 초기 문해가 일어날 수 있는 수준의 환경을 구성한다. 읽기 코너에는 아늑한 느낌이 들도록 카펫과 쿠션을 깔고 진행 중인 주제나 유아 주변의 생활이나 갈등을 다루는 이야기 구조를 지닌 그림책을 포함하여 유아들이 좋아하는 다양한 유형의 책들을 준비한다. 교사가 들려준 동화나 동시 자료를 추후 언어영역에 지속적으로 제공하고 유아들이 조사한 어휘나 지은 이야기들도 보기 쉽도록 제시한다. 쓰기 코너에는 여러 가지 필기도구와 다양한 크기와 모양

언어영역 구성의 예

의 종이 외에 글자 도장, 어휘 스티커 등 유아들이 쓰기에 관심을 가지고 그림이나 글로 표현할 수 있는 자료를 제공한다. 연령과 언어발달 수준에 따라 글자의 모양 변별을 위한 그림-글자 맞추기 자료, 주제와 관련된 수수께끼, 첫 글자 찾기, 끝말 잇기 등의 언어 게임 자료, 낱글자의 짜임을 이해할 수 있는 자석글자 자료 등을 제공한다. 특히 만 5세가 되면 초등학교로의 연계를 위하여 글자와 소리의 관계, 낱글자의 짜임 등을 이해할 수 있는 흥미 있는 문해활동 자료를 준비하여 균형적인 언어교육이 되도록 한다.

(3) 수학영역

유아 수학교육은 유아의 일상생활 속에서 나타나는 문제 상황들로부터 수학적 개념을 이해하고 구성하는 경험을 제공하고, 유아가 탐색과 발견, 문제 해결을 하는 데 수학적 개념을 활용하는 것을 강조한다. 따라서 교사는 유아들이 구체물을 사용하여 기본 수학 개념을 이해하도록 돕고, 계획단계에서 고려된 누리과정의 내용요소를 고려하여 다음의 예와 같이 다양한 수학 자료를 제공해야 한다.

- 패턴(패턴 인식 및 묘사, 패턴 따라 하기, 패턴 이어 가기, 패턴 전이하기, 패턴 만들기)
- 수 개념(구체물의 수 세기, 서수 알기, 수량에 대해 어림하기, 수의 모으기와 가르기, 숫자 읽기 및 쓰기, 큰 수에 대한 이해 등)
- 자료의 이해(분류하기, 순서 짓기, 그래프와 기초적 통계 등)

수학영역 자료구성의 예

- 공간과 도형(방향과 위치 이해하기, 길 따라가기, 입체 도형의 특성 인식하기, 평면 도형의 모양 특성 이해하기 등)
- 측정(비교하기, 임의단위로 측정해 보기, 어림 측정하기) 등

이와 같은 각 내용요소를 다룰 수 있도록 주제 관련 구체물을 활용한 수 세기 자료, 직접 패턴을 만들어 끼울 수 있는 구슬 자료, 대응하기 판이나 10칸으로 나뉜 상자, 구체물이 1~5의 수량으로 그려진 카드, 달력과 날씨판, 경로를 따라가거나 만들 수 있는 판 게임, 여러 가지 형태의 주사위, 여러 가지 입체 도형과 모양 그림카드, 여러 가지 크기의 그릇과 구슬, 양팔 저울과 기록지, 필기도구 등의 다양한 자료를 제공해 준다.

무엇보다 교사는 하루 일과 속에서 다른 흥미영역에서도 유아들이 자신들의 수학적 추론과 아이디어를 말로 설명하거나 글로 써서 전달하고, 그림이나 그래프, 차트, 구체물을 사용해서 전달하고 이해할 수 있도록 표상자료와 공간을 준비하고 지지해 주어야 한다.

(4) 과학영역

과학영역은 유아들이 살고 있는 세계 속의 여러 가지 자연 현상과 물리적 작용 등을 직접 탐색하고 탐구할 수 있도록 햇빛이 드는 창가나 물을 사용할 수 있는 영역에 배치한다.

과학영역 구성의 예

유아를 위한 과학교육의 내용은 관찰, 비교, 분류, 가설 형성, 실험, 의사소통과 같은 과학적 기술과 물리과학, 생명과학, 지구 및 우주과학 등의 과학적 개념으로 구성될 수 있으므로 유아의 흥미에 따라 구체적 내용요소를 다룰 수 있는 환경을 구성한다. 주제와 관련된 과학책을 비치하여 유아들이 언제라도 호기심을 가지고 궁금한 것을 탐색 및 조사할 수 있도록 하고, 유아들이 알아낸 것들을 글과 그림으로 표상하고 토론해 볼 수 있도록 한쪽 벽에 게시판을 마련해 준다.

- 생명과학 내용을 다루는 과학 자료: 동물이나 식물 실물 자료, 동식물을 기르며 관찰하고 그 변화를 기록할 수 있는 자료, 관련 책 등
- 물리과학 내용을 다루는 과학 자료: 여러 가지 자석과 다양한 물체와 기록지, 여러 가지 바퀴와 바퀴를 끼울 수 있는 나무판, 여러 가지 색의 투명판, 도르래 등
- 지구과학을 다루는 과학 자료: 흙, 돌 등의 관찰 자료, 온도계, 해시계 등의 날씨 관찰 자료 등
- 화학을 다루는 과학 자료: 소금, 설탕, 물감 등 용해과정을 볼 수 있는 물질, 투명 플라스틱 컵 등

(5) 쌓기놀이영역

쌓기놀이는 유아의 전인적 발달을 돕는 활동을 다양하게 전개할 수 있는 영역이다.

쌓기놀이영역 구성의 예

즉, 유아는 여러 가지 색과 모양, 크기를 지니는 블록을 쌓으며 심미감 있고 조화로운 구성물 만들기를 즐긴다. 또한 쌓기놀이는 색, 크기, 형태, 분류, 서열화, 유사성과 차이점의 인식, 측정, 균형, 공간적 관계, 부피, 면적 등에 관련된 수학적 개념을 학습하도록 돕고, 또래 협력을 하며 사회성과 언어 능력의 발달을 돕기도 한다.

쌓기놀이영역에는 유니트 블록, 종이벽돌 블록, 우레탄 블록, 스펀지 블록, 나무공간 블록 등 연령과 발달에 적절한 블록이 충분한 양으로 구비되어야 한다. 유아가 흥미 있어 하는 주제에 따라 나무, 플라스틱, 고무로 된 사람, 동물, 식물, 건물, 미니카 등의 소품을 적절하게 교체하면서 제시하여 다양한 구성과 극화 놀이가 함께 이루어지도록 해야 한다.

(6) 조형영역

탐색 · 표현 · 감상 능력의 발달을 통합하는 조형영역은 물을 사용하기 용이하고 햇빛이 잘 드는 장소에 배치한다. 선, 색, 형 등의 미적 요소를 탐색할 수 있는 다양한 표현 재료를 유아의 연령과 발달 수준에 맞게 구비한다. 아울러 유아들의 창의적 표현을 돕기 위하여 여러 가지 감상 자료를 벽면이나 선반 등에 게시하는 것이 효과적이다.

그리기, 찢기 · 자르기 · 붙이기 등 평면활동을 위한 자료와 점토, 재활용품 등 입체 구성을 위한 재료를 다양하게 준비하고 유아가 매력적으로 느끼도록 진열한다. 각 미술 재료는 유아가 다루기 쉬운 것으로 유아의 연령과 발달 수준을 고려하며 준비한다.

조형영역 구성의 예

예를 들어, 물감의 양을 조절하기 힘든 어린 연령의 유아에게는 크레파스와 물감의 효과를 동시에 경험할 수 있는 파스넷을 준비하여 이젤페인팅 활동을 위한 환경을 구성할 수 있다. 연령이 높아질수록 포스터 물감, 수채화 물감, 오일 파스텔, 파스텔 등 다양한 채색 재료를 탐색할 수 있도록 재료를 제공하고 자유롭게 탐색하도록 하여 유아 스스로 자신의 생각과 느낌을 더욱 풍부하고 정교하게 표현하도록 도울 수 있다.

이외에도 어린 연령 유아의 대근육 사용의 발달을 돕는 대근육활동영역, 소근육 협응과 발달을 돕는 조작놀이영역, 다양한 직업과 상황에 대한 가작화 놀이를 통해 인지 발달을 돕는 역할놀이영역 등이 각 교실의 상황에 따라 구성될 수 있다.

4. 실외놀이 환경구성

실외놀이 혹은 바깥놀이라는 용어는 실외에서 이루어지는 모든 놀이를 말하며 실외 놀이터에서 유아의 흥미에 따라 활동적 또는 조용한 놀이를 함으로써 대근육 활동의 기회와 풍부한 에너지를 발산할 기회를 가지며 인지적 경험을 하게 되는 놀이이다(교육과학기술부, 보건복지부, 2013). 또한 바깥놀이 시간에는 중간 휴식을 위한 활동으로 책 읽기와 끼우기 활동 등을 할 수 있도록 고려하고 물이 필요한 조형활동과 과학활동

등을 바깥놀이와 연계하여 실시할 수 있다.

이영자, 신동주(2012)는 실외 유원장을 활동의 성격에 따라 조합놀이기구 영역, 탈것 영역, 그네영역, 물 · 모래놀이 영역, 동식물 기르기 영역, 그늘 영역 등으로 영역별 구성하여야 하고 주제와 연계하여 실외놀이 활동과 소품의 변화를 주어야 한다고 제시하였다. 무엇보다 「어린이놀이시설 안전관리법」(2017)에 의해 어린이 놀이시설의 설치 및 관리는 안전에 최대한 중점을 두고 실시하여야 한다.

1) 조합놀이기구 영역

실외놀이의 조합놀이기구는 유아의 발달에 따라 기구의 높이와 조합 등이 달라야 한다. 3세용 조합놀이기구는 일반적으로 낮은 미끄럼틀, 기어오르기 기구, 짧은 터널, 역할놀이용 놀이집 등으로 구성될 수 있으며 오르기 기구의 계단 높이는 15cm 정도이며 미끄럼틀의 높이는 90~120cm 범위의 높이가 적당하다.

4~5세아를 위한 조합놀이기구도 미끄럼틀, 오르기 기구, 터널, 놀이집, 매달리기 기구 등으로 구성될 수 있으며 높이는 유아의 키에 맞추어 100~130cm 정도로 제작 · 설치할 수 있다. 다음 그림의 예시는 덕성여자대학교 부속유치원의 실외놀이터 환경의 예이다.

그네는 조합놀이기구와 연결하여 설치하거나 분리하여 설치할 수 있다. 그네를 설치할 때는 유아의 체중과 신장을 고려하여 크기와 높이를 결정하는 것이 바람직하고 유아들은 앉아서 그네를 타야 하므로 안장 그네 등 안전한 형태로 설치한다. 놀이시설 안전관리를 위하여 그네 설치 시에는 그네의 회전 각도를 고려하여 충분한 공간을 확보하고 안전울타리를 설치하여 대기하거나 지나가는 유아가 떠오르는 그네의 발판에

부딪치는 사고를 방지한다. 또한 그네를 설치한 곳의 바닥은 안전사고 방지를 위하여 30cm 이상 깊이의 모래나 3cm 이상의 고무바닥 등으로 처리하는 것이 바람직하다.

2) 물 · 모래놀이 영역

물 · 모래놀이 영역은 유아의 정서 발달 및 인지 발달 등을 위해 실외놀이에 포함하는 것이 바람직하다. 일반적으로 물이나 모래를 바닥에 흘려도 되는 실외놀이터에 설치하는 것이 좋으나 공간이 여의치 않을 경우, 실내에서 물놀이 테이블, 모래놀이 상자 등으로 조성할 수 있다. 물놀이 테이블은 물의 특성을 탐색할 수 있도록 수로와 수문 등을 추가 설치하거나 물레방아, 플라스틱 용기 등 다양한 소품을 함께 구비하여 준다.

물의 특성 탐색을 위해 물따르개, 깔때기, 구멍 뚫린 컵, 구멍 없는 컵 또는 호스 등을 제공한다. 유아의 흥미와 주제에 따라 물에 가라앉는 물건과 뜨는 물건, 젖는 물건과 젖지 않는 물건 등을 유아 스스로 찾아보고 담을 수 있는 분류 바구니를 제공할 수 있다.

물 · 모래놀이용 소품은 별도의 바구니에 담아 찾기 쉽고 정리하기 쉽도록 정리바구니에 라벨링하여 준비한다.

3) 동식물 기르기 영역

유아가 동식물의 성장과정을 관찰하며 생명의 소중함을 알도록 하기 위하여 실외놀이터에 동식물 기르기 영역을 마련할 수 있다. 유치원의 공간이 충분한 경우, 실외놀이터 한편에 텃밭을 조성할 수 있으며 옥상이나 테라스에 조성하는 경우 큰 화분 등을 활용하여 조성할 수 있다. 교사는 텃밭 활동을 통해 유아들이 씨를 뿌리고, 식물을 기르고 수확하는 과정을 일 년 내내 경험하며 안전한 먹거리의 소중함을 느끼도록 한다. 동물 기르기 영역은 유아들이 돌보기에 가능한 토끼, 강아지, 다람쥐 등의 반려동물을 기를 수 있는 공간으로 마련할 수 있다. 공간이 여의치 않을 경우, 실내에서 동물 케이지 등을 활용하여 반려 동식물을 기를 수 있도록 지원한다.

활동해 봅시다

1. 다음의 공간에 자신이 유치원을 설립한다면 실내 공간과 실외 공간을 어떤 영역으로 어떻게 배치할지 디자인해 봅시다.

2. 옆 사람의 배치도와 비교해 보고 장점을 찾아 칭찬해 줍니다.

CHAPTER 06

유아교육과정

▶▶ 학습목표

1. 유아교육과정과 누리과정의 개념을 안다.
2. 유아교육기관의 교육 프로그램을 이해한다.

유아교육과정은 유아교육의 핵심 요소이다. 유아를 대상으로 교육하기 위해서는 유아의 연령 및 발달에 적합한 교육내용을 경험할 수 있도록 목표와 내용을 계획하고 실행할 수 있어야 한다. 여기서는 유아교육과정의 개념과 국가 수준 교육과정에 대해 알아보고, 유아교육기관에서 이루어지는 구체적인 프로그램을 살펴보고자 한다.

1. 유아교육과정의 개념

교육과정에 대한 개념 정의는 학자마다 서로 다를 수 있지만 일반적으로 교육과정 구성요소는 교육 목적 및 목표, 교육내용, 교수 · 학습 방법, 평가를 의미한다. 교육과정 전문가인 타일러는 교육과정을 체계화하는 데 있어서 다음과 같은 네 가지 질문을 해야 한다고 제시하고 있다(이옥주 외, 2007).

- 학교가 성취해야 할 교육목표는 무엇인가?
- 교육목표를 달성하기 위해 어떤 교육적 경험이 제공될 수 있는가?
- 교육적 경험은 어떻게 하면 가장 효과적으로 조직할 수 있는가?
- 교육목표들이 달성되었는지를 어떻게 알 수 있는가?

타일러가 제시한 네 가지 질문에 기초하면 교육과정 구성요소는 교육 목적 및 목표, 교육내용, 교수 · 학습 방법, 평가로 설명될 수 있다. 이들 관계를 살펴보면 교육의 목적이나 목표의 설정은 그 목적이나 목표를 달성하기 위하여 어떤 활동을 수단으로 해야 하며 어떻게 그 목적을 달성할 것인가에 대한 계획을 가지고 있어야 한다. 타일러는 교육목표 선정이 교육과정 계획의 가장 첫 단계이며, 교육목표를 선정한 후 목표달성에 유용한 교육 경험이 선정되어야 하고 선정된 학습 경험은 반복성, 연계성, 통합성의 원리로 조직되어야 한다고 하였다. 그리고 학습자의 행동 변화가 어느 정도 이루어졌는지, 교육목표를 어느 정도 실행했는지를 평가하고 그 결과를 다시 교육목표와 교육내용 선정, 교수 · 학습 방법에 반영하여 교육과정을 개선할 수 있어야 한다고 하였다.

타일러의 교육과정 모형에 대해 비판하면서도 거의 반세기 이상 그의 교육과정 체제에 의존해 왔다. 이러한 교육과정 구성요소를 반영하여 유아교육과정에 대한 개념 정의를 하면, 유아교육과정이란 '유아의 잠재적 능력을 발달시키기 위한 교육활동 전반에 관한 기준으로서 추구하는 유아교육의 철학 및 목표, 교육내용, 교수 · 학습 방법 및 평가가 포함되는 일련의 체계적인 설계도'이다.

다시 말하면, 유아교육과정은 유아가 유아교육기관에서 생활 주제를 기반으로 하루 일과를 어떻게 지내는 것이 가장 바람직한가에 대한 기준이며 계획이다. 무엇보다도 이 기준에는 어떤 존재로 영유아를 바라볼 것인가, 어떤 인간상으로 자라게 할 것인가, 영유아가 무슨 내용을 통해 경험할 것인가 등을 가지고 출발하여야 한다. 그러므로 유아교육과정은 영유아의 존재를 어떤 시각으로 바라보는지에 대한 철학에서부터 출발하여 추구하는 미래 인간상에 기초한 목표를 설정하고, 어떤 내용으로 교육할 것인지를 계획하며 이를 바탕으로 영유아의 발달을 지원하는 교육활동을 실행한 후 목표, 계획, 실행에 대한 전반적인 평가가 이루어지는 순환적 과정이 이루어지도록 운영해야 한다.

2. 유아교육과정의 이해

1) 누리과정의 개념 및 특성

국가 수준 교육과정이란 국가에서 제공하는 보편적이고 공통적인 교육목표와 내용을 제시한 것이다. 여기에는 0~1세 보육과정, 2세 보육과정, 3~5세 누리과정이 있다.

'3~5세 연령별 누리과정'은 만 3~5세를 대상으로 하는 유치원 교육과정과 어린이집 표준보육과정을 통합한 공통과정이다. 즉, 우리나라 만 3~5세 어린이라면 누구나 꿈과 희망을 마음껏 누릴 수 있도록 국가가 공정한 교육 기회를 보장하기 위해 수준 높은 교육과정을 제공하고자 한 것이다.

국가 수준 교육과정	
유치원 교육과정 (교육과학기술부)	어린이집 표준보육과정 (보건복지부)
5개 영역 건강생활, 사회생활, 표현생활, 언어생활, 탐구생활	6개 영역 기본생활, 신체운동, 사회관계, 의사소통, 예술경험, 자연탐구

→

국가 수준 교육과정
3~5세 연령별 누리과정 (교육과학기술부 · 보건복지부)
5개 영역 신체운동 · 건강, 의사소통, 사회관계, 예술경험, 자연탐구

[그림 6-1] 국가 수준 교육과정

누리과정의 도입 배경 및 필요성은 다음과 같다.

- 영유아기는 전 생애의 성장 · 발달에 큰 영향을 미치며, 기초능력이 집중적으로 형성되는 시기이다.
- 생애 초기 가정환경과 소득 차이에 따른 기본학습능력 격차를 해소할 필요가 있다.
- 대부분의 OECD 국가는 유아교육 · 보육의 공공성을 강화하는 추세이다.
- 양질의 교육 · 보육을 제공하고 교육 · 보육비 부담을 완화할 수 있는 국가 차원의 적극적인 대책 마련이 필요하다.

누리과정은 2012년 3월 1일부터 시작(만 5세)하였으며 다음 해인 2013년 3월 1일부터는 만 3, 4세까지 확대되었다. 구체적으로 말하면, 2011년 5월 2일, 만 5세 공통과정 제도를 도입하기로 발표한 이후 2011년 9월 5일 5세 공통과정인 누리과정을 고시하게 되었다. 이것이 5세 누리[1]과정으로서 2012년 3월 이후부터 전국적으로 5세 누리과정이 시행되었다. '누리과정'은 유치원과 어린이집으로 이원화되어 있는 교육 · 보육과정을 통합하여 유아기 단계에서 양질의 공통과정을 제공하기 위함이다. 따라서 누리과정을 만 5세에 국한할 것이 아니라 3, 4세 연령까지 확대할 필요성이 있어 3, 4세 누리과정 제정과 함께 5세 누리과정의 부분 개정을 동시에 추진하면서 2012년 7월 10일 3~5세 연령별 누리과정을 고시하였고, 2013년 3월부터 전국적으로 누리과정이 전시행되었다. 이로써 유치원 · 어린이집의 구분 없이 동일한 내용을 배우는 것은 물론 부

1) 누리: 세상을 뜻하는 순우리말이다.

모의 소득 수준에 관계없이 유치원과 어린이집에 자녀를 보내는 모든 가정에 유아 학비와 보육료를 지원하게 되었다. 처음 누리과정이 제정되었을 때는 1일 3~5시간을 기준으로 편성하도록 하였으나 교육과학기술부 고시 제2012-16호에 의해 현재 누리과정은 1일 4~5시간을 기준으로 편성하도록 개정되었다.

누리과정의 특성은 다음과 같다.

첫째, 총론을 강화하였다(〈부록 1〉 참조). 총론에는 구성 방향, 목적과 목표, 편성과 운영, 교수·학습 방법 및 평가를 포함한 구성체계와 형식을 갖추고 있다.

둘째, 신체운동·건강영역, 의사소통영역, 사회관계영역, 예술경험영역, 자연탐구영역의 5개 영역과 20개 내용범주로 구성되어 있다.

셋째, 목표는 5개 영역별로 만 3, 4, 5세 동일하게 제시하되 내용은 유아의 발달 수준을 고려하여 연령별로 구성하였다. 단, 연령별로 모두 구분하는 것이 적절하지 않거나, 3~5세 연령에서 공히 다루어야 할 내용은 3~4세, 4~5세, 3~5세 동일하게 제시하였다.

넷째, 기본생활습관과 인성교육을 지속적으로 강조하고 있다. 질서, 배려, 협력 등 기본생활습관과 인성교육을 강조하고 있다. 국가와 사회적으로 강조하고 있는 녹색성장 교육, 인터넷·미디어 중독예방 교육 등에 관련된 내용을 반영하고 있다. 또한 다문화 사회에서 민주시민의 기초를 형성하고, 다른 사람과 화목하게 지내며 서로의 차이를 존중하는 내용을 강조하고 있다.

다섯째, 초등학교 교육과정 및 0~2세 표준보육과정과의 연계성을 고려하였다.

2) 누리과정 영역별 목표 및 내용

(1) 누리과정의 체계

누리과정은 영역, 내용범주, 내용, 연령별 세부내용으로 구성되어 있다. 영역이란 신체운동·건강, 의사소통, 사회관계, 예술경험, 자연탐구의 5개 영역을 의미하며 총 20개의 내용범주로 구성되어 있다. 연령별 누리과정의 내용범주, 내용 및 세부내용 개수는 〈표 6-1〉과 같다.

〈표 6-1〉 3~5세 연령별 누리과정의 내용범주, 내용 및 세부내용 개수

구분		신체운동 · 건강	의사소통	사회관계	예술경험	자연탐구	총계
내용범주		• 신체 인식하기 • 신체 조절과 기본운동하기 • 신체활동에 참여하기 • 건강하게 생활하기 • 안전하게 생활하기	• 듣기 • 말하기 • 읽기 • 쓰기	• 나를 알고 존중하기 • 나와 다른 사람의 감정 알고 조절하기 • 가족을 소중히 여기기 • 다른 사람과 더불어 생활하기 • 사회에 관심 갖기	• 아름다움 찾아보기 • 예술적 표현하기 • 예술 감상하기	• 탐구하는 태도 기르기 • 수학적 탐구하기 • 과학적 탐구하기	20
내용	3세	14	10	11	10	11	56
	4세	14	11	12	10	12	59
	5세	14	11	12	10	12	59
세부내용	3세	31	17	20	17	18	103
	4세	32	25	28	20	24	129
	5세	33	25	29	20	30	137

(2) 신체운동 · 건강영역

① 목표

기본운동능력과 건강하고 안전한 생활습관을 기른다.

- 감각능력을 기르고, 자신의 신체를 긍정적으로 인식한다.
- 신체를 조절하고 기본운동 능력을 기른다.
- 신체활동에 즐겁게 참여한다.
- 건강한 생활습관을 기른다.
- 안전한 생활습관을 기른다.

(2) 3~5세 신체운동 · 건강영역 내용의 연계성

신체운동 · 건강영역은 자신의 신체를 긍정적으로 인식하고 즐겁게 신체활동에 참여함으로써 유아기에 필요한 기본운동능력을 기르고, 건강하고 안전한 생활을 실천하기 위한 영역이다. 이를 위해 신체운동 · 건강영역은 '신체 인식하기' '신체 조절과 기본 운동하기' '신체활동에 참여하기' '건강하게 생활하기' '안전하게 생활하기'의 다섯 가지 내용범주로 구성되며 내용범주별 내용은 〈표 6-2〉와 같다.

〈표 6-2〉 신체운동 · 건강영역의 내용범주 및 내용

내용범주	내용
신체 인식하기	감각능력 기르고 활용하기
	신체를 인식하고 움직이기
신체 조절과 기본 운동하기	신체 조절하기
	기본 운동하기
신체활동에 참여하기	자발적으로 신체활동에 참여하기
	바깥에서 신체활동하기
	기구를 이용하여 신체활동하기
건강하게 생활하기	몸과 주변을 깨끗이 하기
	바른 식생활하기
	건강한 일상생활하기
	질병 예방하기
안전하게 생활하기	안전하게 놀이하기
	교통안전 규칙 지키기
	비상 시 적절히 대처하기

신체운동 · 건강영역 관련 활동장면

(3) 의사소통영역

① 목표

일상생활에 필요한 의사소통 능력과 바른 언어 사용 습관을 기른다.

- 다른 사람의 말을 주의 깊게 듣는 태도와 이해하는 능력을 기른다.
- 자신의 생각과 느낌을 말하는 능력을 기른다.
- 글자와 책에 친숙해지는 경험을 통하여 글자 모양을 인식하고 읽기에 흥미를 가진다.
- 말과 글의 관계를 알고 자신의 생각, 느낌, 경험을 글로 표현하는 데 관심을 가진다.

② 3~5세 의사소통영역 내용의 연계성

의사소통영역은 유아가 일상생활에서 말과 글의 의미 있는 경험을 통해 자신의 느낌과 생각, 경험을 타인에게 표현하는 것을 즐기며, 타인이 말과 글로 전달하는 의미를 바르게 이해하는 능력과 태도를 기르기 위한 영역이다. 의사소통영역은 '듣기' '말하기' '읽기' '쓰기'의 네 가지 내용 범주로 구성되며 내용범주별 내용은 〈표 6-3〉과 같다.

〈표 6-3〉 의사소통영역의 내용범주 및 내용

내용범주	내용
듣기	낱말과 문장 듣고 이해하기
	이야기 듣고 이해하기
	동요, 동시, 동화 듣고 이해하기
	바른 태도로 듣기
말하기	낱말과 문장으로 말하기
	느낌, 생각, 경험 말하기
	상황에 맞게 바른 태도로 말하기
읽기	읽기에 흥미 가지기
	책 읽기에 관심 가지기

쓰기	쓰기에 관심 가지기
	쓰기도구 사용하기

의사소통영역 관련 활동장면

(4) 사회관계영역

① 목표

자신을 존중하고 다른 사람과 더불어 생활하는 능력과 태도를 기른다.

- 자신을 소중히 여기며 자율성을 기른다.
- 자신과 타인의 감정을 알고, 자신의 감정을 적절하게 표현하고 조절한다.
- 가족과 화목하게 지내며 서로 협력한다.
- 친구, 공동체 구성원들과 서로 돕고, 예의 · 규칙 등 사회적 가치를 알고 지킨다.
- 우리 동네, 우리나라, 다른 나라에 관심을 가진다.

② 3~5세 사회관계영역 내용의 연계성

사회관계영역은 자신을 알고 소중하게 생각하며, 가족, 또래와 함께 지내는 방법뿐 아니라 공동체에서 함께 살아가는 방법을 익히고, 주변 세계에 관심을 가지고 적응해 나갈 수 있는 기초능력과 인성을 기르기 위한 영역이다. 이를 위해 사회관계영역은 '나를 알고 존중하기' '나와 다른 사람의 감정 알고 조절하기' '가족을 소중히 여기기' '다른 사람과 더불어 생활하기' '사회에 관심 갖기'의 다섯 가지 내용범주로 구성되며, 내용범주별 내용은 〈표 6-4〉와 같다.

〈표 6-4〉 사회관계영역의 내용범주 및 내용

내용범주	내용
나를 알고 존중하기	나를 알고, 소중히 여기기
	나의 일 스스로 하기
나와 다른 사람의 감정 알고 조절하기	나와 다른 사람의 감정 알고 표현하기
	나의 감정 조절하기
가족을 소중히 여기기	가족과 화목하게 지내기
	가족과 협력하기
다른 사람과 더불어 생활하기	친구와 사이좋게 지내기
	공동체에서 화목하게 지내기
	사회적 가치를 알고 지키기
사회에 관심 갖기	지역사회에 관심 갖고 이해하기
	우리나라에 관심 갖고 이해하기
	세계와 여러 문화에 관심 가지기

사회관계영역 관련 활동장면

(5) 예술경험영역

① 목표

아름다움에 관심을 가지고 예술 경험을 즐기며, 창의적으로 표현하는 능력을 기른다.

- 자연과 주변환경에서 발견한 아름다움과 예술적 요소에 관심을 갖고 탐색한다.
- 자신의 생각과 느낌을 음악, 움직임과 춤, 미술, 극놀이를 통해 창의적으로 표현

하는 것을 즐긴다.

■ 자연과 다양한 예술 작품을 감상하며, 풍부한 감성과 심미적 태도를 기른다.

② 3~5세 예술경험영역 내용의 연계성

예술경험영역은 유아가 친근한 주변환경에서 발생하는 소리, 음악, 움직임과 춤, 형태와 색 등에서 아름다움을 느끼고, 또래와 교사, 부모, 지역사회 사람들이나 작가들이 표현한 다양한 예술작품을 가까이 접하면서 탐색하고 창의적인 표현을 즐기며 감상하는 내용으로 구성된 영역이다. 예술경험영역은 '아름다움 찾아보기' '예술적 표현하기' '예술 감상하기'의 세 가지 내용범주로 구성되며 내용범주별 내용은 〈표 6-5〉와 같다.

〈표 6-5〉 예술경험영역의 내용범주 및 내용

내용범주	내용
아름다움 찾아보기	음악적 요소 탐색하기
	움직임과 춤 요소 탐색하기
	미술적 요소 탐색하기
예술적 표현하기	음악으로 표현하기
	움직임과 춤으로 표현하기
	미술활동으로 표현하기
	극놀이로 표현하기
	통합적으로 표현하기
예술 감상하기	다양한 예술 감상하기
	전통예술 감상하기

예술경험영역 관련 활동장면

(6) 자연탐구영역

① 목표

호기심을 가지고 주변 세계를 탐구하며, 일상생활에서 수학적 · 과학적으로 생각하는 능력과 태도를 기른다.

- 주변의 사물과 자연 세계에 대해 알고자 하는 호기심을 가지고 탐구하는 태도를 기른다.
- 생활 속의 여러 상황과 문제를 논리 · 수학적으로 이해하고 해결하기 위한 기초능력을 기른다.
- 주변의 관심 있는 사물과 생명체 및 자연현상을 탐구하기 위한 기초능력을 기른다.

② 3~5세 자연탐구영역 내용의 연계성

자연탐구영역은 유아가 자신을 둘러싸고 있는 주변 세계에 대해 호기심을 가지고 궁금한 것을 해소하기 위해 탐구하며, 일상생활에서 부딪히는 현상이나 문제해결을 통해 수학적 · 과학적으로 생각하는 기초능력과 태도를 기르기 위한 영역이다. 자연탐구영역은 '탐구하는 태도 기르기' '수학적 탐구하기' '과학적 탐구하기'의 세 가지 내용범주로 구성되며 내용범주별 내용은 〈표 6-6〉과 같다.

〈표 6-6〉 자연탐구영역의 내용범주 및 내용

내용범주	내용
탐구하는 태도 기르기	호기심을 유지하고 확장하기
	탐구과정 즐기기
	탐구기술 활용하기
수학적 탐구하기	수와 연산의 기초개념 알아보기
	공간과 도형의 기초개념 알아보기
	기초적인 측정하기
	규칙성 이해하기
	기초적인 자료 수집과 결과 나타내기

과학적 탐구하기	물체와 물질 알아보기
	생명체와 자연환경 알아보기
	자연현상 알아보기
	간단한 도구와 기계 활용하기

자연탐구영역 관련 활동장면

3) 국가 수준 교육 프로그램

유아교사들이 누리과정에 기초한 프로그램을 현장에서 보다 효과적으로 운영할 수 있도록 돕기 위해 국가 수준 연령별 교육 프로그램 자료가 개발 · 보급되었다. 즉, 유치원과 어린이집에서 공통으로 개발한 3~4세 누리과정 교사용 지도서와 유치원에서 사용하고 있는 5세 누리과정 지도서가 있다.

교사용 지도서에는 생활 주제별 책자와 보조자료 DVD로 구성되었다. 3세는 총 10권(DVD 10종), 4세와 5세는 각각 총 11권(각각 DVD 11종씩)으로 연령 간 연계를 위해 생활 주제는 동일하다. 누리과정 교사용 지도서에 포함된 생활 주제별 주제들은 〈표 6-7〉과 같다.

〈표 6-7〉 3~5세 누리과정 교사용 지도서의 생활 주제별 주제

생활주제	3세 주제	4세 주제	5세 주제
유치원과 친구	유치원/어린이집의 환경	유치원/어린이집의 환경	유치원에서의 환경
	유치원/어린이집에서의 하루	유치원/어린이집에서의 하루	유치원에서의 하루
	유치원/어린이집에서 만난 친구	유치원/어린이집에서 만난 친구	유치원에서의 친구
	함께 놀이하는 유치원/어린이집	함께 만드는 유치원/어린이집	함께 만드는 유치원
나와 가족	나의 몸과 마음	나의 몸과 마음	나의 몸과 마음
	소중한 나	소중한 나	소중한 나
	소중한 가족	소중한 가족	소중한 가족
	행복한 우리 집	가족의 생활과 문화	가족의 생활과 문화
우리 동네	우리 동네 모습	우리 동네 모습	우리 동네 모습
	우리 동네 생활	우리 동네 생활	우리동네 생활
	우리 동네 사람들	우리 동네 사람들	우리 동네 사람들
		우리 동네 전통과 문화	우리 동네 전통과 문화
동식물과 자연	궁금한 동식물	궁금한 동식물	궁금한 동식물
	동물과 우리의 생활	동물과 우리의 생활	동물과 우리의 생활
	식물과 우리의 생활	식물과 우리의 생활	식물과 우리의 생활
	자연과 더불어 사는 우리	자연과 더불어 사는 우리	자연과 더불어 사는 우리
건강과 안전	즐거운 운동과 휴식	즐거운 운동과 휴식	즐거운 운동과 휴식
	깨끗한 나와 환경	깨끗한 나와 환경	깨끗한 나와 환경
	맛있는 음식과 건강	맛있는 음식과 건강	맛있는 음식과 건강
	안전한 놀이와 생활	안전한 놀이와 생활	안전한 놀이와 생활
생활도구	다양한 생활도구	다양한 생활도구	다양한 생활도구
	생활도구를 움직이는 힘	생활도구를 움직이는 힘	생활도구를 움직이는 힘
	생활도구로서의 미디어	생활도구로서의 미디어	생활도구로서의 미디어
		미래의 생활도구	미래의 생활도구

교통 기관	여러 가지 육상 교통 기관	여러 가지 육상 교통 기관	교통 기관의 종류
	고마운 육상 교통 기관	고마운 육상 교통 기관	고마운 교통 기관
	항공/해상 교통 기관	항공/해상 교통 기관	교통 기관의 변천과정과 구조
	즐거운 교통 생활	즐거운 교통 생활	교통 통신과 교통 생활
우리나라	우리나라 사람들의 생활	우리나라 사람들의 생활	우리나라 사람들의 생활
	우리나라의 놀이와 예술	우리나라의 놀이와 예술	우리나라의 놀이와 예술
	우리나라의 역사와 자랑거리	우리나라의 역사	우리나라의 역사
		우리나라의 자랑거리	우리나라의 자랑거리
세계 여러 나라		세계 여러 나라 사람들의 생활	세계 여러 나라 사람들의 생활
		세계 여러 나라의 문화유산	세계 여러 나라의 문화유산
		세계 여러 나라와의 교류	세계 여러 나라와의 교류
		세계의 자연과 사회현상	세계의 자연과 사회현상
환경과 생활	물과 우리 생활	물과 우리 생활	물과 우리 생활
	돌 · 흙과 우리 생활	돌 · 흙과 우리 생활	돌 · 흙과 우리 생활
	바람 · 공기와 우리 생활	바람 · 공기와 우리 생활	바람 · 공기와 우리 생활
	빛과 우리 생활	빛과 우리 생활	빛과 우리 생활
	소리와 우리 생활	소리와 우리 생활	소리와 우리 생활
봄 · 여름 · 가을 · 겨울	봄	봄	봄
	여름	여름	여름
	가을	가을	가을
	겨울	겨울	겨울

『교사용 지도서』를 활용할 시 유의점은 다음과 같다(교육과학기술부, 보건복지부, 2013a).

첫째, 생활 주제는 우리나라 3, 4, 5세의 발달, 경험, 흥미, 관심 등을 반영하여 전국적으로 활용 가능한 보편적인 주제를 제시한 것이므로 이를 참고하여 지역적 특수성,

기관과 학급의 실정, 유아의 경험, 흥미 및 발달 수준을 고려하여 다양한 방법으로 적절히 수정 · 보완하여 적용할 수 있다.

둘째, 교사용 지도서에 제시된 생활 주제와 주제에 따른 내용은 반드시 모든 내용이 다루어져야 하는 것은 아니며, 생활 주제나 주제의 순서는 학습의 순서를 의미하는 것이 아니다. 그러므로 생활 주제와 주제를 다양한 방법으로 재구성하여 활용할 수 있다.

셋째, 위에 제시된 생활 주제는 3세의 경우 총 10개, 4, 5세는 총 11개이다. 제시된 하나의 생활 주제를 한 달의 생활 주제로 하여 월간교육계획과 운영 시 기초로 활용될 수 있다.

넷째, 한 개의 생활 주제 중 한 개 또는 두 개의 주제를 확장하여 월간교육계획과 운영의 기초로 활용할 수 있다. 즉, 교통 기관이란 생활 주제에 하위 4개의 주제가 있을 때 이 중 2개의 주제를 중심으로 확장할 수 있다.

다섯째, 생활 주제는 각각 하나의 생활 주제로 전개할 뿐 아니라 다른 생활 주제와 연계하여 진행할 수 있다. 예를 들어 생활 주제 '봄 · 여름 · 가을 · 겨울'에서 '여름' 주제와 생활 주제 '환경과 생활'에서 '물과 우리 생활' 주제를 연결하여 월간교육계획을 수립할 수 있다.

여섯째, 지역적 특수성, 계절, 기관과 학급의 실정 등을 고려하여 생활 주제에 포함된 여러 주제 중에서 필요한 주제들을 선택하고 재구성하여 활용할 수 있다. 즉, 지역과 기관의 특성에 적합한 주제를 추가로 선정하여 월간교육계획과 운영의 기초로 사용할 수 있다.

3. 유아교육과정의 운영

유아를 위한 교육과정 운영은 교육과정 전반의 목표와 내용, 계절적 특성, 유아가 속한 환경에서의 경험과 흥미, 유아의 개별성, 연령별 적합성 등과 같은 다양한 측면이 고려되어야 한다. 이를 바탕으로 유아를 위한 교육은 대체적으로 연간, 월간, 주간, 일일 교육계획으로 구성된다(김금주 외, 2018).

1) 연간교육계획

일 년 동안 이루어지는 전체 프로그램에 대한 포괄적인 계획으로, 일 년 동안 해야 할 교육 목표 및 내용의 전체적인 흐름을 쉽게 파악할 수 있도록 수립되어야 하며 유아교육기관에서 이루어지는 연간행사 일정을 계획하는 데 근간이 된다.

2) 월간교육계획 및 주간교육계획

월간교육계획은 연간교육계획에 기초하여 목표를 달성하기 위해 한 달을 1주에서 4주로 나누어 활동을 계획하는 것이다.

주간교육계획은 1주 동안에 이루어지는 모든 활동을 한눈에 파악할 수 있는 세부적인 교육계획으로 활동들을 요일별로 배치하여 수립한 것이다. 현재 대부분의 유아교육기관은 월간교육계획안을 따로 세우기보다 연간교육계획을 참고하여 주간교육계획안을 상세히 작성하여 실행하는 경우가 많다. 주간교육계획안은 연간, 월간 교육계획을 바탕으로 설정되어야 하고 전 주의 교육내용과의 관련성을 유지하며 계획된다. 주간교육계획안 작성 시 요일별, 시간대별, 실내의 공간별, 흥미영역별로 주제에 따른 활동을 어떻게 배분하여 진행할 것인지 고려하여 계획한다. 교사는 주간교육계획안을 통해 한 주 동안 진행되는 모든 활동을 한눈에 파악할 수 있어야 하며, 실제 교육활동에 필요한 교재·교구나 활동의 방법, 환경구성이 결정되므로 사전에 충분히 연구하여 주간교육계획을 수립한다.

주간교육계획안의 예시는 다음과 같다.

〈표 6-8〉 주간교육계획안의 예(만 4세)

반 이름		○○반		시기	20○○년 ○월 ○주	
생활 주제		유치원/어린이집과 친구		주제	유치원/어린이집에서 만난 친구	
목표		• 나를 적절히 소개해 보며 친구와 함께 하는 놀이에 관심을 갖고 놀이한다. • 나와 친구의 비슷한 점과 다른 점에 관심을 갖고 알아보고 서로를 존중한다. • 친구가 필요한 상황을 알아보고, 친구와 함께 지내기 위해서는 지켜야 할 약속이 있음을 알고 지킨다. • 나와 친구는 생각과 표현이 다르며, 갈등이 일어나는 상황이 있음을 알고 말로 적절하게 해결한다.				
날짜/요일		15(월)	16(화)	17(수)	18(목)	19(금)
활동 \ 소주제		나와 친구 소개하기	친구와 다른 점 알아보기	친구와 사이좋게 놀이하기		친구 간의 예의 지키기
자유선택활동	쌓기놀이영역	친구와 사이좋게 탑 쌓기				
	역할놀이영역	친구 초대하기				
	언어영역		친구 칭찬 통장	친구의 표정 속에 담긴 마음은?		
	수·조작영역	ㅇㅇ반 친구들 모여라!			사이좋은 친구 빙고 게임	
	과학영역		엄마/아빠 나라에서 온 물건 관찰하기		얼마나 늘어날까?	
	미술영역		우리 반 친구나무 만들기		실리콘 점토로 친구 목걸이 만들기	
	음률영역				'딱 하나만 빼고' 노랫말 바꾸기	
대·소집단활동	이야기 나누기		친구와 나의 같은 점과 다른 점을 찾아요	서로의 마음 알아봐요	친구를 사귀려면	친구 간에 예절 지켜요
	동화·동시·동극				동화) 만약 친구가 없다면	동시) 뭐라고 해야 하지?
	음악		딱 하나만 빼고	친구야 쉿!		
	신체			친구하고 마주 보고	친구와 함께 고무줄로 모양 표현해요	둘이 하나를 만들어요
	게임	릴레이 기차놀이			내가 말하는 친구가 누구 인지 맞혀봐!	
	요리					친구 얼굴모양 쿠키 만들어 선물하기
	미술		자연의 무늬로 친구의 옷 무늬 꾸미기			
	현장체험					
바깥놀이 활동		둘이 짝이 되어 캐치볼 주고받기		친구와 함께 징검다리 건너기		

출처: 교육과학기술부, 보건복지부(2013b), p. 51.

3) 일일교육계획

일일교육계획은 월간 또는 주간 교육계획에 기초하여 유아가 등원부터 귀가까지 하루 일과를 시간대별로 나누고 시간대에 맞추어 관련 활동을 정하고, 정해진 각각의 활동을 계획하여 필요한 준비물 등을 수립하는 것이다.

일일교육계획안의 예시는 다음과 같다.

〈표 6-9〉 일일교육계획안의 예(4세반)

반 이름	○○반	시기	20○○년 ○월 ○일 ○요일	수업 일수	○/○○○일
생활주제	유치원/어린이집과 친구	주제	유치원/어린이집에서 만난 친구	소주제	친구와 사이좋게 지내기
목표	• 친구들의 얼굴 표정을 보고, 친구의 마음을 추측해 본다. • 친구와 함께 즐겁게 놀이한다.				
일과 시간표	09:00～09:10 등원 및 인사 나누기 09:10～10:20 자유선택 활동 10:20～10:40 정리 및 자유선택 활동 평가 10:40～11:00 오전 간식 11:00～11:20 이야기 나누기 11:20～12:00 바깥놀이 활동 12:00～12:10 정리정돈 및 화장실 다녀오기 12:10～13:10 점심 및 조용한 놀이 13:10～13:40 신체 13:40～14:00 평가 및 귀가				

시간/활동명	활동목표	활동내용	자료 및 유의점
9:00～9:10 등원 및 인사 나누기	• 바르게 인사한다.	• 선생님, 친구들과 반갑게 인사 나눈다. • 소지품을 개인장에 정리한다. • 함께 모여 앉아 '안녕' 인사노래를 부른다. • 오늘 하루 일과를 알아본다.	• 유아의 건강 상태를 확인한다. • 개인 소지품 정리를 스스로 할 수 있도록 돕는다.
	• 친구와 협력하여 탑을 쌓는다. • 친구와 함께 즐겁게 놀이한다.	• 각자 하고 싶은 놀이를 계획한다. 【쌓기놀이영역】 친구와 사이좋게 탑 쌓기 • 쌓기놀이영역에 있는 블록 중에서 어떤 블록으로 어떻게 쌓으면 좋을지 친구와 이야기 나눈다. • 친구와 번갈아 가면서 탑을 쌓는다. • 어떤 탑이 완성되었는지 감상한다.	• 자유선택 활동 계획・평가표 • 유아들이 서로 타협하면서 탑을 쌓을 수 있도록 돕는다.

9:10~ 10:20 자유 선택 활동	• 초대의 의미를 알고 좋아하는 친구에게 관심을 가진다. • 친구와 함께 서로 양보하면서 사이좋게 놀이할 수 있다.	【역할놀이영역】 친구 초대하기 • 친구를 초대한 경험이나 초대받았던 경험에 대해 이야기를 나눈다. - 초대를 받아 무엇을 하고 놀았니? - 초대받았을 때 기분이 어땠니? • 친구를 초대할 때 준비해야 할 것에 대해 이야기 나눈다. • 역할놀이영역에서 친구들을 초대하며 놀이를 한다. - 누구를 초대하고 싶니? - 어떤 음식을 준비하고 싶니? - 친구와 어떤 이야기를 나누면 좋을까? - 역할을 바꾸어 가며 활동한다.	• 초대장 카드 3장, 다양한 음식 모형 및 그릇 소품, 작은 밥상
	• 친구들의 얼굴 표정을 보고 친구의 마음을 추측해 본다. • 감정을 나타내는 여러 가지 어휘에 관심을 갖는다.	【언어영역】 친구의 표정 속에 담긴 마음은? • 여러 친구의 사진 중 한 장을 고른다. • 사진 속 친구는 어떤 마음을 가지고 있는지 생각해 본다. • 사진 속에 나타난 친구의 마음을 나타내는 말들을 융판 위의 카드에서 찾아 적는다. • 자유선택 활동 평가 시간에 친구의 결과물을 보며 또 다른 말(단어)들을 생각해 본다.	• 친구들의 사진이 붙어 있는 종이, 사인펜, 마음을 나타내는 문장을 코팅한 카드, 융판
	• 우리 반 친구의 이름을 알고 관심을 갖는다. • 주사위 게임을 하면서 숫자만큼 사진을 모을 수 있다.	【수 · 조작영역】 ㅇㅇ반 친구들 모여라! • 우리 반 친구들에 대해 이야기 나눈다. • 게임방법에 대해 이야기 한다. ① 사진틀을 하나씩 나누어 갖는다. ② 가위, 바위, 보를 하거나 주사위를 던져서 순서를 정한다. ③ 주사위를 굴려서 나온 숫자만큼 바구니에서 친구 얼굴 사진을 가져와 사진틀에 넣는다 (같은 친구 사진을 두 장 가지고 올 수 없다). ④ 사진틀에 우리 반 친구 사진을 다 채우고 게임판에 있는 친구 이름을 다 부르면 게임이 끝난다. • 친구와 게임을 한다. • 게임에 내해 평가헌디.	• 개별 유아 얼굴 사진(반의 모든 유아) 2개씩, 주사위, 바구니(유아의 사진을 담을 수 있는 크기), 사진틀(반의 모든 유아의 사진을 넣을 수 있도록 만든다) 2개
	• 우리 반 친구들을 알아보고 친구의 모습에 관심을 갖는다. • 내 모습을 창의적으로 표현할 수 있다.	【미술영역】 우리 반 친구나무 만들기 • 나무를 보면서 유아들과 이야기 나눈다. - 이 나무를 꾸며서 우리 반 나무를 만들어 보자. - 나무는 지금 어떤 모습이니? - 나무를 어떻게 꾸며 줄 수 있을까? • 얼굴 사진을 보면서 콜라주를 할 수 있는 방법을 알아본다. • 완성된 콜라주를 감상한다. • 완성된 콜라주에 펀치로 구멍을 뚫고 빵 끈을 연결해서 유아가 원하는 위치에 사진 콜라주를 게시한다.	• 큰 나무(다양한 재료를 이용하여 큰 나무를 구성하거나 나무 모형을 준비한다), 다양한 그리기 도구, 얼굴 사진(모든 유아의 얼굴 사진), 그리기 종이, 가위, 펀치, 빵끈
10:20~ 10:40 정리 및 자유선택 활동 평가	• 놀이한 후 놀잇감을 스스로 정리한다.	• 정리 음악에 맞추어 놀잇감을 정리한다. • 자유선택 활동 계획 · 평가표에 기록한다. • 다함께 모여 앉아 자유선택 활동을 평가한다. - 어떤 영역에서 놀이했니? - 누구와 함께 놀이했니? - 놀이할 때, 어떤 기분이 들었니?	• 자유선택 활동 계획 · 평가표, 연필 • 유아가 자유선택 활동 계획 · 평가표에 기록할 때 교사는 돌아다니며 도움을 준다.

10:40~ 11:00 오전 간식	• 간식을 먹은 후에 스스로 정리한다.	• 손 씻고 간식 먹을 준비를 한다. • 간식을 먹은 후 그릇과 자리를 정리한다.	• 우유, 바나나 반쪽
11:00~ 11:20 이야기 나누기	• 얼굴 표정을 보고 감정 상태를 적절히 인식한다. • 얼굴 표정에 나타난 감정에 대해 자유롭게 이야기 나눈다. • 상황에 따라 유발되는 감정을 추론한다.	〈서로의 마음을 알아봐요〉 • 네 가지 얼굴 표정 사진을 한 장씩 보며 감정과 그 감정이 유발된 이유를 추론해 본다. - (얼굴 표정 사진을 보며) 이 아이는 어떤 기분이니? - 왜 그렇게 생각했니? 무엇을 보고 이 아이의 마음을 알 수 있었니? - 또 어디를 보고 알 수 있니? - 어떤 일이 있어서 행복한/슬픈/화난/놀란 기분이 든 걸까? • 주인공의 얼굴 표정이 없는 상황 그림을 살펴본다. - 어떤 그림이니? - 그림에서 아이들은 무엇을 하고 있는 것 같니? • 주인공의 얼굴 표정이 없는 상황 그림에 축소한 얼굴 표정 사진을 붙이고, 그 이유에 대해 이야기 나눈다. - 표정이 없는 아이는 어떤 표정을 하고 있을 것 같니? 어떤 마음일까? - 네 가지 얼굴 표정 중에서 한 가지를 골라 붙여 보자. - 왜 그런 마음일 거라고 생각했어? 무엇을 보고 알 수 있었니? - 이 아이는 왜 그런 표정을 짓게 되었을까? • 활동 후 평가한다.	• 기본 감정(행복함, 슬픔, 화남, 놀람) 얼굴 표정 사진 4장, 주인공의 얼굴 표정 없는 상황 그림 2장(친구가 놀이에 끼워 주지 않아 외로운 아이 장면, 싸움 놀이 하는 장면), 축소한 기본 감정 얼굴 표정 사진 4장
11:20~ 12:00 바깥 놀이 활동	• 징검다리를 건너가면서 신체조절 능력과 몸의 균형감을 기른다. • 게임을 통해 친구와 협력하는 경험을 갖는다.	〈친구와 함께 징검다리 건너기〉 • 징검다리 건너기 놀이방법에 알아본다. - (돌이나 나무토막을 보며) 징검다리 건너기 놀이를 해 보자. 어떻게 징검다리를 건널까? - 징검다리를 건너면서 주의해야 할 것은 무엇일까? • 다양한 방법으로 징검다리를 건너며 놀이해 본다. • 활동을 평가한다.	• 넓적한 돌이나 나무토막 징검다리, 신호기 • 징검다리 건너기 활동에서 유아들이 안전사고에 유의하도록 한다.
12:00~ 12:10 정리 및 화장실 다녀오기		• 바깥놀이 후 놀잇감을 정리한다. • 손을 깨끗이 씻고 화장실도 다녀온다.	
12:10~ 13:10 점심 및 조용한 놀이	• 제자리에 앉아서 점심을 먹는다.	• 오늘 점심 식단을 알아본다. • 점심 먹을 준비를 한다. • 점심을 먹은 후 식판과 자리 주변을 정리한다. • 양치질을 한다.	

13:10~ 13:40 신체	• 친구와 함께 노래에 맞춰 율동할 때의 즐거움을 경험한다. • 노랫말에 따라 자신의 신체를 인식하고 적절하게 조절하여 표현한다.	〈친구하고 마주 보고〉 • 소리에 대한 수수께끼를 내고 알아맞힌다. - (손뼉을 치는 소리를 들으며) 무슨 소리인 것 같니? • 노래를 들으며 신체를 서로 부딪쳐 내는 소리를 찾아본다. • 노래를 들으며 노랫말에 맞춰 신체를 부딪쳐 본다. - 친구와 서로 마주 보고 노랫말을 따라 손과 엉덩이를 부딪쳐 소리를 내 보자. • 음악의 빠르기에 맞춰 신체를 부딪쳐 본다. • 두 개의 원형으로 서로를 마주 보고 서서 돌아가며 다른 친구들과 율동을 한다. • 친구와 함께 노래에 맞춰 몸을 부딪치며 소리 내어 본 느낌을 이야기해 본다.	• '친구와 마주 보고' 음원, 율동 플래시
13:40~ 14:00 평가 및 귀가	• 자신의 생각과 느낌을 이야기한다.	• 오늘 하루 일과를 회상한다. - 오늘 유치원/어린이집에서 어떤 활동을 했니? - 어떤 활동이 가장 재미있었니? • 내일의 활동에 대해 알아본다. - 내일은 무엇에 대해 알아보기로 했었니? • 인사 후 귀가한다.	
총평	• 이야기 나누기 시간에 '사진 속 아이의 표정'을 살펴보며 감정을 추측해 보는 활동을 하였다. 유아들이 친구와 의사소통할 때 서로의 마음을 알아보기 위해 얼굴 표정을 살펴보는지 관찰해 보아야겠다. 또한 친구와 사이좋게 지내기 위해서는 서로의 감정을 이해하고 말과 행동을 할 수 있도록 지속적으로 상호작용하겠다. • 유아 스스로 자유선택 활동을 계획하고, 평가하는 것이 익숙하지 않아 시간이 많이 소요되었다. 자유선택 활동시간을 좀 더 여유 있게 계획해야겠다. 몇몇 유아는 계획하지 않고 바로 놀이부터 시작하였기 때문에 개별적으로 상호작용해야겠다. 또한 놀이한 후 놀잇감을 스스로 정리하는 데 좀 더 시간이 필요하다. • 급식을 바르게 먹는 방법에 대해 좀 더 강조할 필요가 있다. • 신체활동을 하는 동안 안전에 유의하여 힘을 조절하도록 해야겠다. • ○○는 오늘도 신체활동에 참여하려고 하지 않았다. 앞으로 ○○를 집중적으로 관찰하여 구체적인 원인을 찾아봐야겠다. • 유아들이 친구의 이름에 익숙해지도록 다양한 활동을 계획해야겠다.		

출처: 교육과학기술부, 보건복지부(2013b), pp. 53-57.

활동해 봅시다

1. 유아교육과정과 누리과정은 어떤 관련성이 있는지 토론해 봅시다.

2. 누리과정 5개 영역과 각 영역별 내용범주에 해당하는 카드를 만든 후 영역에 맞게 내용범주 카드를 놓아 봅시다.

- 누리과정 5개 영역의 이름카드와 각 영역 내용범주 카드 20개를 만든다.
- 이때 영역카드와 내용범주 카드 색은 다르게 준비한다.
- 영역 카드를 바닥에 놓는다.
- 내용범주 카드를 나눠 가진 후 순서대로 본인이 가지고 있는 내용범주 카드를 영역에 맞게 내려놓는다.
- 카드가 다 없어지면 활동이 끝난다.
- 놓여진 카드가 영역에 맞게 되었는지 확인한다.

구분	신체운동 · 건강	의사소통	사회관계	예술경험	자연탐구
내용범주	신체 인식하기	듣기	나를 알고 존중하기	아름다움 찾아보기	탐구하는 태도 기르기
	신체 조절과 기본 운동하기	말하기	나와 다른 사람의 감정 알고 조절하기	예술적 표현하기	수학적 탐구하기
	신체활동에 참여하기	읽기	가족을 소중히 여기기	예술 감상하기	과학적 탐구하기
	건강하게 생활하기	쓰기	다른 사람과 더불어 생활하기		
	안전하게 생활하기		사회에 관심 갖기		

CHAPTER 07

유아교육과 놀이

▶ 학습목표

1. 유아놀이의 개념에 대해 안다.
2. 유아놀이의 유형과 특성을 안다.
3. 유아놀이의 실제에 대해 안다.

인간은 본질적으로 노는 것을 좋아한다. 놀이는 모든 인간에게 즐겁고 행복한 활동이며 인간에게 없어서는 안 될 필수적인 것이다. 놀이는 인간 삶의 원천이며 영유아의 기본적인 욕구인 동시에 생활 자체라 볼 수 있다. 이 장에서는 유아놀이의 개념, 유형과 특성, 유아놀이의 실제에 대해 다루고자 하였다.

1. 유아놀이의 개념과 특성

'놀이는 무엇인가?'라는 물음에 아직도 많은 학자는 수렴된 견해를 내놓지 않고 있다. 학자들은 오히려 놀이를 몇몇 단어로 개념화하는 것이 불가능하다고 이야기하고 있다. 비트겐슈타인(Wittgenstein, 1958), 러셀(Russell, 1912, 1967) 등의 철학자들은 놀이가 매우 광범위하고 다양한 측면에서 의미를 가지기 때문에 여러 가지 개념이 서로 엮인 줄(rope)이라고 보았다(Johnson, Christie, & Yawkey, 1999). 교육학자와 심리학자들도 놀이에 대하여 다양하게 정의하고 있다.

놀이의 개념은 크게 수렴적 접근과 확산적 접근의 두 가지 측면에서 살펴볼 수 있다. 수렴적 접근은 놀이의 공통된 특성을 통해 정의하는 것이다. 프뢰벨(Fröbel)은 놀이를 유아의 가장 순수한 정신적 활동이라고 정의하였고, 듀이(Dewey)는 놀이가 어떤 결과를 얻기 위한 의도적인 활동이 아니라 활동 자체가 목적인 활동이라고 하였다. 1970년대 이후 놀이에 대한 체계적인 연구가 이루어지면서 많은 학자는 놀이가 인간에게 가장 창의적인 활동의 한 종류로서 개성을 계발하는 역동적인 과정이라고 보았다(Pepler & Ross, 1981). 이러한 관점은 놀이의 개념을 '수렴적 접근'에서 살펴본 것이다(Johnson et al., 1999).

다른 관점에서 연구자들은 놀이의 특성을 탐색, 일, 행동의 특성과 비교하여 개념화하였는데 이는 '확산적 접근'을 통한 개념화이다(Johnson et al., 1999). 확산적 접근의 놀이 개념은 [그림 7-1]과 같다.

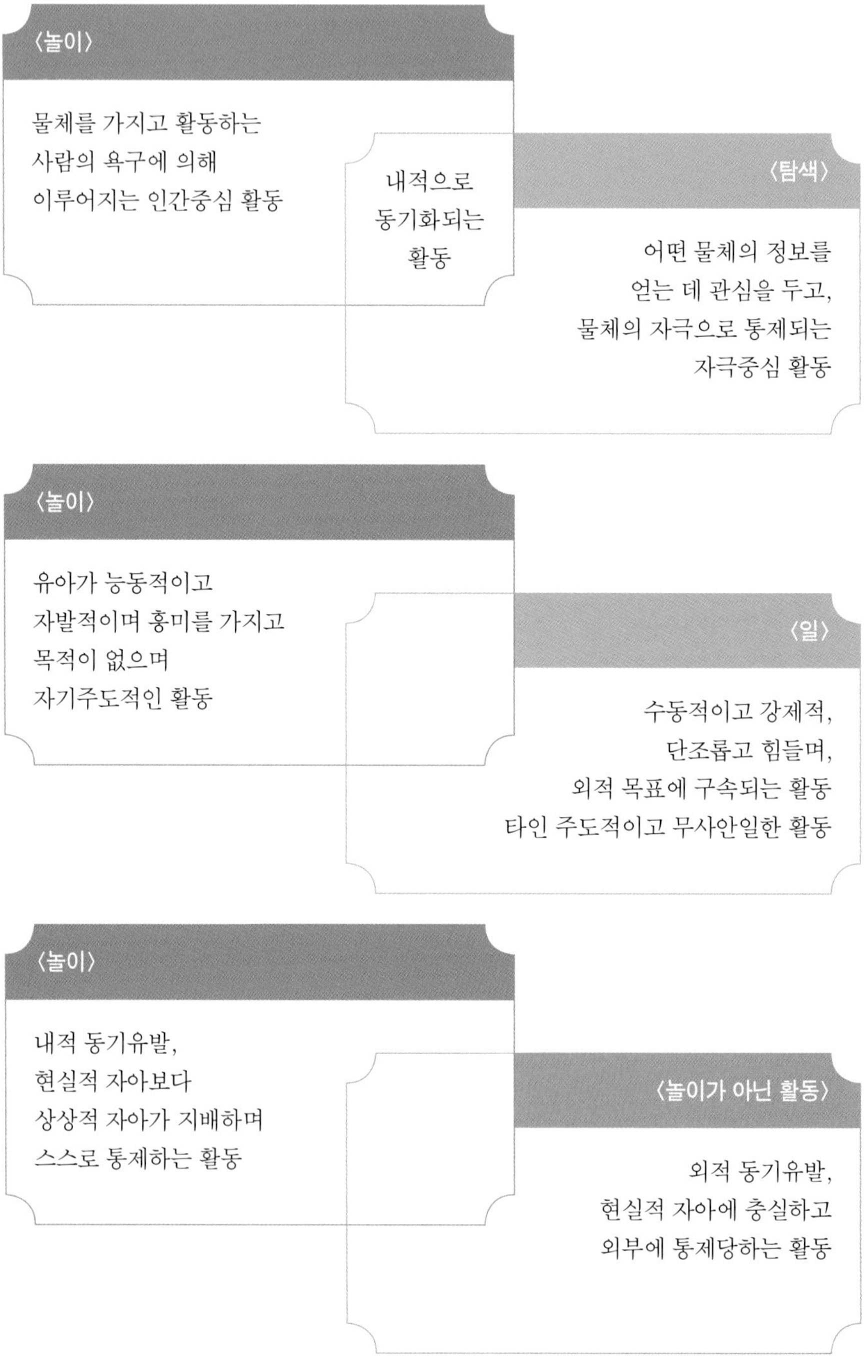

[그림 7-1] 놀이와 탐색, 일, 놀이가 아닌 행동의 특성

놀이와 탐색을 비교하여 놀이를 정의한 학자들(Hutt, 1971; Johnson et al., 1999; Weisler & Mecall, 1976)은 놀이와 탐색 모두 내적으로 동기화된 활동이라는 면에서 공통점을 가진다고 보았다. 그러나 탐색은 어떤 물체에 대한 정보를 얻는 데 관심을 두는 것이기 때문에 물체에 의해 주어지는 자극에 의해 통제되는 자극중심 활동이다. 반면, 놀이는 유아가 중심이 되는 활동으로 어떤 물체에 대해 정보를 얻는 데 관심이 없고 그 물체를 가지고 활동하는 유아의 욕구에 의해 활동이 이루어지는 유아중심 활동이다. 탐색에서는 물체에 대해 '이 물체는 무엇일까?'에 관심이 있고 놀이는 '이 물체로 무엇을 할까?'에 관심이 있다.

놀이와 일을 비교하여 놀이를 정의하는 학자들(Frost & Klein, 1979)은 놀이가 활동적이고 자발적이며 흥미 있고 목적이 없으며 자기주도적이라고 하였다. 반면, 일은 수동적이고 강제적이고 단조롭고 힘들고 외적 목표에 의해 구속되며 타인에 의해 주도되며 무사 안일한 특성을 가지고 있다.

놀이와 놀이 아닌 행동을 비교하여 놀이를 정의한 학자(Levy, 1978)는 놀이가 내적 동기로 유발되며 현실적 자아보다 상상적 자아에 의해 지배되고 스스로 내적으로 통제하는 활동으로 보았다. 반면, 놀이 아닌 행동은 외적 동기에 의해 유발되고 현실적 자아에 충실하며 외부로부터 통제당하는 활동이라고 하였다. 그러나 놀이와 놀이 아닌 행동의 분명한 구분이 모호하여 놀이와 놀이 아닌 행동의 연속선상의 어느 위치에 속한다고 설명하였다.

이상에서 살펴본 여러 학자의 관점을 종합하여 놀이의 특성을 살펴보면 다음과 같다(이숙재, 1997; Johnson et al., 1999; Pellegrini, 2009).

쌓기놀이

- 놀이는 재미있고 즐겁다. 놀이의 본질은 기쁨과 즐거움, 긍정적 정서이다. 지루하고 재미없는 놀이는 놀이라 할 수 없다.
- 놀이는 내적 동기에 의해 이루어지는 자발적인 성격을 가진다.
- 놀이는 능동적 참여의 성격을 가진다. 유아는 놀이를 스스로 시작하고 적극적으로 참여하며, 놀이의 방법과 끝도 스스로 주도권을 가지고 결정한다.
- 놀이는 몰입의 성격을 가진다. 놀이는 유아의 흥미와 요구에 의해 시작되므로 유아가 즐거움을 가지고 놀이에 몰입하게 된다.
- 놀이는 융통성 있고 가변적으로 자유를 부여한다. 유아는 자연스럽게 놀잇감을 선택하고 놀이 내용이나 행동을 변화시킬 수 있다. 놀이는 외부에서 부과된 규칙이나 목표로부터 자유롭다. 유아는 놀이의 시작과 진행, 끝맺음을 자유롭게 결정한다.
- 놀이는 비실제성과 가작화 요소를 가지고 있다. 유아는 자신이 현실 세계에서 경험한 지식과 정보를 바탕으로 놀이한다. 그러면서도 유아는 현실에 구애됨이 없이 자신의 경험과 정보를 활용하여 실재하지 않아도 '~인 척하는(pretending)' 가작화 요소가 포함된 놀이를 한다. 더 나아가 유아의 상상력이 놀이에서 발휘되었을 때, 놀이에 상상적인 세계가 창조되고 유아는 상상적 세계에 몰입하여 놀이하게 된다.
- 놀이는 결과보다 과정 중심의 활동이다. 놀이는 목적이 없기 때문에 유아들이 결과보다는 과정에서 만족을 얻는다.
- 놀이는 성장과 발달을 돕는다. 다양한 놀이는 유아의 발달적 요구를 충족시키며 언어, 인지, 사회 · 정서, 신체, 창의적 측면에서 발달을 촉진한다.
- 놀이는 유아 개인의 현실과 사회문화를 반영한다. 놀이는 평범한 일상생활 자체이고, 유아가 이전 경험과 현실에서 습득한 지식과 기술이 놀이에 나타난다.

2. 놀이와 유아의 발달

놀이는 유아의 발달의 반영인 동시에 유아의 발달을 촉진하고 강화한다. 놀이는 유아의 전인발달을 이끈다. 다음에서 각 영역의 발달과 놀이의 관계를 살펴본다.

1) 놀이와 인지발달

아데이(Athey, 1984)는 놀이와 인지발달의 관계에 대해 놀이가 여러 정보에 쉽게 접근 가능한 통로의 기능을 하고, 놀이를 통하여 기술과 개념이 숙달된다고 하였다. 놀이에서 인지적으로 조작하는 경험은 유아가 지적 호기심을 가지고 능동적으로 사고할 수 있는 기회를 제공하고 다양한 인지조작을 통해 인지발달을 가속화한다. 유아는 놀이를 하면서 경험하는 여러 가지 정보를 인식하고 조작할 수 있으며 습득한 개념과 기술을 다양한 방식으로 활용한다. 또한 유아는 놀이과정의 문제를 다양한 인지과정을 통해 해결하고, 새로운 것을 제안하고 실험하는 기회를 얻는다.

2) 놀이와 언어발달

유아의 놀이에서 항상 언어를 활용하게 되므로 놀이와 언어발달은 밀접한 연관성을 가진다. 놀이는 언어발달의 수단임과 동시에 언어는 놀이과정에 필수적인 매체이다. 레비(Levy, 1984)는 놀이와 언어발달의 관계에 대해 다음과 같이 언급하였다.

- 놀이는 새로운 언어 구성을 자극한다. 유아는 놀이과정에서 다양한 상황이나 역할에 적절한 언어를 사용하여 여러 가지 형태의 문장을 구성한다.
- 유아는 놀이에서 새로운 단어와 개념을 경험하고 점차 개념을 명료화해 나간다.

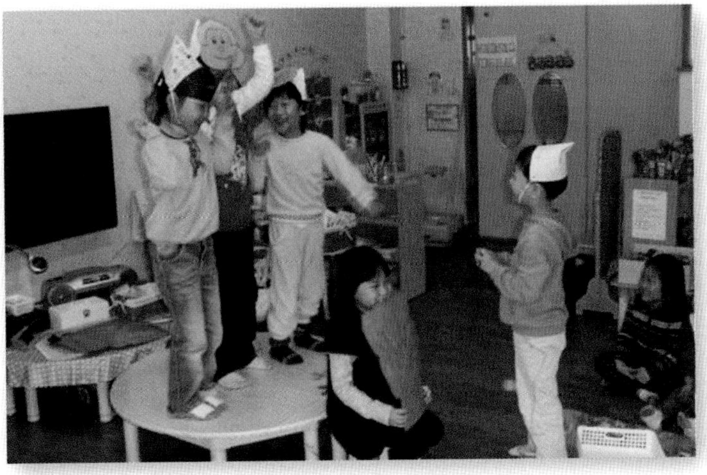

동극 '모자장수와 원숭이'

유아는 놀이하면서 다양한 어휘를 습득하고 문장구성 능력을 증진하게 된다.

- 놀이는 언어 사용과 연습을 유도해 준다. 또래 유아와의 놀이과정에서 자신의 생각을 적절하고 설득력 있게 표현하고 다른 유아의 생각에 귀를 기울이고 서로 이야기 나누는 과정은 언어학습의 중요한 기회가 된다.
- 놀이는 상위언어에 대한 인식을 발달시킨다.
- 놀이는 언어적 사고를 촉진시킨다. 놀이는 유아의 언어 사용, 문자 이해, 서술적 능력에 중요한 역할을 하므로 이후 학교생활에서의 읽기, 쓰기 발달과 밀접한 연관이 있다.

3) 놀이와 사회성 발달

유아는 태어나면서부터 놀이를 통해 부모와 애착을 형성한다. 또래 유아와의 놀이를 통해 다른 사람과의 사회적 관계를 인식하고 필요한 사회적 기술과 지식을 향상시키며 점차 주변 환경에 관심을 가지고 상호작용하게 된다.

유아는 다른 사람과 상호작용함으로써 자기중심성에서 탈피하여 사회적 능력을 기를 수 있다. 자기중심성이 강한 유아는 또래 유아와 함께 놀이하는 과정에서 자연스럽게 다른 사람의 관점을 인식하고 이해하게 된다. 유아는 놀이를 통해 또래 유아와 놀잇감을 공유하고 함께 놀이하고 서로의 이견에 대해 협상하며 규칙을 정하고 따르는 등 다양한 측면에서 사회적 능력이 발달하게 된다.

4) 놀이와 정서발달

유아는 놀이를 통하여 다양한 정서경험을 하고 그에 따른 정서적 반응을 표현한다. 또한 유아는 자신의 정서 조절에 대한 필요성을 인식하고 조절을 하게 된다. 유아는 놀이과정에서 긍정적인 자아개념, 성취감, 자신감, 자율성, 인내심 등 건전한 정서를 형성하며 다양한 정서를 이해하게 된다. 여러 가지 놀이상황에서 유아는 부정적 정서를 느끼기도 하고, 즐거운 놀이경험을 통해 부정적 정서를 해소하기도 한다. 또한 유아는 타인의 입장에서 생각할 수 있는 감정이입 능력도 발달하게 된다. 유아는 놀이를 하면서 자신의 감정을 조절하고 통제하는 방법을 배워 갈등 상황을 점차 잘 극복해 낼 수 있게 된다.

5) 놀이와 신체발달

유아의 놀이는 신체의 여러 가지 움직임을 수반한다. 유아는 놀이과정에서 대 · 소근육을 움직임으로써 신체 각 부분의 운동기술 발달을 증진시킨다. 유아는 다양한 놀이를 하면서 뛰기, 점프하기, 던지기 등의 운동기술을 발달시키고, 신체, 공간, 신체와 공간의 관계 인식 등과 같은 동작 관련 개념 및 기술을 발달시킨다. 놀이는 대 · 소근육 발달을 촉진하고 성장과 성숙을 돕는다.

6) 놀이와 창의성 발달

유아는 놀이에서의 다양한 탐색적 활동을 통해 개념과 정보들을 습득하고 융통적인 사고와 상상력을 발달시킨다. 놀이는 호기심과 흥미를 자극하고 새로운 것에 도전하는 기회를 제공함으로써 유아의 창의적이고 혁신적인 태도를 길러 준다. 또한 유아는 다양한 놀이의 탐색과정에서 새롭고 독특한 아이디어를 생각할 기회를 많이 갖게 되고 독창성이 증진된다.

3. 놀이의 발달

유아의 놀이 유형에 따른 발달을 살펴보면 다음과 같다.

1) 인지적 놀이 발달

유아의 인지적 놀이 발달은 피아제(Piaget)의 인지발달 단계에 근거하고 있다. 인지적 놀이 발달은 피아제의 인지발달 단계인 감각운동기, 전조작기, 구체적 조작기, 형식적 조작기의 각 단계에 상응하는 놀이 유형에 따라 살펴볼 수 있다.

스밀란스키(Smilansky, 1968)는 유아의 인지발달에 따라 놀이가 기능놀이, 구성놀이, 극화놀이, 규칙 있는 게임으로 발달한다고 제시하였다. 그는 유아의 인지발달 수준에 비례하여 인지적 놀이의 수준이 나타난다고 하였다. 인지놀이 수준은 연령이 높아짐에 따라 기능놀이에서 규칙이 있는 게임으로 점차 변화한다. 연령별로 만 2~3세 영유아는 기능놀이, 만 4~5세 유아는 구성놀이와 극화놀이, 만 6~7세 유아는 규칙이 있는 게임에 많이 참여한다. 프로스트와 클라인(Frost & Klein, 1979)는 스밀란스키가 제시한 극화놀이를 상징놀이와 사회극화놀이로 구분하여 유아의 가작화 활동을 중요하게 다루고 있다. 다음은 스밀란스키의 인지적 놀이 발달과정에 대한 것이다.

(1) 기능놀이

기능놀이는 영유아가 최초로 하는 놀이로 단순 반복적인 신체의 움직임을 나타내며 실생활에 필요한 기능을 습득하게 하는 놀이이다. 이는 영아가 자신의 신체능력을 연습하도록 하고 영아 자신이 직면한 사회환경을 탐색하고 경험하게 한다. 신생아기부터 영유아는 외부의 자극을 받아들이고 그 자극에 반응하면서 몸을 탐색하고 움직인다. 영유아는 성장하면서 주변의 환경을 탐색하기 위하여 자신의 신체를 이용하여 탐색하고 놀이하면서 신체를 인식하고 조절하는 능력을 발달시킨다.

(2) 구성놀이

구성놀이는 유아 스스로 창조에 대한 기쁨을 느끼도록 해 준다. 끼우기블록이나 쌓기블록을 이용하여 구조물 만들기, 그림 그리기, 작품 만들기 등 무엇인가를 창조할 때 나타나는 놀이이다. 구성놀이는 유아가 단순한 기능놀이 단계에서 벗어나 다양한 상징을 사용하는 상징놀이 단계로 가기 위한 중간 과정의 역할을 한다.

(3) 극화놀이

극화놀이는 만 2세 말경에 나타나기 시작하는 상징놀이이다. 유아는 일상생활에서 경험했던 여러 가지 상황 중 하나를 가상하여 그 속의 무언가를 모방하는 놀이를 즐긴다. 극화놀이는 부모나 성인의 역할을 모방하는 데서 시작하여 유아가 성장함에 따라 주스 마시는 척하기, 블록으로 머리 빗는 시늉하기 등 '~인 척하는' 형태를 보이며 다양해지고 복잡해진다. 유아는 극화놀이를 통해 자신이 현실 세계에서 경험한 가족과 사회 구성원의 역할과 주변 세계에 대한 이해를 증진시키고 새로운 아이디어를 실험하고 사회적으로 표현하는 방법을 배운다. 유아는 극화놀이에서 원하는 역할과 행동을 하며 만족감을 갖게 되고 자신이 선택한 가작화 상황에 존재하는 규칙과 질서를 자발적으로 따르게 된다. 유아는 극화놀이에 참여함으로써 사회적 능력을 발달시키며 타인에 대한 감정조망능력을 발달시킬 수 있다.

(4) 규칙 있는 게임

규칙 있는 게임은 미리 정해진 특정한 규칙에 따라 게임에 참여하는 것으로 수준이 높은 인지놀이이다. 유아는 자기중심성에서 벗어나 다른 사람의 관점을 이해하고 수용할 수 있게 된다. 유아는 규칙 있는 게임에 참여하기 위해 규칙을 이해하고 수용할 수 있어야 하며 자신의 정서와 행동을 조절할 수 있어야 한다. 또한 규칙은 상황에 따라 변할 수 있기 때문에 이 과정에서 유아는 다른 유아의 입장을 이해하고 받아들여 서로 협의해 갈 수 있어야 한다.

규칙 있는 게임

〈표 7-1〉 인지적 놀이 유형

피아제의 인지발달 단계	피아제	스밀란스키	프로스트와 클라인
감각운동기(만 0~2세)	연습놀이	기능놀이	기능놀이
전조작기(만 2~7세)	상징놀이	구성놀이/ 극화놀이	구성놀이/상징놀이/ 사회극화놀이
구체적 조작기(만 7~11세)	규칙 있는 게임	규칙 있는 게임	규칙 있는 게임
형식적 조작기(만 11세 이후)			

2) 사회적 놀이 발달

유아의 사회적 놀이 발달에 대해 연구한 파튼(Parten, 1932)은 유치원 자유놀이시간에 나타난 유아의 사회적 놀이 행동을 관찰 분석하여 유아의 사회적 참여도에 따라 여섯 가지 놀이 유형을 제시하였다(Hughes, 2010).

(1) 비참여 행동(unoccupied behavior)

유아가 놀이에 참여하지 않으면서 다른 유아가 하는 행동이나 놀이를 물끄러미 바라보는 행동이다. 유아는 교실을 배회하면서 어떤 활동에도 참여하지 않고 멍하니 있거나 자신의 몸을 만지작거리거나 교사를 따라다닌다.

(2) 방관자적 행동(onlooker behavior)

유아가 놀이에 직접 참여하지는 않으나 다른 유아가 하는 놀이를 가까이서 지켜보면서 가끔 다른 유아에게 말을 걸거나 질문을 하기도 한다.

(3) 단독놀이(solitary play)

단독놀이는 혼자놀이라고도 한다. 유아가 놀이에 참여하지만 다른 유아와 관계없이 혼자 놀잇감을 가지고 독립적으로 놀이한다. 단독놀이에서 유아는 다른 유아와 가까이 있어도 접근이나 상호작용을 시도하지 않고 자신만의 놀이에 몰두한다.

(4) 병행놀이(parallel play)

유아가 주변에 있는 다른 유아와 비슷한 종류의 놀잇감을 가지고 놀이하지만, 주변의 유아와 함께 놀이하려고 시도하지 않고 놀이한다.

(5) 연합놀이(associative play)

연합놀이에서 유아는 놀이에 참여하고 있는 유아끼리 서로 놀잇감을 교환하거나 놀이에 대해 이야기를 주고받는다. 놀이의 모든 구성원이 같은 활동에 참여하지만 목표를 가지고 놀이에 대한 분담이 이루어지지 않는다.

신체 게임(유니바 게임, 자치기)

(6) 협동놀이(cooperative play)

어떤 결과를 얻기 위한 공동 목표를 향해 놀이에 참여하는 유아들이 서로 역할을 분담하고 협력하여 놀이한다.

파튼에 의하면, 유아의 연령이 증가하면서 몰입되지 않은 행동, 방관자적 행동, 단독놀이(혼자놀이), 병행놀이 등은 차츰 줄어들고 연합놀이와 협동놀이가 증가해 나간다(Hughes, 2010). 파튼은 유아의 연령이 증가하면서 점차 사회성이 발달해 간다고 보았다.

그러나 이에 대해 스미스(Smith, 1978)는 파튼이 제시한 여섯 가지 놀이 유형이 발달단계를 나타내는 것은 아니라고 주장하였다. 즉, 단독놀이는 사회적으로 미숙한 놀이가 아니라 연령과 관계없이 유아 스스로 선택하는 놀이로서 또래와의 상호작용 능력이나 사회적 능력과 무관한 것이라 하였다. 김정희와 김현주, 정인숙(1998)도 유아들 중에서 발달 수준이 높은 또래 유아가 있을 수 있고 그들과 병행놀이를 하면서도 영향을 받을 수 있다고 보았다. 유아는 그로부터 점차 자신의 결정에 따른 단독놀이나 집단놀이로 전개해 나가기 때문에 병행놀이가 혼자놀이보다 성숙된 사회적 놀이라고 볼 수 없다고 하였다.

4. 놀이와 유아교육과정

최근 유아교육 동향에서 놀이는 유아가 주도적으로 놀이하고 교사가 보다 교육적으로 적극적인 개입을 하고 놀이에 함께 참여하고 촉진 · 평가하며 개입하는 방향으로 발전하였다. 다음에서는 유아의 놀이를 증진시키기 위한 교사의 주요 역할을 자료, 시간, 공간, 경험을 제공하기 위한 계획과 구성하기와 유아의 놀이 관찰하기, 교사의 놀이 참여하기, 평가하기를 중심으로 살펴보았다.

1) 놀이의 계획과 구성

놀이의 계획과 구성은 놀이의 첫 번째 단계이며 가장 중요한 단계이다. 놀이의 질을 결정하는 가장 중요한 요소가 교사의 놀이계획의 질이라고 할 수 있다. 교사는 유아들이 유익한 놀이를 즐겁게 할 수 있도록 사전에 철저하게 계획을 세워야 한다. 놀이 계획과 구성에는 시간, 공간, 놀잇감, 사전 경험의 준비가 포함된다. 계획과 구성은 교사의 놀이에 대한 지속적인 평가로부터 영향을 받는다.

(1) 시간

시간은 중요한 요소이다. 교사는 하루 일과 중 놀이시간을 언제, 얼마 동안, 무엇으로, 어떻게 놀이할 것인가를 사전에 계획해야 한다. 유아가 놀이에 참여하는 데 충분한 시간이 필요하다. 교사가 유아에게 15분과 같이 한정된 시간 동안 놀이를 하도록 했을 때, 유아의 놀이는 방해받게 되어 놀이가 성숙해지지 못하고 사회적 상호작용에 집중하거나 지속하지 못하게 된다. 보통 유아가 놀이에 몰입하는 데 적어도 30분이 필요하다(Griffing, 1983). 그러므로 교사는 최소 30~50분 정도의 시간 동안 놀이가 이루어지도록 계획하도록 한다. 그리고 유아가 놀이를 시작하여 같이 놀 친구를 정하고 역할을 분담하고 놀이를 다양한 방식으로 진행하며 끝맺도록 충분한 시간을 계획해야 한다.

또한 교사는 놀이의 가치가 충분히 반영된 시간을 배정한다. 놀이시간이 충분한지 살펴보고, 유아의 다양한 요구가 놀이에 충분히 반영될 수 있는지, 놀이시간이 융통적으로 운영될 수 있는지, 다음날에도 복합적이고 지속적으로 놀이가 가능한 시간인지를 살펴본다.

(2) 공간

유아는 다양한 활동을 제공받을 수 있는 적절한 공간을 필요로 한다. 놀이할 수 있는 공간과 공간의 배치방법은 유아가 참여하는 놀이의 유형과 질에 중요한 영향을 미친다. 놀이가 이루어지는 공간이 어떤 방식으로 배치되고 얼마나 넓은 면적을 사용할 수 있는가 하는 점은 놀이가 얼마나 확장 · 심화될 수 있는지, 불필요한 분쟁이나 갈등 없이 원활히 진행될 수 있는지에 많은 영향을 미친다. 그러므로 교사는 놀이가 이루어지는 공간을 적당한 방법으로 분할 · 통합하여야 한다(이기숙, 이은화, 이영자, 이숙재, 1995). 이기숙 등(1995)은 유아 1인당 이용 가능한 적절한 놀이 공간으로 2.8~4.6㎡를 제안하고 있다. 놀이 공간이 유아 1인당 2.3㎡보다 더 좁으면 유아의 공격성을 증가시킨다고 하였다. 또한 공간은 명확한 통로와 영역으로 만들어져야 한다. 유아가 블록놀이를 할 때 통로와 출구로부터 떨어져서 위치하는 것이 적당하며, 다른 놀이 공간을 구분하는 데 낮은 선반을 사용할 수 있다. 공간 구분에 명확한 경계가 필요하지만 복잡한 놀이를 할 때 재료들을 통합할 수 있도록 공간이 구성되어야 한다. 교실은 물이 있는 공간과 건조한 공간, 조용한 공간과 활동적인 공간이 있어야 하고, 한 명 또는 여러 명을 위한 공간이 있어야 한다. 또한 사적이고 공적인 공간과 딱딱하고 부드러운 표면의 공간이 필요하다.

(3) 놀잇감

놀잇감은 놀이에 중요한 위치를 차지한다. 유아가 놀잇감 없이 놀이할 수 있지만, 놀잇감의 물리적 속성과 놀이 확장의 가능성은 훨씬 다양하고 크기 때문에 놀잇감은 놀이에서 매우 중요하다.

교사는 유아의 놀잇감이 놀이를 위하여 발달적으로 적절한지, 유아의 흥미를 이끌 수 있는지, 안전하고 매력적인지, 유아가 혼자서도 조작하고 놀 수 있는지, 유아의 다양한 발달을 촉진할 수 있는지, 상상력과 창의성을 자극할 수 있는지, 다양한 조작이 가능하도록 하는지, 유아가 다른 사람과의 상호작용을 촉진하는지 등의 조건을 고려해야 한다(Kuykendall, 2007).

유아는 놀잇감을 자신의 아이디어에 따라 조작하고 문제 해결하고 구성하고 가작화한다. 그러므로 유아의 발달 수준과 흥미, 요구에 적절한 놀잇감을 제공하는 것은 매우 중요하다.

또한 놀잇감의 종류는 유아의 놀이 유형을 결정할 수 있다. 교사는 유아가 다양한 놀이에 참여할 수 있도록 목표를 가지고 놀잇감을 마련하고 제공하여야 한다. 교사는 유아의 놀이를 관찰하여 유아가 필요로 하는 놀잇감이 있는지, 흥미를 더해 줄 새로운 놀잇감이 필요한지를 살펴봐야 한다. 〈표 7-2〉는 유아에게 제공할 수 있는 놀잇감의 유형이다.

〈표 7-2〉 유아를 위한 놀잇감 유형

유형	예시
조작놀잇감	퍼즐, 쌓거나 포개는 놀잇감, 끈 끼우기, 나무판과 못(페그보드, 못 박기), 짝 맞추기, 분류하기, 일상생활 훈련틀, 열쇠상자 등
자연물	모래, 물, 진흙, 점토, 밀가루 반죽, 다양한 물건, 식물 등
모형놀잇감	역할놀이 놀잇감, 교통기관 놀잇감, 동물모형, 식물모형, 건축물 모형 등
구성놀잇감	블록, 기타 다양한 구성놀이 세트 등
대근육놀잇감	다양한 공, 줄넘기, 고리 던지기, 밀고 당기는 놀잇감, 붕붕카, 자전거, 스쿠터, 흔들말, 평균대, 사다리, 장애물, 그네, 미끄럼틀 등의 다양한 놀이기구 등
게임놀잇감	다양한 게임판, 볼링게임, 쌓기게임 등

(4) 사전 경험

교사는 새로운 주제와 관련된 놀이활동을 진행할 때 이와 관련된 준비 단계가 필요한 경우가 있다. 놀이는 탐색과 달리 친숙한 상황에서 일어나기 때문에 유아에게 친숙한 주제가 아닌 경우 책, 동영상, 사진, 인형극, 견학 등을 이용해 충분한 사전 경험을 제공해야 한다. 충분한 사전 경험으로 새로운 주제가 유아에게 친숙한 상황이 되었을 때 유아는 놀이에 적극적으로 참여할 수 있다.

또한 유아의 사전 경험은 사전 지식 형성과도 관련이 되며 유아가 사전 지식을 바탕으로 새로운 학습을 할 수 있기 때문에 사전 지식의 범위에 따라 구체적인 상호작용이 가능하다.

2) 놀이 관찰하기

놀이 확장과 성공적 개입은 주의 깊은 놀이 관찰에서 비롯된다. 유아의 놀이 관찰은 놀이를 계획하고 놀이에 참여하고 놀이과정을 평가하는 모든 활동의 기초가 된다. 교사는 유아의 놀이를 세밀히 관찰하여 놀이를 확장 · 발전시키는 데 필요한 정보를 얻어서 이를 토대로 효율적인 놀이지도를 해야 한다. 놀이 관찰의 의의와 유의 사항을 살펴보면 다음과 같다(이숙재, 2001; 이정환, 박은혜, 1995).

(1) 놀이 관찰의 의의

① 유아의 발달 수준 및 놀이 특징을 파악할 수 있다

유아가 자연스럽게 놀이하는 모습을 관찰함으로써 신체, 인지, 언어, 정서, 사회성 등 각 영역별 발달 수준을 알 수 있다. 또한 놀이 관찰을 통해 선호하는 놀이 종류 및 놀잇감, 놀이 친구 등 각 유아의 개별적인 놀이 특징을 파악할 수 있다.

② 놀이활동 및 놀이실 환경을 계획하고 준비하는 데 필요한 기초자료를 수집할 수 있다

교사는 관찰에서 얻어진 자료에 기초해서 교실의 각 흥미영역에 제공할 놀이활동과 놀잇감, 놀이기구 등을 계획하고 준비할 수 있다.

③ 효율적인 놀이 개입이나 지도를 할 수 있다

관찰을 통해 교사는 각 유아의 개별적 특성과 놀이 상황에 적합한 개입 시기와 방법을 파악할 수 있다.

(2) 놀이 관찰 시 유의 사항

① 유아의 놀이 행동을 객관적으로 관찰한다

교사는 정확하고 객관적인 관찰을 하기 위해 개인적인 편견이나 감정이 개입되지 않도록 노력해야 한다. 그러기 위해 유아가 놀이를 하면서 실제로 말하고 행동한 것만을 정확하게 관찰하고 기록해야 한다.

② 놀이 관찰의 목적과 주제를 분명하게 정하고 관찰한다

관찰을 시작하기 전에 무엇을 관찰할 것인지를 분명하게 정해야 한다. 아무 목적 없이 관찰하기보다 주제를 정하고 관찰함으로써 제한된 시간에 효율적으로 관찰할 수 있다.

③ 놀이 관찰내용을 가급적 즉시 기록한다

교사는 관찰 용지와 필기도구를 지니고 다니거나 선반 위에 준비해 두었다가 관찰 결과를 즉시 기록하도록 한다. 관찰 결과를 기록하는 양식은 일정한 양식 없이 놀이 행동을 그대로 기록하는 서술 형식, 관찰하려는 행동 목록을 만들어서 체크하는 행동 목록 형식, 관찰한 놀이행동을 각각 여러 등급으로 나누어서 평가하는 평정척도 형식 등이 있다. 교사는 평상시에 언제 어디서나 제한 없이 기록할 수 있는 서술 형식으로 기록하고 이 기록을 종합하여 행동 목록이나 평정척도 형식으로 기록할 수 있다.

④ 지속적으로 관찰한다

놀이 관찰이 일회성이 아니라 지속적으로 이루어지는 것이 바람직하다. 교육기간 내내 지속적으로 관찰함으로써 종합적이고 포괄적인 자료를 수집할 수 있을 뿐 아니라 놀이 행동이나 발달의 변화를 파악할 수 있다.

3) 놀이 참여 및 개입

교사는 유아의 놀이에 적절히 참여함으로써 유아의 놀이를 촉진·확장시키는 역할을 해야 한다. 교사는 놀이 지도자, 모델로서 역할을 하고 유아들을 점차 높은 수준의 놀이로 인도한다. 교사의 놀이 참여는 적절한 시간, 장소, 방법, 놀이의 상황과 유형에 근거하여 참여 여부를 결정하여야 한다. 또한 놀이에 참여하지 못하는 유아, 특정 놀이만을 계속하는 유아와 개별적인 상호작용을 함으로써 점진적으로 놀이 발달이 이루어지도록 지도해야 한다(이숙재, 2001).

우드, 맥미혼과 크랜스타운(Wood, McMahon, & Cranstown, 1980)은 병행적 참여(parallel playing), 보조적 참여(co-playing), 통제적 참여(play tutoring), 교수적 참여(spokesman for reality)의 네 가지를 제시하였다.

(1) 병행적 참여

병행적 참여는 가장 소극적인 참여방법으로 교사가 놀이하는 유아의 옆에서 같은 종류의 놀잇감을 가지고 놀지만 유아와 상호작용하지 않는 방법이다. 교사가 유아와 가까이 있음으로 해서 유아가 편안함을 느끼게 할 수 있고 유아 자신의 놀이가 가치 있는 활동이라 생각하도록 하여 놀이에 오랜 시간 집중할 수 있도록 한다. 이 참여는 보통 기능놀이와 구성놀이 지도에 효과적이다.

(2) 보조적 참여

보조적 참여는 교사가 유아의 놀이에 파트너로 참여하는 방법이다. 이 경우 놀이는 유아가 주도하며 교사는 유아의 의견을 따른다. 물론 교사도 의견을 제시할 수 있으나 의견을 받아들이거나 거부하는 것은 유아가 결정하게 된다. 보조적 참여는 놀이를 활성화시키고 발전시킬 수 있을 뿐 아니라 교사와 유아 간에 친밀감을 형성할 수 있다. 보조적 참여는 유아가 교사를 놀이에 참여하도록 초대하는 경우(예: "선생님이 환자 하세요.")나 놀이를 진행시키기 위해 교사가 파트너가 되어야 하는 경우(예: 병원놀이에서 환자역할을 자원하는 유아가 없을 때 교사는 자연스럽게 "머리가 많이 아파서 왔어요." 하면서 환자 역할을 한다) 등 꼭 필요한 경우에만 보조적 참여를 하는 것이 좋다.

(3) 통제적 참여

통제적 참여는 보조적 참여보다 유아의 놀이에 교사의 통제가 심한 형태이다. 즉, 교사가 놀이에 참여하여 주도권을 가지고 놀이를 이끌어 나가며 유아에게 놀이방법을 가르치는 매우 적극적인 개입방법이다. 이 방법은 유아 스스로 역할 놀이에 참여하지 못할 때, 다른 유아와 함께 놀이를 하는 데 어려움이 있을 때, 놀이가 반복되거나 중단될 위험이 있을 때 교사가 놀이에 참여할 수 있다. 그러나 통제적 참여는 놀이의 본래적 특성인 내적 통제와 내적 동기화를 침해할 가능성이 높아 유아의 활동이 더 이상 자발적인 놀이가 되지 않도록 만들 수 있다. 그러므로 교사는 유아의 놀이에 진전이 보이면 통제적 역할에서 벗어나는 것이 좋다. 인지적 놀이의 문제 해결 상황에서 교사는 '측정하기 위해 어떤 도구를 선택할 것인지' 등 문제 해결 방법에 대해 묻거나 함께 토의해 볼 수 있다.

(4) 교수적 참여

교수적 참여는 놀이가 직접적인 교수의 수단으로 활용되는 것이다. 교사는 교수목적에 따라 지도하거나 제안하는 방식으로 유아의 놀이를 이끌고 촉진한다. 교사는 역할놀이 등에서 영유아가 놀이와 현실 세계 사이의 관련성을 발견하도록 적절한 질문이나 제안을 한다. 예를 들어, 영유아가 음식점놀이를 하는 경우 교사는 "이 음식은 얼마이니?" "음식값은 어떻게 정할 거니?" "손님들이 어떤 음식점인지 알려면 어떻게 해

교수적 참여를 할 수 있는 '측정하기'

야 할까?" 등과 같은 질문으로 학습을 유도한다. 교수적 참여는 연령이 높은 유아의 인지 학습에도 효과적이라고 할 수 있다. 그러나 이러한 참여 형태는 유아의 놀이 흐름을 방해할 가능성이 많으며 교사와 유아의 풍부한 대화를 어렵게 만들며 효과가 적을 수 있다. 따라서 가끔씩 사용하는 것이 좋으며 지속시간도 가능한 한 짧은 것이 좋다.

4) 놀이 평가

놀이가 끝나면 놀이가 계획대로 잘 이루어졌는지, 만일 계획대로 이루어지지 않았다면 그 이유는 무엇인지, 다른 또래 유아와 어떻게 놀이를 했는지, 놀이를 하면서 기분 좋았던 일과 기분 나빴던 일은 무엇인지 등에 관하여 이야기를 나누어 본다. 평가는 교사를 중심으로 전체 유아가 함께 하거나 소집단으로 이루어지기도 한다. 놀이 평가과정을 통해 유아는 자신의 활동에 대해 폭넓게 생각해 볼 기회를 가질 수 있으며 놀이에 대한 다른 유아의 생각을 들을 수 있는 기회를 가짐으로써 의사소통 능력이 증진될 수 있다.

5) 교사의 역할

유아놀이의 교육적 효과를 높이기 위해서는 교사의 역할이 매우 중요하다. 교사는 놀이를 계획하고 실행 · 평가하는 데 있어 중요한 역할을 한다. 교사가 즐거움과 유아의 능동성 등 놀이 본연의 중요한 가치를 유지하면서 교육적 효과를 내기 위해서는 다음의 역할을 수행하여야 한다.

■ 교사는 모든 유아의 발달 수준, 흥미와 요구를 면밀히 관찰하여 이를 놀이에 반영하여야 한다. 특히 유아의 사전 경험과 흥미를 잘 관찰하고 놀이를 제공함으로써 놀이의 가장 중요한 특성인 자발성, 능동성, 즐거움과 흥미의 유지를 통한 몰입이 놀이에서 나타나도록 지지하여야 한다. 유아의 내적 동기는 놀이 지속과 몰입에서 중요한 역할을 한다.

■ 교사는 유아의 놀이에서 자율성과 자기조절의 기회를 충분히 제공하여야 한다. 유아가 주도권을 가졌을 때 유아는 자신의 생각에 따라 실험하고 탐색하고 탐구하며 문제 해결을 해 나갈 수 있다. 유아 스스로 계획과 실행을 통해 목표달성을 하게 되면 성취감을 느낄 수 있을 뿐 아니라 유아가 자신의 놀이에 책임감을 느끼며 자기조절 능력을 발달시켜 나갈 수 있다.

■ 교사는 유아가 다양한 목적과 특성의 놀이에 참여할 수 있도록 흥미로운 놀이환경을 제공해 주어야 한다. 교사는 다양한 유형의 놀잇감과 다양한 발달과 학습과정을 촉진할 수 있는 놀잇감 등을 마련해 주고, 유아가 선택하여 놀이할 수 있도록 분위기를 조성해 주어야 한다.

■ 교사는 시간 · 공간적으로도 유아가 방해받지 않고 자신의 생각을 충분히 펼치면서 놀이할 수 있도록 환경을 마련해 주어야 한다. 교사는 때로 놀이 공간을 확장하거나 다른 성격의 흥미영역을 통합하고 복도나 로비 등의 공용 공간을 활용하여 놀이 공간의 변화를 줄 수 있다.

■ 교사는 유아의 놀이를 주의 깊게 관찰하여 놀이의 특성과 수준에 따라 교수를 하여야 한다. 교사는 유아가 놀이에 효율적으로 참여하지 못하고 떠돌거나 방관행동, 거친 행동 등을 하는 경우에 새로운 놀이를 제안하거나 직접적 통제를 할 수 있다. 유아의 놀이 수준에 따라 교사는 놀이 참여자로서 자연스럽게 놀이를 이끌거나 다양한 지지를 통해 놀이의 정보를 제공할 수 있다. 교사는 유아의 놀이 증진을 위해 성공적인 개입, 교수방법을 찾아야 한다.

■ 교사는 사회적 구성과 협력이 필요한 놀이에서 유아가 다른 유아들과 효율적으로 상호작용하면서 다양한 사회적 협력을 경험하고 사회적 기술이 발달할 수 있도록 돕는다. 또한 교사는 유아가 소집단의 놀이에서 함께 하는 즐거움을 경험하고 이를 통해 서로의 의견을 조정하고 협상할 수 있는 기회를 마련한다. 시기, 수준이나 요구에 따라 유아가 집단놀이에서 주도적인 역할을 하는 기회를 제공할 수 있다.

- 유아가 놀이하는 동안 교사는 계속적인 관찰을 하여 놀이 과정과 결과에 대하여 격려와 지지를 하여 유아가 놀이를 발전시킬 수 있도록 돕는다.
- 교사는 유아가 놀이하면서 다양한 발달을 이룰 수 있도록, 새로운 정보를 제공하거나 비교, 추론, 문제 해결 등 다양한 사고를 할 수 있도록 지지한다.
- 교사는 유아가 자신의 요구에 따라 충분히 즐겁게 놀이할 수 있도록 배려하여 유아가 놀이에서 다양한 정서를 경험하고 부정적 정서를 해소하는 기회를 갖도록 돕는다.
- 교사는 유아가 자신이 선호하는 놀이와 잘 접근하지 않는 놀이의 특성을 파악하여 평소 잘 하지 않는 놀이에 대한 지원을 한다. 새로운 놀이에 유아가 좋아하는 속성의 놀이를 융합하여 유아가 보다 다양한 지식과 기술을 경험할 수 있는 기회를 제공하도록 한다.
- 교사는 유아의 놀이를 관찰하면서 평가하고 다음의 놀이계획에 반영하도록 한다.

5. 유아놀이의 실제

1) 탐색놀이: 밀가루놀이

탐색놀이는 자연물을 포함하여 주변의 다양한 물체와 물질을 탐색하는 놀이이다. 탐색놀이에 꽃, 나뭇잎, 열매, 나무줄기, 나무뿌리, 밀가루, 곡식, 진흙, 흙, 점토, 모래, 비누거품, 공, 스카프, 악기 등 다양한 자료를 활용할 수 있다. 유아를 위한 탐색놀이로 밀가루놀이의 예를 제시하면 다음과 같다.

○ 밀가루놀이

- 자료: 밀가루, 다양한 탐색도구(주걱, 숟가락, 포크, 크고 작은 용기들, 체 등), 필요한 경우 밀가루 놀이대(테이블)
- 교육적 효과:
  - 유아가 밀가루를 손으로 다양한 조작을 하면서 소근육이 발달한다.
  - 밀가루의 특성을 발견하고 밀가루의 특성에 따라 여러 가지로 탐색을 하면서

밀가루놀이

밀가루의 물리적 지식을 습득한다.

- 밀가루와 관련된 다양한 촉감각의 경험을 하며 관련된 어휘 능력이 발달한다.
- 밀가루의 다양한 조작을 통해 창의성과 융통적인 사고력이 발달한다.
- 자유로운 조작 경험을 통해 정서적 만족감을 느끼고 부정적 정서의 해소를 경험하며 다양한 정서능력이 발달한다.

■ 놀이방법: 다양한 방법으로 밀가루를 탐색한다.

- 밀가루 뭉치기
- 밀가루 털기
- 밀가루에 손으로 모양을 그리거나 만들기
- 밀가루를 입으로 불기
- 밀가루를 손과 팔, 몸의 여러 부분에 묻혀 보기
- 밀가루를 용기에 담기
- 다양한 도구를 이용하여 밀가루를 떠 보기
- 밀가루를 체에 치기
- 밀가루를 다양한 위치나 용기에 옮기기
- 밀가루를 용기에 담아 움직이면서 관찰하기 등

■ 확장활동: 밀가루에 물을 첨가하며 밀가루 반죽놀이를 한다.

페그보드 바느질놀이

2) 조작놀이: 페그보드 바느질놀이

조작놀이는 유아의 인지발달과 소근육 발달을 위한 놀이이다. 조작놀이에는 다양한 수와 모양의 조각퍼즐, 바느질하기, 끈 꿰기 등의 조작놀이, 끼우기블록놀이, 작은 블록을 활용한 조작놀이 등이 있다.

○ 페그보드 바느질놀이

- 자료: 큰 구멍의 페그보드, 끝이 단단한 나무로 되어 있는 여러 가지 색의 굵은 끈
- 교육적 효과
  - 바느질을 통해 유아의 소근육이 발달한다.
  - 유아의 눈과 손의 협응력이 발달한다.
  - 경로 인식, 좌표능력 등 유아의 공간능력이 발달한다.
  - 유아가 창의적으로 모양을 구성할 수 있다.
- 놀이방법: 유아가 원하는 모양으로 페그보드의 구멍에 한쪽 끝이 나무로 된 끈으로 바느질한다. 유아는 여러 가지 모양과 색으로 구성하여 바느질한다.

3) 구성놀이: 패턴블록놀이

구성놀이는 부분들로 전체의 모양을 다양하게 구성하는 놀이이다. 구성놀이에는 블

패턴블록 구성놀이

록을 활용한 구성놀이, 모래, 점토, 나무 등을 활용한 구성놀이, 조형 재료를 활용한 조형적 구성놀이 등이 있다. 한 예로 패턴블록놀이를 소개하면 다음과 같다.

○ 패턴블록놀이

■ 자료: 패턴블록

■ 교육적 효과

- 패턴블록놀이를 통해 유아의 공간, 도형과 관련한 기하능력이 발달한다.
- 패턴블록의 여러 가지 모양과 크기를 비교할 수 있다.
- 패턴블록으로 패턴을 만들어 봄으로써 규칙성에 관하여 인식을 발달시킬 수 있다.
- 다양한 조작과 구성을 통해 창의성과 융통적인 사고력을 기를 수 있다.

■ 놀이방법

- 패턴블록으로 다양한 모양 구성하기
- 패턴블록을 대칭으로 모양 구성하기
- 패턴블록으로 규칙적인 패턴 만들기
- 패턴블록을 세워서 입체적으로 모양 구성하기
- 같은 수의 패턴블록을 이용하여 다양한 방법으로 모양 구성하기
- 다른 유아와 번갈아 패턴블록을 놓아 가며 새로운 모양으로 구성하기

발자국 놀이

4) 창의적 놀이: 발자국 찍기

창의적 놀이는 유아가 대상에 민감하고 반응적으로 독특하고 융통성 있게 유창한 방법으로 생각하여 놀이하는 것이다.

○ 발자국 찍기

■ 자료: 넓고 큰 종이, 부드러운 고무 밑창의 신발, 물감 패드, 음악 CD나 음원

■ 교육적 효과

- 발자국 찍기를 통해 유아의 대근육이 발달할 수 있다.
- 유아는 다양한 방식으로 다리와 발을 움직이면서 신체와 발자국의 관계를 인식할 수 있다.
- 유아는 신체 움직임과 공간의 위치와 방향을 인식할 수 있다.
- 유아는 다양한 모양의 발자국을 내기 위해 창의성과 융통적 사고력을 기를 수 있다.
- 유아는 즐겁게 놀이에 참여함으로써 정서적 만족감을 느끼고 부정적 정서를 해소하면서 다양한 정서능력이 발달한다.

■ 놀이방법: 유아는 넓고 큰 종이 위를 이동하면서 물감을 묻혀 발자국을 찍는다. 유아는 발자국이 다양한 모양이 되도록 몸을 움직여 발자국을 찍는다. 유아는 신체 움직임의 방향과 힘의 세기에 따라 다양하게 발자국을 찍는다.

■ 확장활동: 유아는 다양한 음악적 요소가 나타나는 음악에 맞추어 발자국 찍기를 한다.

5) 실외놀이 : 진흙통 진자놀이

실외놀이에서는 공놀이, 줄넘기, 사방치기, 자전거 등의 탈것 타기, 놀이기구 놀이, 모래놀이, 물놀이, 벽그림놀이, 그림자놀이 등 다양한 활동을 할 수 있다. 다음은 진흙통 진자놀이의 예이다.

○ 진흙통 진자놀이

■ 자료: 진흙을 담은 페트병(페트병의 바닥을 모두 잘라 내고 페트병 뚜껑에 적당한 크기의 구멍(모래알이 빠져나와 그림이나 흔적을 만들어 낼 수 있는 크기)을 낸다. 페트병 바닥 쪽 양쪽에 구멍을 두 개 낸 후, 구멍을 뚫은 페트병의 입구가 아래로 가게 하고 2개의 구멍에 긴 끈을 연결한다. 페트병은 높은 철봉에 매달아 둔다. 페트병에 진흙을 담는다.

■ 교육적 효과

- 진흙통 진자놀이를 통해 유아가 진자운동의 물리적 속성을 탐색한다.
- 진흙통 진자놀이를 하면서 유아는 진자운동을 통해 진흙이 나온 흔적을 보면서 진자운동의 경로를 인식한다.

진흙통 진자놀이

- 유아는 만들고 싶은 진흙의 흔적을 만들기 위해 미리 예측하고 진흙통을 움직일 수 있다.
- 유아는 진흙을 다루면서 진흙의 촉감과 물리적 속성에 대해 인식한다.
- 유아는 진흙통의 진자운동을 관찰하면서 진자운동과 힘의 관계를 인식한다.

■ 놀이방법: 유아는 진흙통을 다양한 경로로 움직이며 탐색한다.
- 진흙통이 왔다 갔다 하도록 움직이기
- 진흙통이 원을 그리도록 움직이기
- 진흙통을 한 번 움직이게 한 후 어떻게 움직이고 멈추는지 관찰하기
- 진흙통이 움직이는 거리와 힘의 관계에 대해 생각해 보고 말로 표현하기
- 진흙통을 움직여 그림 그리기
- 진흙의 물기가 많고 적음에 따라 진흙이 나오는 정도 비교해 보기

활동해 봅시다

1. 구성놀이의 장점과 역할놀이의 장점에 대해 토론해 봅시다.

2. 생활 주제 '세계 여러 나라'에서 역할놀이를 계획한다면, 어떠한 놀이로 계획할 수 있을까요?

   - 놀이 주제:

   - 제공할 놀이 자료:

   - 놀이방법:

CHAPTER 08

전문인으로서의 유아교사

▶ 학습목표

1. 전문인으로서의 유아교사의 개념 및 중요성에 대해 이해한다.
2. 유아교사가 되기 위한 교육과정에 대해 안다.
3. 유아교사의 역할을 알고 실천할 수 있는 능력을 갖춘다.

'교육의 질이 교사의 질을 능가하지 못한다'면 유아교사의 인성과 전문성은 유아교육의 질을 결정하는 데 핵심적인 요소이다. 인간의 전 생애 발달 중 가장 민감한 발달 시기에 있는 유아를 교육한다는 것은 한 인간의 미래를 이끌어 가는 데 가장 중요한 부분을 담당하는 것임을 명심해야 할 것이다. 또한 이러한 의미에서 유아교사는 인간 발달과 미래 사회 발달을 도모하는 가장 중요한 존재임을 알고 자부심과 책임감을 가져야 한다. 리퍼(Leeper)는 유아기는 일생 중에서도 가장 창의성과 상상력이 풍부한 시기이며 유아의 창의성 발달에서 교사는 가장 중요한 요소로서 유아의 창의성을 촉진시키기 위해서 교사는 적절하고도 충분한 기능을 발휘할 수 있는 존재가 되어야 한다고 주장하였다(김인자, 2002 재인용).

따라서 유아교사는 유아를 교육하는 중요한 존재임을 인식하여 유아의 전인적 발달을 도모하고 유아가 미래 사회의 주역이 될 수 있는 인성과 능력을 갖추도록 교육할 수 있는 전문성을 갖추기 위해 노력하는 자세가 필요하다.

1. 유아교사의 정의 및 중요성

1) 유아교사의 개념 및 중요성

유아교사는 유아를 대상으로 하여 교육하는 전문성을 갖춘 주체이다. 유아교사가 되기 위해서는 국가에서 요구하는 소정의 자격을 갖추어야 한다. 현재 우리나라의 유아교사는 유치원 교사와 어린이집 교사로 구분되어 있다. 유치원 교사자격 관련 법은 「유아교육법」이며, 어린이집 교사인 보육교사 자격은 「영유아보육법」에서 제시하고 있다. 또한 유치원 교사는 교육부에서 임용과 관련된 보든 부분을 관리하여 교육부 장관 명의의 자격증을 취득하게 되며, 보육교사는 보건복지부에서 담당하기 때문에 보건복지부 장관 명의의 자격증을 취득하게 된다.

「교육기본법」 제9조에 유아교육 사항을 명시해 놓은 부분이 「유아교육법」이며, 이 중 유아교사는 유아를 대상으로 하여 교육하는 자로 제시되어 있다. 「영유아보육법」에서 정의하고 있는 보육교사는 영아를 포함한 영유아의 안전과 보호, 교육을 담당하는 자로 제시되어 있다.

이와 같이 법적 차원에서 제시된 유아교사는 유아를 대상으로 안전과 보호 · 교육을 담당하는 자로서 일정한 자격을 취득해야만 직무를 수행할 수 있는 전문인으로 되어 있다. 또한 유아를 대상으로 한 교육의 범위에는 유아의 부모와의 관계 및 교육이 포함되며, 특히 영유아의 보육을 담당하는 보육교사는 영유아의 부모가 안심하고 직장생활을 할 수 있도록 지원하는 부분을 강조한다.

유아교사는 국가 수준의 소정의 자격을 갖추기 위한 교육을 받아야 하며 이를 통해 인간 발달의 과정 중 가장 민감하고 중요한 시기에 있는 유아를 교육하기 위한 지식과 능력을 갖추어야 한다. 또한 지적인 부분과 전문성보다 더 중요한 유아교사로서의 자질과 인성을 갖추어야 하며 이를 통해 유아가 바람직한 발달을 이룰 수 있도록 지원해야 함을 인식하는 것이 중요하다. 자격을 갖춘 유아교사의 중요성은 다음과 같다.

첫째, 유아교사는 발달의 민감기에 있는 유아를 교육하는 주체이다. 인간의 지능발달은 0~4세에 80% 이상 이루어진다. 언어발달 역시 만 2세 이후 만 4세까지 급격하게 발달하며, 18개월부터 다른 사람에 대한 친사회적 발달이 이루어진다. 인지, 언어, 사회, 정서 발달이 이루어지는 가장 중요한 시기에 있는 유아를 교육하는 유아교사는 유아 발달의 견인차 역할을 하는 매우 중요한 존재이다.

둘째, 유아교사는 유아를 대상으로 교육하는 교수방법의 전문성을 지닌 존재로 유아교육의 핵심 주체이다. 피아제에 의하면 영유아는 각 발달단계에 따라 독특한 사고와 방법으로 외부 자극을 인지하고 지식을 습득한다. 이 시기의 독특한 발달 특성과 사고를 이해하고 그에 적합한 방법으로 교수 · 학습 방법을 고안하여 교육할 수 있는 유아교사는 유아교육의 질을 결정하는 매우 중요한 존재이다.

셋째, 유아교사는 유아의 개별적 특성을 이해하고 교육할 수 있는 전문적 주체이다. 유아기는 일정한 순서에 따른 발달 특성을 따르며 성인과는 다른 독특한 사고를 하는 시기이지만 각 유아의 발달은 개별적 특성이 매우 크며 이를 이해하고 교육하는 유아교사는 유아의 개성과 발달을 이끄는 중요한 존재이다.

넷째, 유아교사는 유아의 인성에 영향을 미치는 모델이다. 인생의 초기에 있는 유아기에 부모 다음으로 만나게 되는 유아교사의 인성과 태도는 유아의 인성에 영향을 미치는 직접적인 요인이다. 유아교사의 언어적·비언어적 태도와 정서적 행동은 유아에게 모델이 되며 향후 유아의 인성에 영향을 미치는 중요한 요소이다.

2) 유아교사의 전문성 및 역할

유아교사의 전문성이란 유아교사의 역할을 수행해 내는 정도의 전문성을 의미하며 유아교사로서의 전문성을 갖추기 위해 노력하는 경향을 말한다. 1984년 미국교육협회(National Education Association: NEA)에서는 전문직의 요건을 다음과 같이 제시하였다.

- 내적으로 구성된 지적 활동으로 이루어지는 업무이다.
- 전문적인 지식을 필요로 하는 업무이다.
- 전문교육 및 자격을 취득하는 데 장기간의 시간이 요구된다.
- 업무의 전문성 향상을 위해 교육의 계속성이 필요하다.
- 사명감을 가지고 생애 동안 종사한다.
- 직무에 대한 가치, 철학, 신념에 대한 자신의 기준이 있다.
- 사회봉사에 중요한 가치와 목적이 있다.
- 유관 집단이 있으며 강한 결속력이 있다.

유아교사는 유아를 대상으로 교육하기 위하여 유아 발달에 대한 지식과 개별 유아에 대한 이해를 바탕으로 한 교육과정 및 교수·학습 방법을 내직으로 끊임없이 고민해야 한다. 이러한 고민을 통해 이루어지는 유아교사의 신념과 효능감은 유아교육의 질을 결정하는 중요한 변인이 된다. 유아교사가 되기 위한 자격을 취득하는 데는 장기간의 시간이 필요하며 업무의 전문성 향상을 위해 계속 현직교육을 이수해야 한다. 또한 유아교사는 미래 사회를 이끌어 갈 주체를 교육하는 것으로 개인의 행복을 추구하기보다는 사회에 봉사하는 주체이므로 유아교사는 분명 전문직이라고 볼 수 있다.

사라초와 스포덱(Saracho & Spodek, 1993)의 연구에 의하면 유아를 대상으로 한 유아교사의 전문성은 유아 교수·학습의 질을 결정하는 지식과 기술을 갖추는 것을 말하며, 이는 유아교사의 신념과 책임감이 수반된다. 또한 유아교사가 유아를 대상으로 한 교육의 질을 향상시키기 위한 다양한 지식과 기술을 익히려는 노력을 하는 것이 전문성을 발달시키는 중요한 요인이다(Saracho, 1988).

전문직으로서 유아교사는 유아를 대상으로 한 다양한 전문적 역할을 수행해야 하며, 유아교사에게 기대하는 역할 행동을 기대하고 이를 실천할 수 있도록 노력하는 자세가 중요하다.

(1) 놀이활동 제공자로서의 역할

유아교사는 유아 발달과 개별적 특성을 고려하고 유아의 흥미와 호기심을 반영한 다양한 놀이활동을 제공할 수 있어야 한다.

놀이는 유아가 외부 자극을 경험할 수 있는 중요한 수단이며 세상을 이해하는 과정이다. 유아는 놀이를 통해 다른 사람의 생각과 정서를 공감할 수 있으며 자신의 생각을 자유롭게 표현할 수 있다. 또한 놀이를 통해 유아의 지적 수준과 정서 상태를 파악할 수 있다. 유아교사는 놀이의 중요성을 인식하고 유아가 다양한 놀이를 통한 경험을 할 수 있도록 놀이활동 제공자로서의 역할을 수행하는 것이 중요하다.

(2) 통합적 유아교육과정 계획자로서의 역할

놀이가 유아의 흥미와 재미를 제공하는 중요한 수단이지만 계획이 수반되지 못한 놀이는 일회적이며 경험을 재구성하여 지적 발달을 자극하는 데 한계가 있을 수 있다. 유아교사는 유아의 사전 경험과 지식 수준을 이해하고 현실에 대해 경험하고 이해할 수 있는 주제를 선정하여 각 영역별 발달을 도모하기 위한 통합적 유아교육과정을 계획해야 한다. 이는 유아교사로서 연간, 월간 및 주간, 일일 계획안으로 표현될 수 있다.

(3) 상호작용자로서의 역할

유아교사는 유아의 놀이를 응시하고 지켜보면서 유아의 놀이가 매우 가치 있다는 것을 생각하게 해 주고 개방적인 질문을 통해 유아의 사고를 확장시키고 언어발달을 이끌 수 있다. 유아의 놀이에 함께 참여하여 놀이가 확장될 수 있도록 지원함으로써 지적 발달을 도모할 수 있고 상황에 맞는 정서 표현을 통해 유아의 정서발달을 위한 모델링을 제공할 수 있다. 유아와 다양한 상호작용을 하는 것은 매우 전문적인 부분으로 유아교사의 중요한 역할이다.

(4) 관찰 및 평가자로서의 역할

유아교사는 관찰을 통하여 유아의 발달과 개별적 특성을 파악하고 개별 수준에 적합한 교육활동을 제공할 수 있다. 이를 위해 유아교사는 유아 관찰방법에 대해 이해하고 필요한 능력을 갖추는 것이 중요하다. 유아 평가는 유아를 비교하는 것이 목적이 아니라 유아 개인의 발달을 도모하기 위한 것이라는 것을 인식하는 것이 중요하다.

(5) 의사결정자로서의 역할

유아교육의 과정에서 교사가 적절한 때에 바른 판단을 하는 것은 유아 발달과 안전을 도모하는 데 매우 중요한 역할이다. 교육과정 계획, 실행, 평가의 과정에서 유아에게 중요한 자극을 제공하는 놀이활동의 유형, 방법, 상호작용 등에 대한 판단, 위험을 감지하고 이에 신속하게 대처하기 위한 의사결정자로서의 역할은 유아교사의 역할 중 가장 전문적인 분야라고 할 수 있다.

(6) 부모와 동반자로서의 협력적 관계 형성자로서의 역할

부모의 양육태도, 자녀교육에 대한 신념은 유아의 발달에 결정적 영향을 미치는 요인이다. 유아교사는 부모가 유아를 대상으로 한 교육에 중요한 동반자이며 협력관계에 있어야 한다는 것을 인식하고 이를 위해 부모와 원만한 관계를 형성하기 위한 노력과 실제적 계획을 세우는 것이 필요하다.

이 밖에 유아교사는 유아교육기관의 물리적 환경 및 교실 내 교재 · 교구를 안전하고 청결하게 관리하고 유아의 놀이가 원활하게 이루어질 수 있는 교실 내 물리적 환경을 영역별로 구성하며, 교육과정에 필요한 사무처리를 할 수 있는 역할을 수행할 수 있는 자질과 능력을 갖추는 것이 필요하다.

2. 유아교사 자격 취득

1) 유치원 교사 자격 취득 기준

유치원 교사는 「유아교육법」 제22조 제2항 "교사는 정교사(1 · 2급) · 준교사로 나누되 소정의 자격기준에 해당하는 사람으로서 대통령령이 정하는 바에 따라 교육부 장관이 검정 · 수여하는 자격증을 받은 사람이어야 한다."라고 제시되어 있다. 유치원에

서 근무하기 위한 유치원 교사의 자격은 유치원 정교사 2급에서부터 시작되며 유치원 교육 경력에 따라 상급 자격을 취득할 수 있다. 유치원 교사 자격 취득 기준은 〈표 8-1〉과 같다.

〈표 8-1〉 유치원 교사의 자격종별 및 기준

구분	자격 기준
원장	1. 유치원의 원감자격증을 가지고 3년 이상의 교육 경력과 소정의 재교육을 받은 자 2. 학식, 덕망이 높은 자로서 교원자격검정위원회의 추천에 의하여 교육부 장관의 인가를 받은 자
원감	1. 유치원 정교사(1급) 자격증을 가지고 3년 이상의 교육경력과 소정의 재교육을 받은 자 2. 유치원 정교사(2급) 자격증을 가지고 6년 이상의 교육경력과 소정의 재교육을 받은 자
정교사(1급)	1. 유치원 정교사(2급) 자격증을 가진 자로서 3년 이상의 교육경력과 소정의 재교육을 받은 자 2. 초등학교 정교사(1급) 자격증을 가진 자 3. 유치원 정교사(2급) 자격증을 가지고 교육대학원 또는 교육부 장관이 지정하는 대학원의 교육과에서 유치원 교육과정을 전공하여 석사학위를 받은 자로서 1년 이상의 교육 경력이 있는 자
정교사(2급)	1. 대학에 설치하는 유아교육과 졸업자 2. 대학(전문대학 및 이와 동등 이상의 각종 학교를 포함한다) 졸업자로서 재학 중 소정의 보육과 교직 학점을 취득한 자 3. 교육대학원 또는 교육부 장관이 지정하는 대학원의 교육과에서 유치원 교육과정을 전공하고 석사학위를 받은 자 4. 유치원 준교사 자격증 소지자로서 2년 이상의 교육경력을 가지고 소정의 재교육을 받은 자 5. 초등학교 정교사(2급) 자격증을 가진 자
준교사	1. 유치원 준교사 자격 검정에 합격한 자 2. 초등학교 준교사 자격증을 가진 자

출처: 「초 · 중등교육법」 제21조 제1항의 [별표 1]과 제2항의 [별표 2].

2) 유치원 교사 자격 취득을 위한 교육과정

유치원 정교사 2급 자격 취득을 위해 앞서 밝힌 바와 같이 국가가 인정하는 교육기관에서 유아교육 및 관련 분야를 전공하는 것이 필요하다. 유치원 2급 정교사 자격은 현재까지 무시험 검정을 통해 취득할 수 있다. 그러나 이것은 국가에서 인정하는 교육기관에서의 국가 수준의 유아교육과정을 이수한 경우로 무시험 검정으로 자격을 취득할 수 있는 요건 및 교직, 교직 소양과 전공에 해당하는 필수 교과 및 필요 학점을 이수해야 한다. 이와 관련된 내용은 다음과 같다.

〈표 8-2〉 **정교사 자격 취득을 위한 무시험 검정 필수 조건(2017 교육실무편람)**

구분	2009~2012학년도 입학자	2013학년도 이후 입학자부터
전공과목	• 50학점 이상 - 기본이수과목 21학점(7과목) 이상 포함 - 교과교육영역 8학점(3과목) 이상 포함 ※ 특수학교의 경우 80학점 이상 특수교육관련 전공과목 42학점 이상(기본이수과목 21학점/7과목 이상 포함). 표시과목(또는 자격증별) 38학점 이상(기본이수과목 21학점/7과목 이상 포함). 교과교육영역 8학점(3과목) 이상 포함	• 50학점 이상 - 기본이수과목 21학점(7과목) 이상 포함 - 교과교육영역 8학점(3과목) 이상 포함 ※ 특수학교의 경우 80학점 이상 특수교육관련 전공과목 42학점 이상(기본이수과목 21학점/7과목 이상 포함). 표시과목(또는 자격증별) 38학점 이상(기본이수과목 21학점/7과목 이상 포함). 교과교육영역 8학점(3과목) 이상 포함
교직과목	• 22학점 이상 - 교직이론 14학점(7과목) 이상 - 교직소양 4학점(2과목) 이상 - 교육실습 4학점 이상	• 22학점 이상 - 교직이론 12학점(6과목) 이상 - 교직소양 6학점(3과목) 이상 - 교육실습 4학점 이상
성적기준	• 졸업전체 평균성적 75/100점 이상	• 전공과목 평균성적 75/100점 이상 • 교직과목 평균성적 80/100점 이상
기타	• 교직 적성 및 인성검사 적제관섬 1회 이상 • 응급처치 및 심폐소생술 실습 2회 이상 (단, 2016. 3. 1. 시행일 당시 교원양성과정을 이수할 때까지 2학기의 교원양성과정이 남은 사람은 제외) • 산업체 현장실습 이수확인서(중등 공업에 관한 표시과목 취득자에 한함) • 국가기술자격증[특수학교(중등) 직업교육 취득자에 한함] • 간호사 면허증 또는 영양사 면허증(보건교사 또는 영양교사에 한함) • 대학의 장애 별도로 정하는 기준 - 일정 수준 이상의 외국어능력(외국어 교사자격증 취득자에 한함)	• 교직 적성 및 인성검시 적제관점 1회 이상 • 응급처치 및 심폐소생술 실습 2회 이상 (단, 2016. 3. 1. 시행일 당시 교원양성과정을 이수할 때까지 2학기의 교원양성과정이 남은 사람은 제외) • 산업체 현장실습 이수확인서(중등 공업에 관한 표시과목 취득자에 한함) • 국가기술자격증[특수학교(중등) 직업교육 취득자에 한함] • 간호사 면허증 또는 영양사 면허증(보건교사 또는 영양교사에 한함) • 대학의 장애 별도로 정하는 기준 - 일정 수준 이상의 외국어능력(외국어 교사자격증 취득자에 한함)

〈표 8-2〉에 나타난 바와 같이 유치원 정교사 자격 취득을 포함한 각 정교사 자격 취득을 위한 무시험 검정 기준은 2013학년도 이후 입학자부터 전공 기본 교과 7개 과목(21학점), 교과교육영역 3과목(8학점)을 포함하여 50학점 이상 이수해야 하며, 전공 평균 75점 이상을 획득해야 한다. 교직은 총 22학점 평균 80점 이상의 성적을 획득해야 한다. 더 나아가 유아교사의 자질과 인성을 검증할 수 있는 '교직 적성 및 인성 검사'에 통과해야 하며 영유아의 안전을 1차적으로 책임질 수 있는 기본 소양으로 '응급처치 및 심폐소생술 실습'을 2회 이상 이수한 자이어야만 정교사 자격을 취득할 수 있도록 되어 있다. 유치원 2급 정교사 자격 취득을 위한 교직, 교직소양 및 전공 교육과정에 대한 내용도 〈표 8-3〉과 같이 국가 수준에서 제시하고 있다.

〈표 8-3〉 유치원 교사의 자격 취득을 위한 교직 및 교직 소양 교육과정

입학년도	구분	교육과정
2013~2016 학년도 입학자	교직 이론	• 12학점 이상(6과목 이상) ① 교육학개론 ② 교육철학 및 교육사 ③ 교육과정 ④ 교육평가 ⑤ 교육방법 및 교육공학 ⑥ 교육행정 및 교육경영 ⑦ 교육사회 ⑧ 교육행정 및 상담 ⑨ 생활지도 및 상담 ⑩ 기타 교직이론에 관한 과목
	교직 소양	• 6학점 이상 ① 특수교육학개론(2학점 이상) ※영재교육 영역(단원) 포함 ② 교직실무(2학점 이상) ③ 학교폭력 예방의 이론과 실제(2학점 이상)
	교육 실습	• 4학점 이상 ① 학교현장실습(2학점 이상) ② 교육봉사활동(2학점 이내 포함)
	합계	총 22학점

* 2017학년도 이후 입학자는 위 표의 내용 중 '학교폭력 예방의 이론과 실제' 교과목명이 '학교 폭력 예방 및 학생의 이해'로 변경됨.

〈표 8-3〉에서 제시된 바와 같이 유치원 정교사 2급 자격 취득을 위해 교직이론 12학점(6과목 이상), 교직소양 6학점 이상, 교육실습 관련 4학점 이상 총 교직관련 22학점을 필수로 이수해야 한다. 현대 사회의 아동 학대 및 폭력에 대한 경각심을 가지고 이를 예방하고 문제를 해결할 수 있는 능력을 기르기 위하여 '학교폭력의 예방의 이론과 실제' 관련 교과를 필수로 이수해야 한다.

유치원 2급 정교사 자격 취득을 위해 교직관련 교과목 이수 이외의 총 50학점의 전공 교과목을 이수해야 하는데 이 중 7개 과목 21학점은 기본 이수교과목으로 〈표 8-4〉에 제시된 것과 같다.

〈표 8-4〉 유치원 교사의 자격 취득을 위한 전공 기본 이수교과목

자격종별	관련학과 또는 학부	기본이수과목(또는 분야)	비고
유치원 정교사(2급) (Kindergarten Teacher)	유아교육학, 아동학 및 관련되는 학부(전공 · 학과)	유아교육론, 유아교육과정, 영유아발달과 교육, 유아언어교육, 유아사회교육, 유아과학교육, 유아수학교육, 유아미술교육, 유아음악교육, 유아교사론, 유아동작교육, 유아놀이지도, 유아교육기관운영관리, 유아안전교육	

대학의 유아교육과에서는 유치원 2급 정교사 자격을 취득하기 위한 국가 수준의 교직, 교직소양, 전공교육과정을 개설 · 운영함으로써 학생들이 유치원 2급 정교사 자격을 취득할 수 있도록 지원하고 있다.

3) 보육교사 자격 취득 기준 및 교육과정

보육교사 자격 취득은 보건복지부령으로 제시된 소정의 자격을 갖추어야 하며 보육자격관리국에서 이에 대한 행정적 처리를 통해 자격증을 교부한다. 보육교사 자격 취득 기준은 〈표 8-5〉와 같다.

이 표에서 제시하고 있는 바와 같이 보육교사 3급은 고등학교 졸업 후 보육교사교육원과 같은 보건복지부령으로 정하는 교육훈련기관에서 1년간의 보육과정을 이수해야 한다. 보육교사 3급 자격 취득 후 어린이집 보육교사 경력 2년을 갖추면 소정의 승급 교육과정을 통해 보육교사 2급 자격을 취득할 수 있다. 보육교사 2급 자격을 취득하기

〈표 8-5〉 보육교사 자격 취득 기준(2014. 3. 1. 이후부터 적용)

등급	자격 기준
보육교사 1급	• 보육교사 2급 자격을 취득한 후 3년 이상의 보육업무 경력이 있는 사람으로서 보건복지부장관이 정하는 승급교육을 받은 사람 • 보육교사 2급 자격을 취득한 후 보육 관련 대학원에서 석사학위 이상을 취득하고 1년 이상의 보육업무 경력이 있는 사람으로서 보건복지부장관이 정하는 승급교육을 받은 사람
보육교사 2급	• 전문대학 또는 이와 같은 수준 이상의 학교에서 보건복지부령으로 정하는 보육관련 교과목 및 학점을 이수하고 졸업한 사람 • 보육교사 3급 자격을 취득한 후 2년 이상의 보육업무 경력이 있는 사람으로서 보건복지부장관이 정하는 승급교육을 받은 사람
보육교사 3급	• 고등학교 또는 이와 같은 수준 이상의 학교를 졸업한 사람으로서 보건복지부령으로 정하는 교육훈련시설에서 정해진 교육과정을 수료한 사람

위해 전문대학 이상의 대학에서 보육교과목 및 정해진 학점을 이수해야 하며 보육교사 2급 자격 취득 후 3년 이상의 보육경력을 지닌 자이거나 보육관련 대학원에서 석사학위를 취득한 후 1년 이상의 보육경력을 지닌 자는 보육교사 1급 자격을 인정받을 수 있다. 1급 보육교사 자격을 취득한 자는 3년 이상의 보육경력 후 어린이집 원장 자격을 취득할 수 있는 교육을 받을 수 있는 자격이 된다.

대학에서 이수해야 할 보육교사 2급 자격 취득을 위한 교과목 및 학점에 대한 내용은 〈표 8-6〉과 같다.

〈표 8-6〉 대학 등에서 이수하여야 할 교과목 및 학점(2016. 8. 1.~)

영역	교과목		이수과목(학점)
교사인성	*보육교사(인성)론, *아동권리와 복지		2과목(6학점)
	필수	보육학개론, 보육과정, 영유아 발달, 영유아 교수방법론, *놀이지도, *언어지도, *아동음악(또는 아동동작, 아동미술), *아동수학지도(또는 아동과학지도), *아동안전관리(또는 아동 생활지도)	9과목(27학점)
	선택	아동건강교육, 영유아 사회정서지도, 아동문학교육, 아동상담론, 장애아 지도, 특수아동 이해, 어린이집 운영관리, 영유아 프로그램 개발과 평가,	4과목(12학점)

보육지식과 기술	선택	보육정책론, 정신건강론, 인간행동과 사회환경, 아동간호학, 아동영양학, 부모교육론, 가족복지론, 가족관계론, 지역사회복지론	
보육실무	*아동관찰 및 행동연구, *보육실습		2과목(6학점)
전체	17과목(51학점) 이상		

*___ : 대면교과목임
• 대면으로 수업이 필요한 교과목 지정(9개)
• 대면교과목당 8시간 출석 수업 및 출석 시험 의무화

앞에서 보는 바와 같이 보육교사 2급 자격 취득을 위해 보육교과목은 보육교사로서 갖추어야 할 인성, 보육 지식과 기술, 보육실무로 구분되어 있으며, 총 17과목 51학점 이상 이수해야 한다. 보육실습은 4주간에서 강화되어 6주간 실행되어야 하며, 유치원 종일반에서의 실습을 인정하여 6주간의 실습 기간에 포함시킬 수 있다.

3. 전문성 함양을 위한 현직교육

유치원 2급 정교사 자격을 취득하면 유아교육기관에 초임교사로 근무할 수 있다. 비로소 유아를 실제적으로 지도할 수 있는 유아교육현장에 입문하는 것이다. 그러나 생각했던 것만큼 유아교사로서의 역할을 잘 수행하기 어려울 수 있으며 그에 따른 역할 혼미가 여러분을 힘들게 할 수 있다. 또한 이러한 어려움은 교사의 발달단계에 따라 다르게 경험될 수 있는데, 이러한 과정은 자연스러운 것이며 다양한 교육의 기회를 통해 극복될 수 있다. 캐츠(Katz, 1972)는 유아교사의 발달단계를 생존단계, 강화단계, 갱신단계, 성숙단계로 구분하였다.

- 생존단계: 유아교사로서 첫 1년간을 의미한다. 이 시기 교사는 유아교사로서 자신이 잘할 수 있을까에 대해 의문과 불안이 끊임없이 지속된다. 유아를 대상으로 교육과정 계획, 교수 · 학습 방법, 상호작용 등 유아교육과 관련된 문제들, 부모와의 원만한 관계를 위한 자신의 역할 등에 자신감을 가지기엔 교육 경력이 짧기 때문이다. 자칫 여러 가지 문제로 인해 유아교사로서의 직무를 포기할 수도 있다. 그러나 이것은 자연스러운 것이며 다른 유아교사들도 겪는 일이라는 것을 인

식하는 것이 중요하다. 이때 외부의 따뜻한 격려, 지원이 중요하며 실제적인 교수능력 향상을 위한 현직교육을 제공하는 것이 필요하다.

- 강화단계: 유아교사로서 2년에서 3년 정도의 시기를 의미한다. 이 시기는 생존단계인 1년간의 어려움을 극복한 후 어느 정도 유아교육에 대한 안정감과 여유를 가지게 되는 시기이다. 그래서 더 새롭고 발전적인 교육을 제공받는 데 관심을 가지게 된다. 따라서 이 시기 현직교육은 기초적인 교수 · 학습 능력에 관한 사항보다는 전문가, 동료 교사 등에 의한 새롭고 실제적인 교수 · 학습 경험을 제공하여 다양한 경험을 가질 수 있도록 지원하는 것이 필요하다.
- 갱신단계: 이 시기는 유아교사로서 3년에서 4년 정도의 시기를 의미한다. 이 시기에 유아교사는 반복적인 교육과정에 싫증을 낼 수 있으며 이를 극복하기 위해 새롭고 창의적인 교육과정 및 교수 · 학습 방법에 관심을 가질 수 있다. 따라서 이 시기 현직교육은 다양한 상황에서 이루어질 수 있는 비형식적 교수 · 학습 과정에 대해 경험할 수 있도록 지원하는 것이 필요하다. 이를 위해 정형화된 연수과정보다 현대적 경향을 제시하는 학술대회, 학술지 등을 권유하는 것도 유용하다.
- 성숙단계: 이 시기는 유아교사로서 완전한 자신감과 경험을 갖추게 되는 시기이다. 보통 5년 이상이어야 가능하다. 이 시기 유아교사는 완전한 자신감을 가지게 되었으나 유아교사로서 더 발전적인 능력을 갖추기 위한 욕구를 강하게 가지게 되는데 이를 극복할 수 있는 방법으로 리더로서의 자질 향상을 위한 교육을 지원하거나 전문가, 동료 교사 등과 함께하는 자기장학을 실시함으로써 더욱 발전할 수 있다.

이렇게 유아교사로서의 역할을 잘 수행하기 위한 관심과 고민은 발달단계에 따라 다르게 경험될 수 있으나 개인적 차이는 있으므로 자신의 고민이 무엇인지 파악하고 이를 해결하기 위한 노력이 필요하다.

1) 유치원 교사를 대상으로 한 현직교육

유치원 교사를 위한 현직교육은 교육 장소에 따라 원내교육과 원외교육으로 분류할 수 있으며, 교육 주체에 따라 외부기관 중심의 현직교육, 학교 자체 현직교육, 개인중심 현직교육이 있고, 외부기관 중심의 현직교육은 정부기관 중심, 유치원 중심, 개인중심으로 분류할 수 있다(고미라, 2000; 김옥련, 1985; 임재택, 1987).

「초 · 중등교육법」 제21조에 의한 기관중심 연수는 외부기관에서 진행되는 것인 만큼 교육과정, 교수 · 학습 방법이 유아교사 개인의 흥미나 관심을 반영하기보다는 필요한 내용을 지시적으로 전하는 경향이 강하다. 기관중심 교육에는 자격연수, 일반연수, 직무연수, 특별연수, 해외연수가 있다.

첫째, 자격연수는 상위 자격을 취득하기 위한 연수이다. 유아교사는 2급 정교사 자격을 취득한 후 3년 교육 경력을 지니면 1급 유아교사 자격을 취득할 수 있는 자격연수 대상이 된다. 자격연수는 보통 180시간 이상의 프로그램을 운영하고 있으며, 이를 통해 1, 2급 유치원 정교사, 원감, 원장 등 상위 자격의 취득이 가능하다.

둘째, 일반연수는 교육의 이론과 실제, 방법 등에 대한 일반적인 내용을 통해 유아교사의 교양과 전공 관련 지식을 높이기 위한 것이다. 보통 방학 중 이루어지며 다양한 시간 운영대로 진행된다.

셋째, 직무연수는 유아교사로서 현장에 직접 투입되어야 하는 기술적 능력 향상을 위해 진행된다. 시 · 도 지역의 교육청 및 연수원을 중심으로 진행되며, 신규 교사, 경력 교사, 주임교사, 원감, 원장 대상 교육 등 유아교사의 직급별, 경력별 연수가 보통 일주일 이내로 이루어진다.

넷째, 특별연수란 교육부 장관, 교육감의 교원대상 특별교육 계획에 의해 이루어지는 교육을 의미한다. 단기, 장기로 이루어질 수 있으며 보통 국가에서 지정한 특별연수기관에서 위탁받아 이루어진다.

다섯째, 해외연수는 국외에서 이루어지는 연수로 직무관련 우수기관 탐방 등을 통한 벤치마킹이나 특별한 교육을 이수하기 위해 진행된다. 해외연수이므로 주로 방학 중 이루어지는 경우가 많으며 10일 이내의 단기, 5주 이상의 장기로 다양하게 이루어질 수 있다.

유아교사를 위한 현직교육은 위에서 살펴본 외부기관 연수 이외에 원내 장학 및 교육을 통해서도 이루어질 수 있으며 개인적으로 사설 기관의 유아교육 및 개인적 성장을 위한 자격증 취득 교육과정을 이수할 수 있다. 중요한 것은 이러한 유아교사 현직교육에 대해 관심을 가지고 교사로서의 발전을 위해 노력하는 자세를 갖는 것이다.

2) 어린이집 교사를 대상을 한 현직교육

어린이집 교사 및 원장 대상 교육은 모두 보수교육으로 이루어지는데 크게 직무교육과 승급교육, 원장 사전직무교육으로 구분된다. 직무교육은 교사와 원장을 대상으로 일반직무교육과 특별직무교육으로 구분되며, 승급교육은 어린이집 교사를 대상으로 상위 자격 취득을 위해 진행된다. 어린이집 원장이 되고자 하는 사람은 원장 사전직무교육을 이수해야 한다.

일반직무교육은 어린이집 교사와 어린이집 원장을 대상으로 기본교육, 심화교육으로 40시간 진행되며 3년마다 재교육을 받아야 한다. 특별직무교육은 영유아 대상별 교육으로 영아보육, 장애아보육, 방과후 보육에 관한 이론과 실제를 진행하며 80시간으로 구성된다. 승급교육 이수 후 소정의 시험을 거쳐 상위 자격을 취득할 수 있는데 80점 이상의 평가 시험 성적을 획득하지 못하면 자격 취득을 할 수 없고 재시험 또는 추후 다시 승급교육에 임해야 한다.

〈표 8-7〉 어린이집 교사 및 원장 대상 보수교육

교육 구분			교육대상	교육시간	비고
직무교육	일반직무교육	보육교사	현직에 종사하고 있는 보육교사로서 보육업무 경력이 만 2년을 경과한 자와 보육교사 직무교육(승급교육 포함)을 받은 해부터 만 2년이 경과한 자	40시간	3년마다
		원장 신규	현직에 종사하고 있는 원장으로서 어린이집 원장의 직무를 담당하는 첫해에 해당하는 자	40시간	원장 첫해
		원장	어린이집의 원장의 직무를 담당한 때부터 만 2년이 지난 경우	40시간	3년마다
	특별직무교육	영아보육	영아보육을 담당하고 있는 일반직무교육 대상자와 영아보육을 담당하고자 하는 보육교사 및 어린이집 원장	40시간	이수하고자 하는 자
		장애아보육	장애아보육을 담당하고 있는 일반직무교육 대상자와 장애아보육을 담당하고자 하는 보육교사 및 어린이집 원장	40시간	이수하고자 하는 자
		방과후보육	방과후 보육을 담당하고 있는 일반직무교육 대상자와 방과후 보육을 담당하고자 하는 보육교사 및 어린이집 원장	40시간	이수하고자 하는 자

승급 교육	2급 승급교육	보육교사 3급의 자격을 취득한 후 보육업무 경력이 만 6개월이 경과한 자(2014년 3월 1일부터는 보육교사 3급의 자격을 취득한 후 보육업무 경력이 만 1년이 경과한 자)	80시간	이수하고자 하는 자
	1급 승급교육	보육교사 2급의 자격을 취득한 후 보육업무 경력이 만 2년이 경과한 자 및 보육교사 2급의 자격을 취득한 후 보육 관련 대학원에서 석사 학위를 취득한 경우 보육업무 경력이 만 6개월이 경과한 자	80시간	이수하고자 하는 자
원장 사전 직무 교육	-	「영유아보육법 시행령」[별표 1] 제1호의 가목부터 라목(일반, 가정, 영아전담, 장애아전담 어린이집 원장)까지 어느 하나의 자격을 취득하고자 하는 자	80시간	이수하고자 하는 자

4. 유아교사와 교사윤리

윤리(ethics)란 희랍어의 ethos에서 유래되었으며 라틴어의 mores에 기원을 두고 있는 도덕(moral)과 같이 사용되고 있다. 도덕은 풍속, 관례, 관습에서 유래된 말이며 윤리적 행동, 도덕적 행동이란 풍속, 관습에 따른 행동을 의미한다(박수진, 2009).

유아교사는 외부 자극에 민감한 시기에 있는 유아를 대상으로 교육하는 자로서 유아교사의 인성과 태도는 유아의 인성과 태도에 직접적인 영향을 미친다. 따라서 유아교사의 인성과 태도에 영향을 미치는 교사 자신의 도덕적 사고인 윤리성은 매우 중요한 인성의 근본 뿌리라고 볼 수 있다. 이러한 윤리성은 유아교사가 되기 이전부터 지닌 도덕적 사고와 유아교사가 되고 난 이후 경험을 통해 계속 변화되는 도덕적 사고가 있을 것이다. 물론 유아교사가 되기 이전 지닌 도덕적 윤리성도 매우 중요하지만 계속적인 반성적 사고를 통해 유아교사로서의 도덕적 윤리성을 바람직한 방향으로 키워 나가는 것도 매우 중요하다.

따라서 유아교사가 유아를 교육하면서 마땅히 해야 할 일이나 규범을 명시한 유아교사 윤리에 대한 내용을 숙지하고 실천할 수 있도록 계속적으로 노력하는 자세를 갖는 것이 중요하다.

1) 유아교사 윤리의 중요성

유아교사는 전문직으로 유아를 대상으로 교육하기 위한 이론적 · 실제적 지식을 갖추고 개인의 이익을 추구하기보다 사회적 이익과 사회에 대한 봉사를 우선하는 윤리적 신념을 지니는 것이 중요하다.

윤리란 그 사회에서 받아들여지는 보편적인 도덕적 사고, 행동, 태도를 의미한다. 보편적 도덕성에 위배되었을 때 사회적 지탄을 받거나 스스로 괴로울 수 있지만 법적 강제력은 없을 수도 있기에 윤리적 측면은 개인의 철학, 신념과 연결된 양심의 문제라고 볼 수 있다. 한 개인이 갖는 윤리성은 개인의 문제라고 볼 수도 있을 것이나 한 직업군에서 가져야 하는 윤리성은 결코 개인의 차원에서 끝나지 않기 때문에 직업적 윤리의식을 갖는 것은 매우 중요하다. 유아교사 윤리의 중요성을 살펴보면 다음과 같다.

첫째, 유아교사의 윤리적 판단은 어린 유아의 도덕성 발달에 영향을 미친다. 유아교사는 유아 간 갈등 상황을 해결하거나 유아의 행동에 대한 판단을 통해 바람직한 결과가 도출될 수 있도록 하기 위한 판단을 해야 하는 의사결정자로서의 역할을 한다. 이러한 판단은 유아의 갈등에 대한 사고, 판단, 행동을 결정하는 데 중요한 영향을 미친다. 따라서 유아교사는 항상 자신의 도덕적 판단이 유아의 도덕적 사고에 영향을 미친다는 것을 알고 바른 윤리의식을 가지고 행동해야 함을 인식하는 것이 중요하다.

둘째, 유아교사의 윤리적 행동과 태도는 유아의 부모와 신뢰할 만한 관계를 형성하는 중요한 요인이다. 유아교사는 영유아의 부모와 밀접하고 신뢰할 만한 관계를 통해 가정과 기관이 일관성 있는 교육 철학과 방법을 구현하여 유아교육을 바람직한 방향으로 이끌 수 있도록 노력해야 한다. 부모와의 신뢰할 만한 관계 형성은 교사의 언어적 · 비언어적 행동에 대한 부모의 인식 등으로 이루어질 수 있고 이것은 교사의 윤리적 사고와 판단에 기초하여 나타나므로 유아교사의 윤리적 행동과 태도는 매우 중요하다.

셋째, 유아교사의 윤리적 행동과 태도는 동료 교사와의 원만한 관계 형성을 위한 중요한 요인이다. 동일한 장소에서 매일을 함께해야 하는 동료 교사는 유아교사의 공적 · 사적인 부분에 영향을 미친다. 동료 교사와 원만한 관계를 유지함으로써 교육적으로 지원을 받거나 심리적 · 정서적인 지지를 구할 수 있다. 동료 교사와의 관계 형성을 원만하게 하기 위한 기본적인 소양이 바로 유아교사 개인의 윤리적 행동이므로 이에 대한 중요성을 인식하는 것이 필요하다.

넷째, 유아교사의 윤리적 판단은 유아교사 개인의 발전을 위해 중요한 요인이 된다.

유아교사의 윤리는 개인적 차원이 아닌 직업적 차원으로 끊임없이 반성적 사고를 통해 유아교사로서의 바른 판단과 행동을 위한 윤리적 사고를 갖추는 것은 결국 교사로서의 발전적 결과를 도모할 수 있다.

2) 유아교사 윤리강령

윤리강령이란 특정 전문직에 종사하는 사람들에게 사회가 기대하는 규범을 선언적 문장의 형태로 제시한 글을 말한다. 1966년 유네스코에서 교원의 지위에 관한 권고 초안을 발표하였는데 여기서 교직이 전문직이라는 것과 교사가 해야 할 업무한계의 명시와 교사의 윤리적 행동적 기준을 정리하였다. 미국교육협회(NEA)는 1870년 창설 이래 1929년 교사의 윤리강령을 제정하고 1975년 대의원 총회에서 교직윤리강령을 채택하여 지금까지 유지하고 있다(박수진, 2009에서 재인용).

미국교육협회(NEA) 윤리강령 서문

교육자는 모든 개별 인간의 가치와 존엄을 믿는 가운데, 진리의 추구, 수월성에의 헌신, 민주주의 원리의 구현이 최고의 중요성을 가짐을 안다. 이러한 목적을 위해서는 배움의 자유와 가르침의 자유를 보호하고 만인에 대한 평등한 교육기회를 보장하는 일이 필수적이다. 교육자는 최상의 윤리적 기준에 충실해야 한다는 책임을 받아들인다.
교육자는 가르치는 과정 속에 내재된 책임의 중대성을 인지한다. 동료, 학생, 학부모, 지역 주민으로부터 존경과 신뢰를 얻는 데에는 최상의 윤리적 행위가 요청된다.
교직윤리강령은 모든 교육자의 소망을 나타내며, 그들의 행위를 판단할 기준을 제시한다.

미국의 경우 1989년 유아교사를 대상으로 윤리강령을 제시하였고(Feeney & Kipnis, 1989) 미국유아교육협회(National Association for the Educational Young Children: NAEYC)가 유아교육 분야에서 윤리강령을 승인하여 제정 · 공포하였으며 2005년에 이를 교사와 유아교육 행정가를 대상으로 하는 윤리강령을 분리하여 재개정하였다. 개정된 윤리강령의 주요 초점은 0~8세의 아동을 위한 프로그램에서 유아의 가족에 대한 일상적 실천에 맞추어져 있다. NAEYC에서 제정한 윤리강령을 보면 교직에서의 책임성의 개념을 네 개의 범주로 나누었는데, 첫째, 유아에 대한 윤리적 책임, 둘째, 가정에 대한 윤리적 책임, 셋째, 동료 교사 및 기관에 대한 책임, 넷째, 사회에 대한 책임으로 제시되어 있다(양경혜, 2012에서 재인용).

우리나라는 2010년 유아교육선진화위원회, 유아교수협의회를 비롯한 유아교육단체가 공동으로 '유치원 교사 헌장'과 '유치원 교사 윤리강령'을 제정 · 공포하였으며 유치원 교사 헌장은 유아교육의 중요성과 유아교사의 역할 및 사명에 대해 선언하고 나아갈 바를 다섯 가지로 제시하고 있다(유아교육선진화위원회, 2010)

유치원 교사 헌장

유아교육은 유아의 삶에 초석이 되며, 우리 사회와 국가의 미래를 결정한다.
우리는 국민의 생애초기 교육을 책임지며 사회로부터 존경받는 교사로서 자신을 연마하고 소명의식을 가지고 유아교육전문가로서 가야 할 길을 밝힌다.

1. 우리는 유아를 사랑하고 개성을 존중하며 전인발달을 지원하고 평화로운 교실문화를 조성한다.
2. 우리는 미래지향적이며 질 높은 교육을 계획하고 실천하여 교육자로서 책임을 다한다.
3. 우리는 가정에 대한 이해와 연대를 강화하여 교육복지 사회 구축에 공헌한다.
4. 우리는 사회의 변화와 요구에 부응하여 유아교육의 혁신과 발전을 위해 노력한다.
5. 우리는 교육자로서의 품위를 유지하고 부단한 자기개발을 통해 유아교육 전문가로서의 위상을 갖춘다.

한국보육시설연합회에서는 2010년 '보육시설장 · 교사를 위한 윤리강령'을 제시하였는데 주요 내용은 다음과 같다.

보육시설장 · 교사 윤리강령

보육은 영유아를 건강하게 양육하고 안전하게 보호하며 발달 특성에 적합한 교육을 제공하는 복지서비스이며 보육인은 사랑과 존중과 전문지식을 바탕으로 영유아의 전인적 성장에 영향을 미치는 전문직업인이다. 그러므로 보육인은 윤리적 의식과 태도를 가지고 사회적 본분에 임해야 한다.
이에 보육시설장과 보육교사는 스스로 책무성을 발현하여 윤리강령을 제정함을 밝힌다.
본 강령을 직무수행의 규준으로 삼아 보육현장에서 발생하는 윤리적 갈등을 해결하고 생존권 · 보호권 · 발달권 · 참여권 등 영유아의 권리를 보장함으로써 직무상의 윤리적 책임을 다하여 전문직업인으로서의 위상을 공고히 하고자 한다.
더불어 영유아와 그 가정 동료와 사회의 존엄성을 존중하는 보육의 실천으로 다각적인 신뢰를 구축하고 영유아의 잠재력을 최대한 발휘시킴으로써 영유아가 긍정적인 자아개념을 형성하고 유능한 사회인으로 성장할 수 있도록 도와 궁극적으로는 영유아와 그 가정 동료와 사회의 통합 보육은 영유아를 건강하게 양육하고 안전하게 보호하며 발달 특성에 적합한 교육을 제공하는 복지서비스이며 보육인은 사랑과 존중과 전문지식을 바탕으로 영유아의 전인적 성장에 영향을 미치는 전문직업인이다. 그러므로 보육인은 윤리적 의식과 태도를 가지고 사회적 본분에 임해야한다.

이에 보육시설장과 보육교사는 스스로 책무성을 발현하여 윤리강령을 제정함을 밝힌다.

본 강령을 직무수행의 규준으로 삼아 보육현장에서 발생하는 윤리적 갈등을 해결하고 생존권 보호권 · 발달권 · 참여권 등 영유아의 권리를 보장함으로써 직무상의 윤리적 책임을 다하여 전문직업인으로서의 위상을 공고히 하고자 한다.

더불어 영유아와 그 가정 동료와 사회의 존엄성을 존중하는 보육의 실천으로 다각적인 신뢰를 구축하고 영유아의 잠재력을 최대한 발휘시킴으로써 영유아가 긍정적인 자아개념을 형성하고 유능한 사회인으로 성장할 수 있도록 도와 궁극적으로는 영유아와 그 가정 동료와 사회의 통합적 · 이상적 복지실현에 기여하고자 한다.

제I장 영유아에 대한 윤리

1. 영유아에게 고른 영양과 충분한 휴식을 제공하여 몸과 마음이 건강한 사람으로 자라도록 돕는다.
2. 성별, 지역, 종교, 인종, 장애 등 어떤 이유에서도 영유아를 차별하지 않고 공평한 기회를 제공한다.
3. 영유아는 다치기 쉬운 존재임을 인식하여 항상 안전하게 보호한다.
4. 영유아에 대한 정서적 · 언어적 · 신체적 학대를 행하지 않는다.
5. 시설 내외에서의 영유아 학대나 방임을 민감하게 관찰하며 필요한 경우 관련기관 '아동보호전문기관' 등에 보고하고 조치를 취한다.
6. 영유아의 인격을 존중하고 개인의 잠재력과 개성을 인정한다.
7. 개별적 상호작용 속에서 영유아의 요구를 수용하기 위해 노력한다.
8. 영유아의 사회 · 정서 · 인지 · 신체발달을 통합적으로 지원하는 보육프로그램을 실시한다.
9. 특별한 도움을 필요로 하는 경우 전문가와 협력하여 영유아의 입장에서 최선의 대안을 찾는다.
10. 보육활동을 계획 · 실행 · 평가하는 모든 과정에 영유아의 흥미와의 의사를 반영한다.
11. 영유아의 개인적 기록과 정보에 대해 비밀을 보장한다.

제II장 가정에 대한 윤리

1. 상호 신뢰를 바탕으로 영유아의 가정과 동반자적인 관계를 유지한다.
2. 각 가정의 양육가치와 의사결정을 존중한다.
3. 경제적 수준 · 가족형태 · 지역 · 문화 · 관습 · 종교 · 언어 등 어떤 것에 의해서도 영유아의 가정을 차별대우하지 않는다.
4. 보육활동 및 발달상황에 관한 정보를 정확하게 제공하여 영유아에 대한 가정의 이해를 돕는다. 다문화 · 심신장애 등으로 의사소통에 도움이 필요한 경우 문제를 해결할 최선의 방법을 도모한다.
5. 시설운영 전반에 관한 정보를 공개하여 영유아 가정의 알 권리에 응한다.
6. 보육프로그램과 주요 의사결정에 영유아의 가정이 참여하도록 안내한다.

7. 필요한 사회적 지원 전문서비스 등 관련 정보를 제공하여 영유아 가정의 복리증진을 돕는다.
8. 영유아 가정의 사생활을 보호하고 익명성을 보장한다.

제Ⅲ장 동료에 대한 윤리

[보육시설장]

1. 최상의 보육서비스 제공에 필요한 인적 · 물적 환경의 조성 및 유지를 위해 노력한다.
2. 보육교사를 신뢰하고 존중하며 전문성과 자율성을 인정한다.
3. 성별 · 학연 · 지연 · 인종 · 종교 등에 따라 보육교사를 차별하지 않는다.
4. 업무관련 의사결정이 필요한 경우 보육교사의 의견 개진기회를 보장한다.
5. 보육교사에게 지속적 재교육 등 전문적 역량 제고의 기회를 부여한다.
6. 보육교사에게 적정 수준의 보상 · 보험급여 등을 안정적으로 제공하며 복지증진에 힘쓴다.
7. 보육교사 개인의 기록과 정보에 대한 비밀을 보장한다.

[보육교사}

1. 존중과 신뢰를 바탕으로 협력하며 서로의 전문성과 자율성을 인정한다.
2. 상호 간 역량계발과 복지증진에 부합하는 근무환경이 되도록 힘쓴다.
3. 시설장 및 동료와 영유아 보육에 대한 신념을 공유한다.
4. 보육교사로서의 전문성 향상을 위해 스스로 노력한다.
5. 시설 내에서 영유아 및 보육교사의 인권과 복지를 위협하는 비윤리적 사태가 발생한 경우 법률규정이나 윤리기준 '한국보육시설연합회 윤리강령위원회' 참조에 따라 조치를 취한다.

제Ⅳ장 사회에 대한 윤리

1. 공보육에 대한 책임을 인식하고 항상 질 좋은 보육서비스를 제공한다.
2. 영유아의 안전을 위협하는 환경이나 정책이 발견될 시 관계기관과 협의하여 개선한다.
3. 공적 책임이 있는 시설로서 재정의 투명성을 유지하고 부정한 방법으로 사적 이익을 취하지 않는다.
4. 영유아의 권익보호를 위해 관련 정책결정 및 법률 제정에 적극 참여하며 사회적으로 이를 널리 알리는 데 앞장선다.
5. 지역사회 실정에 맞는 시설의 책임과 역할을 인지하고 실천하고자 노력한다.

활동해 봅시다

1. 유아교사의 역할을 잘 표현하고 있는 영화 한 편씩을 선정하여 시청한다.

2. 시청한 영화에서 표현된 유아교사의 역할에 대해 토의한다.

CHAPTER 09

부모교육과 지역사회 연계

▶▶ 학습목표

1. 부모교육 및 지역사회 연계의 개념 및 필요성을 인식한다.
2. 부모교육 및 지역사회 연계에 대한 구체적인 적용방안을 이해한다.

아이 한 명을 키우는 데 마을 전체의 관심과 지원이 필요하다는 말이 있듯이 유아를 위한 교육의 효과를 극대화하기 위해서는 유아교육기관뿐만 아니라 유아의 가족 그리고 지역사회가 동반자적 관계를 이루는 것이 중요하다.

이 장에서는 유아교육기관에서 이루어지는 부모교육의 다양한 유형과 지역사회 연계에 관한 실제 사례를 중심으로 살펴보고자 한다.

1. 부모교육

1) 부모교육의 필요성

유아교육기관에서 이루어지는 교육이 가정에서 양육하는 방법과 일관성 및 연속성이 있을 때 유아는 안정감을 느끼며 교육의 효과도 크다. 그러므로 기관과 가정은 상호존중과 함께 유아를 중심으로 가정과 원활한 의사소통이 이루어져야 한다. 이를 위해 유아교육기관은 다양한 부모교육 및 참여의 기회를 제공한다. 부모교육 시 부모들의 참여율을 높이고자 학년 초 부모들에게 연간 부모교육 계획안을 수립하여 공지한다. 연간 부모교육 프로그램의 예를 제시하면 〈표 9-1〉과 같다.

〈표 9-1〉 연간 부모교육 프로그램의 예

시기	방법	내용
3월	부모회	학부모 운영위원회 구축
4월	부모상담 강연회	학부모 개별 면담 뇌발달과 놀이의 중요성
5월	가족참여 행사	가족의 날 행사

6월	워크숍	가정에서 놀이할 수 있는 교재 · 교구 제작 및 활용
7월	강연회	자녀의 권리존중과 부모역할 훈련
7~9월	부모 참여수업	연령별 부모 참여수업
9월	집단면담	자녀 양육의 어려움 및 대처방안
10월	가족참여 행사	민속의 날 행사
11월	부모 개별 면담 바자회	학부모 개별 상담 지역사회 참여 바자회
12월	성탄잔치	가족과 놀이와 공연
1월	강연회	응급처치(전문강사 초청)
2월	학부모 오리엔테이션	유치원 운영계획 안내 유치원 생활안내(신입원아)

2) 가정과의 의사소통을 위한 방법

유아의 발달을 이해하고 촉진시키기 위해서는 부모와 교사 간 일관성 있는 교육을 해야 하며, 이를 위해 유아교육기관은 가정과 긴밀한 의사소통을 해야 한다. 등 · 하원 시 부모와 교사 간 짧은 대화, 전화, 이메일, 일일보고서나 알림장, 가정통신문, 게시판 등 유아교육기관의 상황과 부모의 형편에 따라 다양한 방법을 사용할 수 있다. 이를 구체적으로 살펴보면 다음과 같다.

(1) 일일보고서나 알림장

부모와 교사는 유아에 대한 정보를 지속적으로 교환하기 위해 등 · 하원 시간에 정보를 주고받을 수 있도록 일일보고서나 알림장을 준비한다. 부모는 일일보고서에 유아의 도착시간과 귀가 예정시간, 귀가할 때 데리러 올 사람을 기록하거나 유아의 건강 및 심리 상태 등 교사에게 특별히 전달할 사항을 기록한다. 또한 교사는 유아교육기관에서 진행했던 유아의 놀이 유형 및 식사 등 특이한 사항이 있을 경우 부모에게 전달할 내용을 간략히 기록한다.

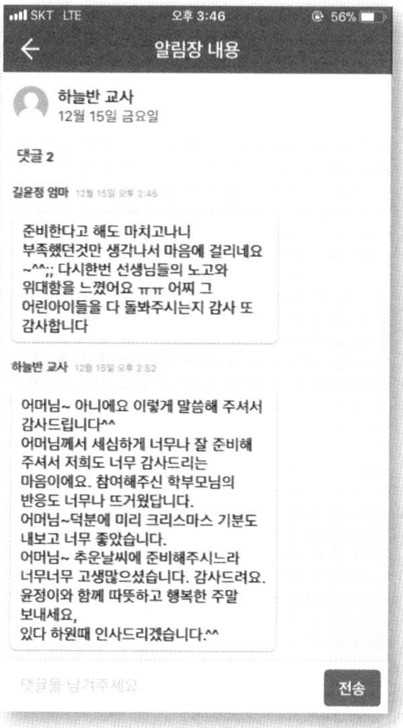

대화수첩

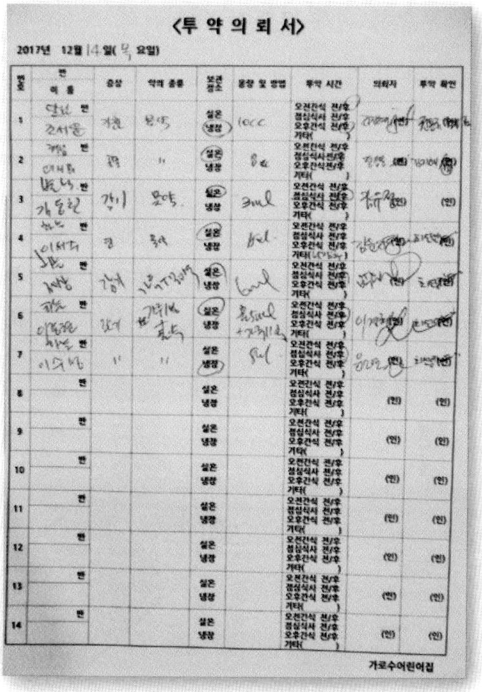
〈투 약 의 뢰 서〉

2017년 12월 14일(목 요일)

번호	반 / 이름	증상	약의 종류	보관장소	용량 및 방법	투약 시간	의뢰자	투약 확인
1	반			실온 냉장	10cc	오전간식 전/후 점심식사 전/후 오후간식 전/후 기타( )		
2	반			실온 냉장		오전간식 전/후 점심식사 전/후 오후간식 전/후 기타( )		
3	반			실온 냉장	3ml	오전간식 전/후 점심식사 전/후 오후간식 전/후 기타( )	(인)	(인)
4	반			실온 냉장		오전간식 전/후 점심식사 전/후 오후간식 전/후 기타( )		
5	반			실온 냉장		오전간식 전/후 점심식사 전/후 오후간식 전/후 기타( )		
6	반			실온 냉장		오전간식 전/후 점심식사 전/후 오후간식 전/후 기타( )		
7	반			실온 냉장		오전간식 전/후 점심식사 전/후 오후간식 전/후 기타( )		
8	반			실온 냉장		오전간식 전/후 점심식사 전/후 오후간식 전/후 기타( )	(인)	(인)
9	반			실온 냉장		오전간식 전/후 점심식사 전/후 오후간식 전/후 기타( )	(인)	(인)
10	반			실온 냉장		오전간식 전/후 점심식사 전/후 오후간식 전/후 기타( )	(인)	(인)
11	반			실온 냉장		오전간식 전/후 점심식사 전/후 오후간식 전/후 기타( )	(인)	(인)
12	반			실온 냉장		오전간식 전/후 점심식사 전/후 오후간식 전/후 기타( )	(인)	(인)
13	반			실온 냉장		오전간식 전/후 점심식사 전/후 오후간식 전/후 기타( )	(인)	(인)
14	반			실온 냉장		오전간식 전/후 점심식사 전/후 오후간식 전/후 기타( )	(인)	(인)

가로수어린이집

투약의뢰서

(2) 가정통신문

가정통신문은 유아교육기관에서 부모에게 정보를 제공하는 방법으로 가장 많이 사용하고 있는 형태이다. 가정통신문은 일반적으로 일주일에 한 번씩 가정에 규칙적으로 보내기도 하고 특별한 행사나 알려야 할 내용이 있을 때 추가적으로 보내게 된다. 가정통신문의 내용은 교육 프로그램 안내나 행사에 대한 공지 사항, 가정의 협조를 부탁할 내용이 있거나 부모에게 유익한 정보를 제공할 때 많이 활용된다. 가정통신문은 유아에게 직접 배부하는 것이 좋으며, 분실 및 기타의 이유로 배부받지 못

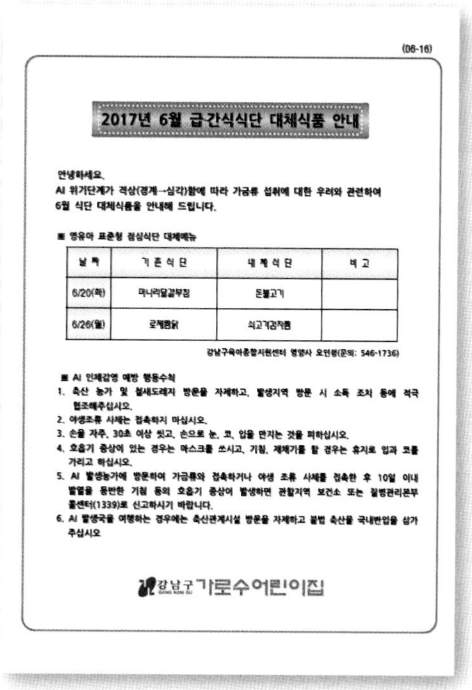
(06-16)

2017년 6월 급간식식단 대체식품 안내

안녕하세요.
AI 위기단계가 격상(경계→심각)함에 따라 가금류 섭취에 대한 우려와 관련하여
6월 식단 대체식품을 안내해 드립니다.

■ 영유아 표준형 점심식단 대체메뉴

날 짜	기존식단	대체식단	비 고
6/20(화)	미나리달걀부침	돈불고기	
6/26(월)	로제찜닭	쇠고기감자찜	

강남구육아종합지원센터 영양사 오인영(문의: 546-1736)

■ AI 인체감염 예방 행동수칙
1. 축산 농가 및 철새도래지 방문을 자제하고, 발생지역 방문 시 소독 조치 등에 적극 협조해주십시오.
2. 야생조류 사체는 접촉하지 마십시오.
3. 손을 자주, 30초 이상 씻고, 손으로 눈, 코, 입을 만지는 것을 피하십시오.
4. 호흡기 증상이 있는 경우는 마스크를 쓰시고, 기침, 재채기를 할 경우는 휴지로 입과 코를 가리고 하십시오.
5. AI 발생농가에 방문하여 가금류와 접촉하거나 야생 조류 사체를 접촉한 후 10일 이내 발열을 동반한 기침 등의 호흡기 증상이 발생하면 관할지역 보건소 또는 질병관리본부 콜센터(1339)로 신고하시기 바랍니다.
6. AI 발생국을 여행하는 경우에는 축산관계시설 방문을 자제하고 불법 축산물 국내반입을 삼가주십시오

강남구 가로수어린이집

가정통신문

한 부모를 위해 부모용 게시판에 게시한다. 최근에는 인터넷 홈페이지의 게시판 등에 공지하여 언제든지 참고할 수 있도록 한다.

(3) 게시판

부모에게 전달해야 하는 공지사항이나 정보가 있는 경우 유아교육기관 내 게시판에 부착하여 전달한다. 게시판 내용은 교육행사나 가정통신문, 자녀양육 정보, 부모협조 사항 등에 대한 내용이 일반적이다. 최근에는 부모와 교사가 SNS를 활용하여 실시간으로 정보를 주고받기도 한다.

부모용 게시판

3) 프로그램 참여를 통한 연계

유아교육기관에서 주관하는 다양한 프로그램에 부모들이 참여함으로써 자녀가 다니는 교육기관의 특성과 교육 방침을 이해하게 된다. 구체적인 프로그램으로는 신입원아를 위한 부모 오리엔테이션, 자녀양육에 도움이 되는 지식 또는 정보 제공을 위한 강연회나 워크숍, 수업 참관, 부모간담회, 가족행사 등이 있다.

(1) 신입원아 부모 오리엔테이션

학기 초나 입학 시 유아교육기관의 전반적인 운영 방침을 부모에게 소개함으로써 자녀가 앞으로 성장하게 될 교육기관에 대한 이해를 돕고, 교직원과 부모들이 서로 인사를 나눔으로써 상호 간의 신뢰와 친숙한 인간관계를 형성한다. 오리엔테이션 실시 시기는 입학식 전후가 좋으나 원의 특성을 고려하여 많은 부모가 참석할 수 있는 시기와 적절한 시간대를 선택하여 실시한다. 오리엔테이션을 위한 사전 준비로 안내문 발송 후 참석 여부를 확인하고, 원의 운영 방침을 소개하는 안내책자와 행사계획표 등을 준비한다. 안내책자에는 교육기관의 연혁, 운영 철학과 목표 등의 운영 방침, 교육내용, 적응 프로그램, 하루 일과, 건강 · 영양 및 안전 프로그램, 연간 주요 행사와 교직원 소개 등의 내용이 포함된다. 이러한 안내책자는 참석하는 부모 수만큼 준비하여 가정에서도 좀 더 자세히 참고할 수 있도록 준비한다. 그 밖에 신입원아 이름이 기재된 부모용 이름표, 교육 프로그램의 이해를 돕기 위한 비디오나 PPT 자료, 간식 등을 준비한다.

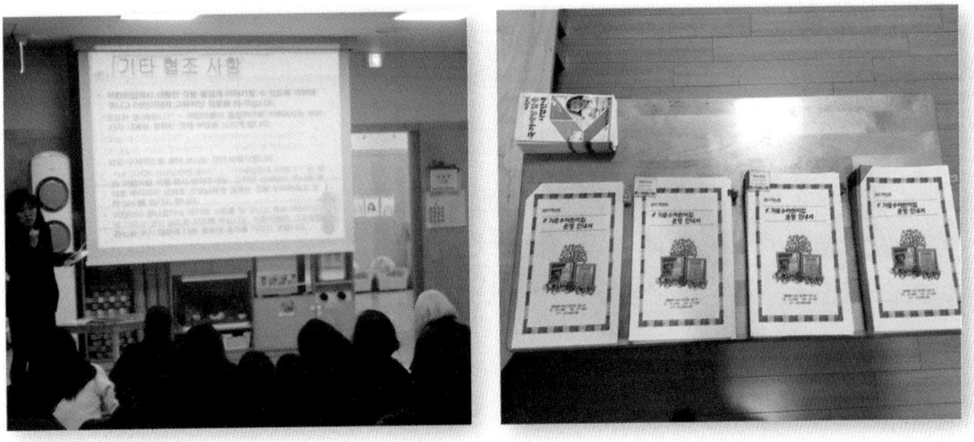

신입원아 오리엔테이션

(2) 강연회

강연회는 부모들에게 자녀양육 방법에 대한 여러 가지 지식이나 정보를 제공하는 데 유익한 방법이다. 강연회 주제는 다양하나 일반적으로 양육 방향 및 유아 발달에 관련된 것, 부모 자신의 요구와 성장에 도움이 되는 것, 유아교육기관 운영 전반에 대한 내용 등을 중심으로 선정한다. 강연회는 부모가 많이 참석할 수 있는 시간대에 편성하도록 하고 내용이나 실시 방법 역시 부모의 요구를 충분히 반영한다. 최근에는 대규모 강연회보다는 소집단 형태의 강연회가 활발하며 기관으로 '찾아가는 부모교육'이 활발하다.

부모교육 강연회

(3) 워크숍

워크숍은 어떤 일에 실제로 참여하여 배우고 실습하는 교육 프로그램의 일종으로 내용은 주로 집에서 유아와 함께 놀이할 수 있는 놀잇감 제작, 자녀와 함께 하면 좋은 게임 등의 참여활동이 이루어진다. 제작은 가급적 쉽고 간단하여 누구나 부담없이 참여할 수 있도록 하는 것이 좋다. 제작한 자료는 워크숍이 끝난 후집으로 가져가 활용할 수 있도록 한다. 그 밖에 부모의 취미활동을 위한 워크숍을 진행하기도 한다. 워크숍을 준비할 때 부모의 편리한 시간을 미리 조사하고 참석 여부를 확인한다.

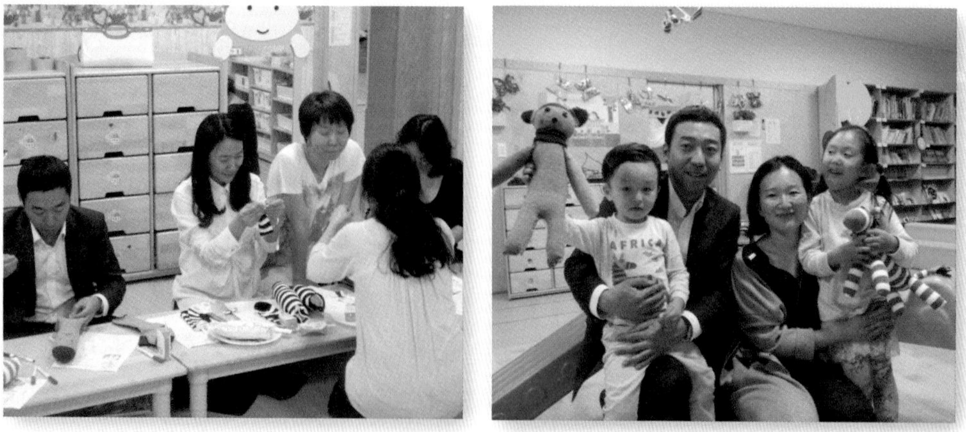

부모교육 워크숍(양말인형 만들기)

(4) 수업 참관

유아가 유아교육기관에 어떻게 적응하고 생활하는지 관찰하면서 부모로 하여금 자녀를 보다 더 잘 이해할 수 있도록 하기 위해 수업 참관을 진행한다. 유아교육기관에 관찰실이 있는 경우 일정한 시기를 정하지 않고 항상 개방하여 유아들을 참관하도록 하나 관찰실이 있더라도 크기가 작은 경우 소집단으로 나누어 실시한다. 만일 관찰실이 없는 경우 활동실에 부모들이 직접 들어가 수업을 참관해야 하므로 참관일을 정하여 부모를 기관에 초청하게 된다. 보다 교육적인 참관이 되도록 하기 위해서는 참관 전에 참관의 목적이나 내용, 주의 사항 등을 미리 알려 주고 이에 대한 질의를 받은 후 참관하도록 한다.

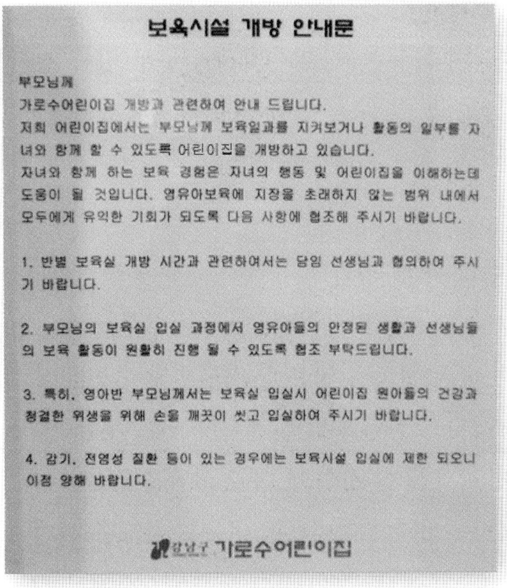
보육시설 개방 안내문

부모님께
가로수어린이집 개방과 관련하여 안내 드립니다.
저희 어린이집에서는 부모님께 보육일과를 지켜보거나 활동의 일부를 자녀와 함께 할 수 있도록 어린이집을 개방하고 있습니다.
자녀와 함께 하는 보육 경험은 자녀의 행동 및 어린이집을 이해하는데 도움이 될 것입니다. 영유아보육에 지장을 초래하지 않는 범위 내에서 모두에게 유익한 기회가 되도록 다음 사항에 협조해 주시기 바랍니다.

1. 반별 보육실 개방 시간과 관련하여서는 담임 선생님과 협의하여 주시기 바랍니다.

2. 부모님의 보육실 입실 과정에서 영유아들의 안정된 생활과 선생님들의 보육 활동이 원활히 진행 될 수 있도록 협조 부탁드립니다.

3. 특히, 영아반 부모님께서는 보육실 입실시 어린이집 원아들의 건강과 청결한 위생을 위해 손을 깨끗이 씻고 입실하여 주시기 바랍니다.

4. 감기, 전염성 질환 등이 있는 경우에는 보육시설 입실에 제한 되오니 이점 양해 바랍니다.

가로수어린이집

수업 참관 시 유의 사항 안내문

(5) 참여수업

참여수업이란 부모들이 자녀가 다니는 기관에 와서 직접 놀이활동이나 수업에 참여해 보는 활동이다. 이러한 경험은 부모들이 유아교육 프로그램의 특성과 자녀를 이해하는 기회가 된다. 일반적으로 부모들의 상황이나 교육 프로그램 특성에 따라 어머니 참여수업, 아버지 참여수업, 조부모 참여수업 등 대상을 구분하여 이루어지기도 하며 대상에 따라 진행할 활동을 선택하여 계획한다. 최근에는 자녀양육에서 아버지 역할의 중요성이 강조되어 아버지 참여수업이 활발하게 진행되고 있다. 예를 들면, 자녀와

부모 참여수업

조부모 참여수업

함께 산행하기, 자유놀이 활동하기, 교육기관의 하루 일과 경험하기 등의 프로그램을 실시할 수 있다.

(6) 부모 면담

부모 면담의 목적은 가정과 기관이 유아의 생활과 발달에 대한 의견을 교환함으로써 건전한 성장과 발달을 돕기 위함이다. 면담의 종류는 기간에 따라 정기적 또는 비정기적으로 구분되며, 집단의 크기에 따라 개별면담과 집단면담으로 나눌 수 있다. 일반적으로 한 학기 동안 1~2회의 면담을 계획하는데, 개별면담을 하는 경우 부모당 대략 15분 내외로 하며 교사가 한 유아에 대한 상담을 끝낸 다음 5분 정도 쉬는 시간을 두어 다른 유아의 상담을 준비할 수 있는 여유를 갖도록 한다. 그리고 구체적인 상담 일정표를 미리 공지함으로써 부모가 기관에서 무료하게 기다리는 일이 발생하지 않도록 유의한다. 집단면담은 가급적 부모의 관심과 요구에 따라 집단을 구분하여 구성하는 것이 효과적이며, 참석한 모든 부모가 이야기할 기회를 골고루 갖는 것이 중요하다. 학기 초에 이루어지는 면담은 부모와 교사가 긍정적 관계를 형성하며, 유아의 이전 경험에 대해 부모로부터 많은 정보를 듣는 것이 주목적이라면 학기 중간이나 학기 말에는 그동안 유아교육기관에 다니면서 유아의 생활과 발달에 대한 의견을 나누는 것이 주목적이다. 면담 장소의 환경을 정돈하여 아늑한 분위기에서 편안하게 대화할 수 있도록 하며, 면담 자리는 시야가 복잡하지 않고 정돈된 위치에서 하는 것이 좋다. 그리고 교사와 부모가 적절한 크기의 책상을 사이에 두고 마주 앉아 진행한다.

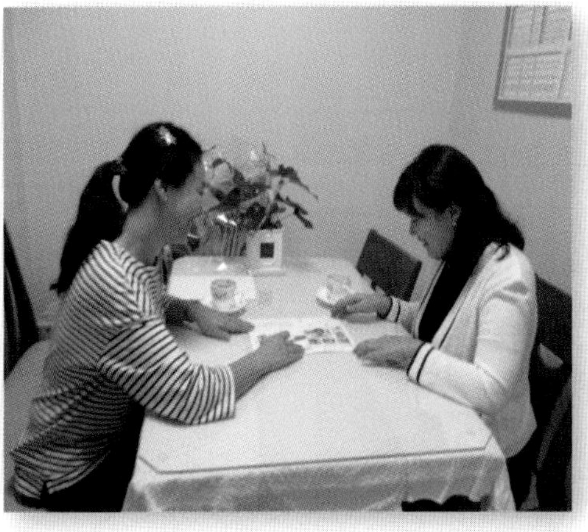

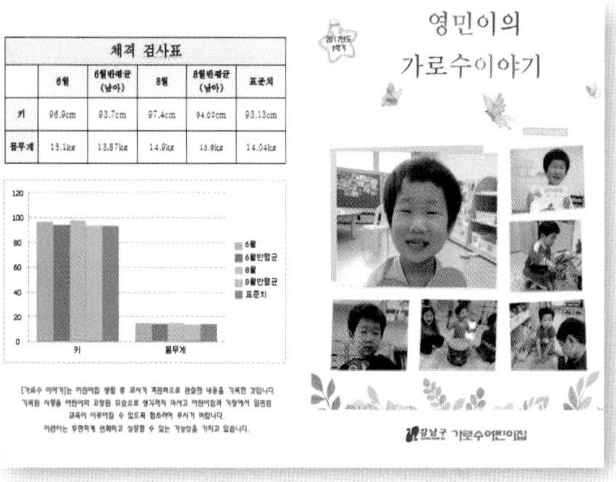

학부모 개별상담(왼쪽) / 개별평가일지(오른쪽)

개별면담 기간에 부모가 특별한 사정(맞벌이가정, 몸이 불편한 경우 등)으로 인하여 면담에 참석하지 못하는 경우, 별도로 시간을 내어 개별면담을 실시하여 유아에 대한 의견을 교환할 수 있도록 배려한다.

교사는 면담을 위해 각 유아에 대한 평가내용과 그동안 기관에 다니면서 수집해 놓았던 유아가 그린 그림, 글, 사진 등을 참고 자료로 준비하여 구체적인 생활에 대해 이해할 수 있도록 한다. 그리고 면담 시 잘 들어주고 적절하게 질문하는 것이 정보 제공이나 문제 해결 지원보다 더 중요하다. 면담 결과는 따로 기록·보관해 두어 교육 내용 및 방법 등에 반영한다.

부모 상담에서의 소통 가이드

- 부모의 자녀양육에 대한 고민과 어려움에 대해 공감과 이해를 표현하는가?
- 부모의 생각이나 판단에 대해 평가하지 않고 우선 수용하는가?
- 부모의 이야기를 경청하는가?
- 부모들이 편안하게 이야기할 수 있도록 분위기를 만들어 주는가?
- 부모를 인격적으로 존중하는가?
- 자녀의 이야기를 풀어낼 수 있도록 적절하게 질문하는가?

(7) 부모 간 교류

유아교육기관은 자녀양육의 경험담과 유아 활동 및 발달에 대한 정보 등을 다른 부

소집단 부모간담회

모들과 서로 의견을 나누고 정보를 교환할 수 있도록 다양한 기회를 마련하고 지원한다. 예를 들면, 학급별 또는 소집단 부모간담회, 신입원아와 재원 부모의 연결, 유아 등·하원 시 자동차 함께 사용하기, 부모와 유아가 함께 하는 견학 프로그램, 자원봉사 활동 함께 하기 등이 있다.

2. 지역사회 연계

1) 지역사회 연계의 필요성

유아교육기관은 유아를 위한 교육뿐만 아니라 지역사회와의 연계를 통해 공공기관으로서의 역할을 수행할 필요가 있다. 예를 들어, 지역사회 기관 및 주민들이 유아교육기관을 활용하거나 기관에서 이루어지는 각종 프로그램에 적극적으로 참여한다. 뿐만 아니라 유아교육기관이 지역사회 행사에 참여하고 자원을 활용함으로써 유아를 위한 보다 폭넓은 경험을 제공할 수도 있다. 그러므로 유아교육기관은 각 지역의 특성을 잘 반영하여 유아가 지역사회에 잘 적응하고 유아의 발달에 긍정적 영향을 미치도록 다양한 프로그램을 계획·운영하여야 한다.

지역사회와 상호협력 관계를 갖는 궁극적인 목적은 유아들이 지역사회에 대한 애정과 소속감을 갖게 하고 결국 유아에게 양질의 교육을 제공하는 데 있다. 구체적인 목표는 다음과 같다(김금주 외, 2018).

- 지역사회의 구성원과 상호작용하고 학습하는 과정을 통해 지역사회에 대한 이해가 증진된다.
- 지역사회 고유의 삶의 양식, 생활양식 등 문화적 체험을 통해 긍정적으로 유아의 사회화를 돕고 사회 적응력을 향상시킬 수 있다.
- 지역사회는 교육을 위한 수단인 동시에 교육의 장이 될 수 있으며 유아는 지역사회와의 긴밀한 상호작용을 통해 자신을 이해하고 발달해 나갈 수 있다.

이를 위해서는 먼저 유아교육기관은 기관이 위치한 지역사회의 특성을 잘 알아야 한다. 지역사회에서 이용할 수 있는 기관이 무엇인지, 주민들이 유아교육기관에 협조적인지, 도움을 요청하기 위한 절차 및 방법 등은 무엇인지 등을 사전에 충분히 파악할 필요가 있다. 그리고 지역사회에 맞게 유아교육기관의 운영 방침을 마련하거나 특성화된 교육 프로그램을 구성하여 원활한 연계가 이루어질 수 있도록 한다.

2) 지역사회와의 연계 유형

지역사회와의 연계를 통한 교육활동 내용은 주로 유아의 실생활 및 주변환경과 밀접한 관계가 있어야 한다. 유아가 지역사회의 인적·물리적 환경에 대해 보다 잘 이해할 수 있도록 협조기관과의 원활한 관계를 유지하고 지역사회의 자원을 이용한 프로그램과 활동 기회를 제공해야 한다. 지역사회와 연계할 수 있는 유형에 대해 구체적으로 살펴보면 다음과 같다.

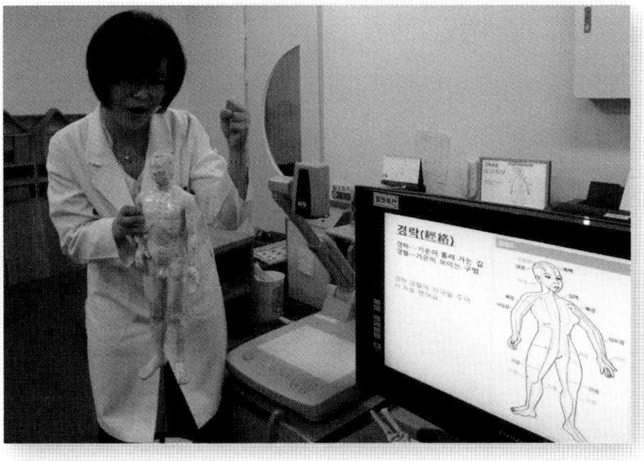

지역사회 인사 방문교육

자원봉사자 활동

(1) 지역사회 인적 활용

지역사회의 인적 활용이란 다양한 직업에 종사하는 분들이 유아교육기관의 교육활동에 참여하여 지원을 받는 것이다. 교육 주제 전개 시 소방관, 경찰관, 의사 등 다양한 직업관련 인사를 초청하여 유아들에게 지역사회 구성원의 역할과 특성을 이해하는 데 도움을 받을 수 있다. 또한 구강교육과 관련하여 보건소 치위생사 또는 인근 대학 관련학과에서의 도움을 받아 유아를 대상으로 한 올바른 칫솔법 등에 대한 교육을 실시할 수도 있다.

이러한 자원봉사활동은 유아가 지역사회 주민들과 상호작용할 수 있는 기회를 제공하여 유아들이 대인관계 경험을 풍부하게 하는 데 도움이 된다. 지역사회 인사의 자원봉사활동을 활용하기 위해서는 외부기관 간의 긴밀한 협력관계를 통해 필요한 자원봉사자를 모집하거나 지원을 받는다. 필요한 경우 신학기 오리엔테이션 또는 부모 간담회 시 부모 자원 활용 요청을 위한 설문을 통해 부모 자원봉사자를 확보하여 교육활동에 활용할 수 있는 방안을 모색한다.

자원봉사자는 기본적으로 자발적인 참여를 통해 유아들과의 만남이 이루어진다. 그러나 반드시 사전에 유아들과의 상호작용 시 유의 사항 등에 대한 교육을 실시하며 긍정적인 관계가 유지될 수 있도록 한다.

(2) 지역사회 기관 활용

지역사회 기관이나 시설을 활용하여 현장학습을 할 수 있다. 유아들이 이용할 수 있는 기관은 주변 소방서, 보건소, 경찰서, 어린이 교통공원, 사회복지관, 경로당, 도서

운전시험장 및 어린이 교통공원 견학

초등학교 견학

산림박물관 견학

관, 초등학교, 은행, 대형마트, 서점, 꽃집, 박물관 등이다. 이러한 기관 및 시설 등에 견학 가는 것은 유아들이 지역사회에 대한 이해를 할 수 있는 계기가 된다. 그러므로 교사는 현재 진행하고 있는 생활 주제나 활동내용과 관련된 장소를 견학장소로 선정하고 교육목표와의 연계성도 도모한다. 견학을 하는 구체적인 날짜가 정해지면 사전에 반드시 방문기관에 이용 가능한지 확인한 다음 필요한 경우 협조 공문을 발송하도록 한다. 특히 다른 기관에서도 많이 선호하는 견학장소(예: 유명한 놀이시설이나 박물관 등)는 좀 더 시간적인 여유를 가지고 예약할 필요가 있다. 또한 사전 답사를 통해 구체적으로 이용할 위치 및 준비해야 하는 사항, 장애물이 있는지 살펴보고, 소요시간(오고 가는 데 걸리는 시간 및 견학 시 소요시간)이 얼마나 되는지, 화장실의 위치, 비용, 안내자 유무 등을 꼼꼼히 파악한다. 유아들의 동선이 큰 경우 보조교사나 부모 자원봉사자의 도움을 받도록 한다. 견학 전에 교사는 부모로부터 견학에 관한 동의서를 받아야 하며 구급약품, 이름표, 비상연락망, 물티슈, 물, 간식, 휴지 등의 준비물을 마련한다. 견학 전날에는 활동 진행 내용이나 순서 등에 대해 최종 점검을 한다. 이때 체크리스트를 준비하면 준비 상황을 파악하는 데 용이하다. 유아들과는 견학 전에 견학에서의 유의 사항에 대해 토론하고, 견학 후에는 직접 체험한 것에 대해 확장활동을 함으로써 의미 있는 교육활동이 될 수 있도록 한다. 때로는 견학 시 도움을 주었던 관공서나 기관에 유아들이 만든 감사편지를 보낼 수도 있다. 교사들은 견학을 다녀온 후 견학장소로서 적절했는지, 역할 분담이 잘 이루어졌는지, 교육목표에 부합했는지 등에 대해 자체 평가를 하도록 한다.

이 밖에도 인근 지역사회 병원과 연계하여 응급 시 협조를 구하거나 병원의 의사나 간호사가 유아교육기관을 방문하여 건강검진에 도움을 줄 수도 있다. 또한 유아교육기관은 특별한 보호를 필요로 하는 유아가 있는지 파악할 필요가 있으며 가족 지원이 필요하거나 유아의 발달상 문제가 있는 경우 지역사회 복지관 또는 아동상담센터 등에서 도움을 받을 수 있도록 안내할 수 있다. 유아와 가족의 특별한 문제를 도와줄 수 있는 기관 및 전문가를 찾아가 도움을 구하도록 격려하면서 함께 문제를 해결하도록 노력한다. 효율적으로 유아와 가족을 돕기 위해서는 협조 가능한 분야, 목표, 시기, 담당자, 협조 및 도움 과정 등과 같은 항목을 구체적으로 기록하여 자료로 보관한다.

활동해 봅시다

1. 유아교육기관에 처음 방문한 부모와 이를 맞이하는 교사가 되어 역할극을 해 봅시다.

2. 유아교육기관의 연간 지역사회 연계 프로그램을 계획해 봅시다.

CHAPTER 10

유아교육평가

▶▶ 학습목표

1. 유아교육평가의 개념 및 중요성을 이해한다.
2. 유아교육평가 분야 및 내용을 인지한다.
3. 영유아 관찰 및 평가 능력을 갖춘다.

평가는 어떤 것의 가치를 부여하는 것이다. 교육평가는 교육의 목적, 교육내용 및 교수 · 학습 방법, 이를 지원하는 인적 · 물리적 환경 등의 우수성을 파악하는 과정이다. 유아교육평가는 유아의 발달, 유아교육기관의 인적 · 물리적 환경, 교육 프로그램 등 유아교육기관에서 유아의 성장과 발달을 위해 이루어지는 모든 교육활동 과정과 결과에 대한 포괄적이고 체계적인 가치부여 과정이다(보건복지부, 2012b).

1. 유아교육평가의 목적 및 필요성

다양한 분야에서 평가를 실시하는 목적은 평가를 통하여 향후 각 분야의 개선방안을 모색하는 것이다. 유아교육평가 역시 유아교육 전반에 걸친 다양한 분야에 대해 평가함으로써 유아교육의 발전적인 방향을 설계하는 것이 목적이다. 황해익(2009)은 유아교육평가의 목적은 유아의 전인적 성장을 돕기 위해 유아교육과 관련된 모든 형상과 과정의 효율성을 제고하는 것이며, 이를 통해 유아교육 프로그램의 성과, 유아교육을 지원하는 인적 · 물리적 환경의 개선을 이루고 궁극적으로 유아교육의 발전을 도모할 수 있다고 보았다. 유아교육의 궁극적 목적이 유아의 전인적 발달을 지원하는 데 있으므로 평가의 목적도 유아의 전인적 발달을 도모하기 위하여 실시되어야 한다. 따라서 평가가 어떤 것의 가치를 부여하고 이를 순위화하는 것이 일반적이지만, 유아교육 평가는 유아의 발달을 평가하여 순위화하는 것이 목적이 아니라 유아 개인의 발달을 지원하기 위한 평가가 되어야 한다. 즉, 유아 간 비교를 위한 평가가 아닌 유아 개별적 평가로 이루어져야 하는 것이 중요하다.

유아교육평가의 목적 및 필요성을 살펴보면 다음과 같다.

- 유아의 현재 발달 수준을 파악할 수 있다. 유아를 대상으로 한 신체, 언어, 인지, 사회, 정서 발달을 평가하여 유아의 행동 수준을 이해할 수 있다.

- 유아의 발달 수준에 기초한 교육과정을 계획할 수 있다. 유아의 발달 수준에 기초하여 각 영역별 발달을 도모할 수 있는 교육과정을 계획함으로써 발달에 적합한 교육활동을 제시할 수 있다.
- 유아 평가를 통해 교사는 학급 유아의 발달 수준을 파악할 수 있다. 교사는 유아 평가를 통해 학급 유아의 전반적 발달 수준을 파악함으로써 학급 유아의 발달 수준에 적합한 교육과정을 계획할 수 있다.
- 특별한 요구가 필요한 유아를 파악할 수 있다. 유아 평가를 통해 특별히 지원이 필요한 유아를 선별할 수 있으며 해당 유아의 발달과 특성을 이해하고 이에 적합한 교육과정을 계획할 수 있다.
- 교육과정 평가에 기초하여 다음 교육과정을 계획할 수 있다. 교사가 계획한 교육과정에 대해 유아의 발달 수준, 흥미, 능동적 활동 참여 정도, 목표달성 정도 등 다양한 측면에서 적절했는지를 평가한 결과에 기초하여 교사는 계속적인 반성적 사고를 하고 다음의 교육과정을 발전적으로 계획할 수 있다.
- 유아 평가는 부모 면담 시 유아를 이해할 수 있는 자료를 제공할 수 있다. 유아 평가 자료는 부모 면담 시 유아의 전반적 발달, 활동 참여 시 유아의 행동, 능동적 참여 정도, 또래관계, 유아교육기관에서의 생활 등을 공유하고 이해할 수 있는 자료로 활용할 수 있다.
- 교육과정 평가 자료는 유아교육기관의 평가 자료로 활용될 수 있다. 유아 평가, 인적 · 물리적 환경 평가, 프로그램 평가 등의 결과를 전시할 수 있으며 유아교육기관의 전반적 평가 결과는 기관 평가 자료로 활용되어 계속적으로 기관의 질을 관리할 수 있다.

2. 평가의 대상

유아교육의 평가 대상으로는 유아를 비롯한 교사, 부모, 유아교육 관련 행정가 등 여러 사람이 관련된다. 또한 이들은 평가의 대상이면서 평가의 주체이기도 하다(McAfee & Leong, 2010).

1) 유아

유아교육평가의 가장 핵심적인 대상이자 주체는 유아이다. 교사는 유아를 대상으로 신체, 언어, 사회, 정서, 인지 등 다양한 발달이 어떻게 이루어지고 있는지 알아보고 이를 기초로 유아를 위한 교육계획을 진행할 수 있다. 또한 평가의 과정에서 교사는 유아를 수동적 존재로 평가하는 것이 아니라 유아가 자신에 대해 어떻게 평가하고 있는지를 표현할 수 있는 기회를 제공해야 한다. 이와 관련된 대표적인 평가방법이 포트폴리오 평가방법으로, 유아 자신, 유아 활동, 유아의 작품 등에 대한 자기평가 자료를 포함하는 것이 기본적으로 요구된다.

2) 교사

교사는 유아를 평가하는 주체이지만 동시에 교사의 교육계획, 상호작용 등이 바람직하게 이루어지는지에 대해 알아보고자 할 때 평가의 대상이 된다. 또한 교사 평가를 통하여 교사의 정체감, 교직관 등을 반성적으로 사고할 수 있는 기회를 제공할 수 있다. 교사는 유아에 대해 평가하는 일차적인 평가자이면서(Harris, 1995) 평가에서 얻어진 자료를 활용하는 주체이다. 이 과정이 바람직하게 이루어지기 위해서 교사의 교직관, 유아교육에 대한 이론적 · 실제적 지식 등이 바르게 성립되어 있어야 하므로 교사를 대상으로 한 평가도 매우 중요한 부분이라고 할 수 있다.

3) 부모

유아교육기관에서 유아에 대해 평가하기 위해 가장 1차적인 자료를 제공받을 수 있는 대상이 부모이다. 부모는 최초의 유아 평가자이며 유아에 대해 가장 잘 이해하고 있는 주체이다. 교사와 부모는 유아에 대한 이해를 공유하고 유아의 발달을 지원할 수 있도록 서로 동반자, 협력자의 관계를 유지할 수 있어야 한다. 또한 유아교육기관과 가정에서의 유아 교육이 일관성 있게 이루어질 수 있도록 부모의 자녀관, 교육관, 양육태도 등에 대한 평가와 교육을 지원하여 부모가 자녀교육에 대해 반성적 사고를 할 수 있도록 기회를 제공해야 한다.

4) 행정가

유아 교육과 관련된 행정가는 평가의 대상, 내용, 방법 등을 연구하고 제시하여 평가가 타당하고 원활하게 이루어질 수 있도록 지원하는 주체이다. 어린이집 평가인증, 유치원 평가 등이 바로 행정기관의 행정가에 이루어지는 대표적인 국가 수준의 평가이다. 이러한 행정기관에 의해 이루어지는 평가를 확정하기 전에 평가도구, 내용, 방법 등에 대한 신뢰도, 타당도 및 실제적 적합성에 대해 평가하기 위해 공청회를 통해 사전 평가하는 것이 필요하다.

이상에서 살펴본 것과 같이 평가의 대상은 평가의 주체이기도 하다는 것을 인식하고 평가의 과정에 적극적으로 협력하여 참여하는 것이 중요하다.

3. 유아교육평가의 방법

1) 평가방법의 구분

평가는 크게 표준화된 검사도구에 의해 이루어지는 형식적 평가와 형식적 평가의 한계를 극복하기 위한 대안적 평가인 비형식적 평가로 나눌 수 있다. 표준화된 검사는 유아 발달, 교사-유아 간 상호작용, 교육 프로그램 효과 등 평가목적에 적합한 도구를 개발하여 한 번에 많은 인원을 대상으로 평가를 실시하는 방법으로 평가도구의 신뢰도와 타당도가 검증되어야 한다. 대부분 문자로 기술되어 있기 때문에 읽기, 쓰기가 능숙하지 못한 유아를 대상으로 한 평가로는 적합하지 않은 경우가 대부분이다. 표준화된 검사의 한계를 대신하기 위한 비형식적 평가방법으로 대안적 평가가 이루어졌다. 대안적 평가는 유아의 읽기, 쓰기 능력의 미숙함을 극복하고 유아의 개인차를 고려할 수 있는 방법으로 수행평가, 참평가 등이 대표적이다. 예를 들어, 신호등의 색깔을 인지하고 행동할 수 있는지를 알아보기 위해 신호등 모형을 만들어 신호등 색깔에 따라 유아가 수행하는 정도를 평가한다면 수행평가를 실시한 것으로 볼 수 있으며, 실제 횡단보도에서 신호등에 반응하는 유아의 행동을 평가한다면 참평가를 실시한 것이다.

유아를 대상으로 한 표준화된 검사는 유관기관에서 제작하여 배포한 다양한 검사도구가 있으며 비형식적으로 이루어지는 대안적 평가는 다양한 유아 관찰방법을 통해 이루어지는 것이 일반적이다.

〈표 10-1〉 유아 대상 표준화된 검사도구

검사내용	분류	검사명	저자(제작년도)	대상 연령	출판사
지능	개인용	고대-비네 검사	전용신(1971)	4~14세	문천사
		KEDI-WISC	박경숙 외 4인(1986)	5~15세	한국교육개발원
	집단용	인물화에 의한 간편 지능 검사(개정판)	김재은, 김동극, 여광은(1973)	3~12세 일반아 및 지적장애아	교육과학사
학습준비도		유아 학습 준비도 검사	한국교육개발원(1987)	4~6세	동아출판사
학업성취도		기초학습기능검사	박경숙, 윤점, 박효정(1987)	5~12세	한국교육개발원
창의성		유아용 종합 창의성 검사	전경원(1995)	4~6세	한국유아교육원
사회 · 정서	성격검사	아동용 주제통각 검사(CAT)	김태련 외 3인(1976)	3~10세	이화여대 출판부
	사회 성숙도 검사	사회 성숙도 검사	김승국, 김옥기(1985)	0~성인	중앙적성출판사
언어		취학 전 아동의 수용 언어 및 표현 언어 발달 척도	김영태, 성태제, 이윤경(2003)	2~6세	서울장애인종합복지관

출처: 이윤경 외(2013).

또한 국가 수준에서 이루어지는 보육 및 유아교육평가는 어린이집 평가인증 및 유치원 평가를 통해 이루어지며 이는 누리과정에 제시된 교육내용 및 교수 · 학습 방법, 평가내용을 반영하여 실시된다.

〈표 10-2〉 누리과정의 영역별 유아 평가의 내용

누리과정 영역	평가 내용
신체운동 · 건강	지각 · 감각발달 정도, 신체조절 능력, 운동기능, 대 · 소근육 협응 능력, 신장과 체중 등 신체조건, 신체 장애와 질병 등 건강 상태
의사소통	의사소통 능력, 언어사용 습관, 발음, 소리변별력, 어휘력, 문장 · 문법 · 글자의 기초기능, 쓰기 및 읽기 준비도
사회관계	기본생활습관, 사회성숙도, 자아개념, 대인 및 교우 관계, 자율성, 감정인식 · 표현 · 조절 능력, 사회인지, 성역할, 놀이 유형 및 놀이 발전 수준
예술경험	정서적 안정감, 음악 · 미술 · 작품의 감상 · 심미감 · 창의적 표현
자연탐구	학습준비도, 인지양식 및 인지 발달 수준, 논리수학적 개념, 수학 · 과학 탐구력

출처: 교육과학기술부(2012), 황해익(2009).

2) 평가의 과정

유아 평가는 유아의 발달적 특성 및 개인차를 고려하여 현재 유아의 발달 수준이 어떠한지 알아보기 위해 실시된다. 유아의 현재 발달 수준을 알아보기 위해 평가는 체계적이고 포괄적으로 이루어져야 하며 다음과 같은 절차를 고려하여 이루어지는 것이 바람직하다.

(1) 유아 이해 및 목표 설정

교사는 학기 초 유아를 관찰하고 유아의 부모로부터 유아에 대한 다양한 정보를 수집하여 초기 유아 발달 및 특성을 이해할 수 있는데, 이를 진단평가라고 한다. 교사는 진단평가를 통해 유아의 발달을 도모하기 위한 목표를 세우고 이를 평가할 수 있는 체계를 발전시키는 것이 필요하다.

(2) 평가방법의 결정

유아의 발달을 도모하기 위한 목표를 설정한 후 목표달성 여부를 알아보기 위한 가장 적합한 평가방법을 결정한다. 평가방법은 앞에서 살펴본 것과 같이 표준화된 검사 및 대안적 평가의 방법으로 이루어질 수 있다. 평가방법을 결정할 때 평가 시기, 평가 장면, 평가에 참여하는 인적 자원의 범위 등이 함께 고려되어야 한다. 예를 들어, 또래

간 상호작용 발달 수준 향상을 목표로 한다면 유아가 혼자놀이를 하거나 낮잠을 자는 시간은 적절하지 않으므로 하루 중 또래 간 상호작용이 활발하게 이루어지는 놀이시간 그리고 함께하는 연합놀이 및 협동놀이가 쉽게 일어날 수 있는 역할 및 블록 영역, 그리고 상호작용 과정에 다른 유아도 포함시키는 것이 맥락을 이해하기 용이하기 때문에 상호작용한 또래까지 평가의 범주에 포함시킬 수 있을 것이다. 이러한 평가방법에는 다음과 같은 평가도구를 선정하는 것도 포함되며 이는 매우 중요한 과정이다.

(3) 평가도구의 선정

평가도구는 평가목표를 고려하여 이루어져야 한다. 평가목표를 고려하여 형식적 평가를 할 것인지, 대안적 평가를 할 것인지 또는 두 가지 범주를 통합하여 시행할 것인지를 결정해야 한다. 형식적 평가를 한다면 어떠한 검사도구를 사용할 것인지를 고려해야 하며, 대안적 평가를 한다면 수행평가 및 참평가의 방법을 결정하고, 관찰법을 활용한다면 가장 적합한 관찰방법이 무엇인지 고려해야 한다. 평가도구 선정 시 도구의 타당성, 신뢰성이 검증되어야 하며 평가도구의 한계를 극복할 수 있는 보완적 평가도구 및 평가방법을 고려하는 것도 중요하다.

(4) 평가의 실시 및 결과 도출

유아 평가 목표 및 방법에 기초하여 실제적으로 평가를 실시한 후 그 결과를 정리한다. 평가를 실시하고 결과를 정리하는 과정에서 다음과 같은 내용을 고려해야 한다(이정환, 박은해, 1996: Neill, 1997에서 재인용).

- 평가는 타당해야 한다.
- 평가는 유아의 어느 한 측면만을 측정하는 것이 아니라 반드시 전인적인 측면을 다루어야 하며, 유아의 학습을 지원해야 한다.
- 평가는 반복된 관찰을 포함하고 있어야 한다.
- 평가는 오랜 시간에 걸쳐 지속되어야 하며, 정기적으로 재검토되고 개선되어야 한다.
- 각 유아는 집단의 평균보다는 각 개인의 성장 속도에 맞추어 자신과 비교되어야 하며, 모든 유아에게 공정해야 한다.
- 평가는 다양한 방법을 사용해야 한다. 유아발달에 관한 관찰 결과와 기술적 자

료, 작품 분석방법들을 도입해야 한다.

(5) 평가 결과의 해석 및 활용

평가 결과를 정리하는 것에서 끝내면 평가를 실시한 의미가 없다. 평가 결과의 내용을 분석적 · 종합적으로 해석하는 과정은 매우 전문적인 과정으로 유아 발달 및 특성에 대한 이론적 지식이 요구된다. 평가 결과를 해석하여 유아의 현재 발달 수준과 이를 향상시킬 수 있는 교수전략을 제시하는 등 다음의 교육계획을 수립하는 것이 평가의 궁극적인 목적 중 하나이다. 이러한 평가 결과의 해석내용은 부모 면담 시에 활용하여 유아에 대한 이해를 부모와 공유할 수 있다. 또한 특별한 요구를 지닌 유아에 대해 전문가의 협조를 요구할 때 기본적 자료로 활용할 수 있다.

3) 평가대상별 평가의 방법

(1) 유아 평가

유아 평가는 표준화된 검사도구를 사용한 형식적 평가와 비형식적인 대안적 평가 방법이 있는데 최근에는 유아의 특성을 고려하여 대안적 평가를 실시하는 것을 권장한다. 이 장에서는 대안적 평가의 대표적인 방법인 관찰법, 면담법, 포트폴리오 평가에 대해 제시하고자 한다.

① 관찰법

관찰법은 크게 서술식 관찰법과 비서술식 관찰법으로 구분할 수 있다. 서술식 관찰법은 일화기록, 표본식 기술, ABC 서술식 사건표집법 등과 같이 유아 행동을 관찰하고 이를 기술하는 방법으로 이루어진다. 비서술식 관찰법은 시간표집법, 빈도사건표집법, 행동목록법, 평정척도법 등 선정된 관찰 행동 내용에 기초하여 유아 행동을 표시하는 방법으로 이루어진다. 서술식 관찰법은 도구가 간단하다는 장점이 있지만 주관적 견해가 개입될 수 있다는 한계가 있다. 비서술식 관찰법은 신뢰도와 타당도가 검증된 문항 개발이 중요하지만 문항만 결정되면 기술하는 것이 아니라 체크하는 것이므로 시간이 오래 걸리지 않는다는 장점이 있으나, 서술적 기술이 없기 때문에 맥락에 대한 이해가 어려울 수 있다는 한계가 있다. 따라서 서술식 관찰법과 비서술식 관찰법을 통합적으로 활용하는 것이 바람직하다.

■ 일화 기록

일화 기록(anecdotal records)이란 짧은 내용의 사건이나 행동에 대한 사실적인 기록으로 관찰의 초점이 되는 행동에 대해서만 기술하고 평가하는 방법이다.

관찰자는 보고자 하는 행동 한 가지를 선정한 후 이에 대해 사실적으로 관찰·기록하며 기록은 관찰 직후에 바로 실시하는 것이 오류를 줄일 수 있다. 기록은 육하 원칙에 기초하여 기술하며 주기적·반복적으로 실시하여 평가 결과를 분석하는 것이 타당하다.

일화 기록을 할 때의 유의할 점을 제시하면 다음과 같다(양승희, 권세경, 황혜경, 2002).

- 사건이 생긴 후 즉시 기억이 선명할 때 기록한다.
- 하나의 사건에 대하여 사건이 일어난 순서대로 기록한다.
- 대상 유아가 한 말과 행동을 사실 그대로 기록한다.
- 관찰 시간, 장면, 진행 중의 활동 등 상황에 대한 자료를 제공한다.
- 상황 내의 다른 유아나 교사의 반응도 기록한다.
- 유아의 전체적인 행동만이 아니라, 목소리, 몸짓, 얼굴 표정 등과 같은 감정의 표현도 기록한다. 즉, 사건에 대한 거의 완전한 기술이 되도록 한다.

〈표 10-3〉 일화 기록의 예

일화 기록

기관: ○○유치원
관찰아동: 신○○ 생년월일: 1997년 4월 8일(만 4세)
관찰자: 정○○ 교사 관찰일: 2001년 4월 23일(09시 00분~10시 00분)
장면: 자유 선택 활동 시간에 쌓기놀이영역에서 블록놀이를 하고 있다.
관찰의 초점: 신○○의 사회적 놀이 참여

〈기록〉
신○○은 쌓기놀이영역으로 걸어가서 두 명의 남자 유아, 나○○와 이○○에게 블록 쌓기를 도와주어도 되냐고 묻는다. 그 두 유아들은 좋다고 말한다. 이들이 블록 쌓기를 하는 중에 신○○이 실수로 블록을 쓰러뜨린다. "내가 다시 쌓아 놓을게."라고 신○○이 말하고 블록을 나○○에게 건네준다. 나○○가 블록을 쌓고 있는 것을 바라보다가 신○○은 "내가 굴뚝을 발견했어, ○○야." 하고 말하고 원통 블록을 나○○에게 건네준다. 나○○는 그 블록을 어디에 놓을지 물어보고, 신○○은 선반에서 원형 블록을 내려서 그것들을 나○○와 이○○의 장소로 옮긴다. 신○○은 쌓아 놓은 블록 주변에 자신의 원형 블록을 배치하기 시작한다. 교사는 손가락 그림을 그리고 싶지 않니 하고 신○○에게 물어본다. 그러나 신○○은 "나○○가 손가락 그림을 그리지 않으면 나도 그림 그리지 않을 거예요."라고 대답한다.

〈분석〉
신○○은 여러 명의 남자 유아들과 역할 놀이에 참여하곤 했다. 특히 나○○와 함께 놀거나 그 주위에 있는 것을 좋아한다. 놀이에서 나○○가 정하는 규칙은 무엇이든지 순응한다. 일단 놀이에 참여하면 지속적으로 하고 싶어 하며, 다른 유아나 선생님에 의해서 주의가 산만해지는 것을 원하지 않는다.

출처: 양승희, 권세경, 황혜경(2002).

■ 표본식 기술

표본식 기술(diary description)은 주로 학기 초, 학기 말과 같이 유아에 대한 종합적인 내용을 알고자 할 때 사용되는 것으로 일화 기록과는 달리 순차적으로 발생한 일에 대한 내용을 모두 기록하는 것이다. 즉, 선택된 사건이나 행동만 기록하는 것이 아니라 모든 행동을 포함한다. 일화 기록과 마찬가지로 육하 원칙에 따라 기술한다. 보편적으로 10분 동안의 기록이면 1분마다, 30분 동안의 기록이면 5분마다 시간 표시를 하거나 또는 장면이 바뀔 때마다 시간 표시를 한다. 이때 현재형으로 기술하며 상호작용하고 있는 교사, 유아의 언어 및 행동도 함께 기록한다.

〈표 10-4〉 표본식 기술 기록의 예

표본식 기술

기관: ○○유치원
관찰아동: 김○○(여) 생년월일: 1997년 4월 8일(만 4세)
관찰자: 서○○ 교사 관찰일: 2001년 5월 9일(09시 30분~10시 30분)
장면: 자유 선택 활동 시간에 소꿉영역에서 총놀이와 슈퍼맨 놀이를 하고 있다.

시간	관찰	추론 및 해석
09:30	김○○은 혼자서 플라스틱 블록을 가지고 총을 만들고 있다가 언어영역으로 걸어가서, "박○○, 나랑 놀지 않을래? 혼자 노는 게 지루해졌어."라고 말한다. 김○○와 박○○은 소꿉영역으로 간다. 김○○: 나는 원더우먼이다. 박○○: 나두야.	플라스틱 블록을 가지고 총을 만들고, 김○○을 위해 한 개를 더 만든다. 창의성을 보인다.

	김○○: 안 돼, 원더우먼은 한 명밖에 없어. 그러니까 넌 로빈 해. 박○○: 로빈은 배트맨이 필요한데. 그 둘은 친구니까.	다른 활동에서처럼 여기에서도 리더가 존재한다. 박○○은 자주 놀이를 함께 하는 친구이다.
09:40	이 대화는 모두 미끄럼틀을 타면서 일어난 것이다. 김○○은 박○○가 준 블록 총을 쏘는 시늉을 하고, 김○○는 바닥으로 쓰러진다.	
	김○○: (교사에게) 우리는 지금 계속 떨어지는 원더우먼과 슈퍼맨 놀이를 하고 있어요. 박○○: 눈을 뜨고, 일어나서 "배트맨 차에서 나가서 세상을 구하자."라고 말한다. 쌓기영역으로 가서 자동차 소리를 낸다. 김○○: "원더우먼은 죽었어. 차에서 떨어졌거든."라고 말하고 쓰러진다.	김○○의 역할이 바뀐다. 집중력이 좋으며, 한 가지 놀이에 많은 시간을 소비한다.
	박○○: "이건 놀이일 뿐이야. 일어나, 김○○. 너가 원더우먼 해. 난 로빈 할래." 김○○: "소꿉놀이 하자, 이번엔."	현실과 상상을 구분한다.
	김○○가 미끄럼에서 미끄러져 내려온다.	
	김○○: 미끄럼틀에서 내려오면서 "슈퍼맨 친구는 해야 할 일이 아주 많아." "로빈이 너를 따른다!" 박○○에게 소리치면서 쌓기영역으로 달려간다. 김○○은 소꿉놀이영역으로 가서 박○○에게 말한다. "박○○, 여기 네 인형 옷 있다." 신○○이 여자아이들의 놀이에 참여한다.	운동범위가 넓다. 달리고 뛰어다니는 데 많은 시간을 들인다. 자신이 이것에 재능이 있다는 것을 알고 있는 것처럼 보인다.
09:50	김○○: "나는 원더우먼이다." 박○○: "나는 로빈이다." 신○○: "나는 배트맨이다. 배트맨 차는 어디 있지?" 김○○: "여기 안에 있어." 이들은 쌓기영역으로 달려가서 김○○가 미끄럼틀 아래를 가리키며 신○○에게 배트맨 차로 할 수 있는 일을 말해 준다.그러고 나서 소꿉영역으로 다시 돌아간다. 그러고 나서 김○○가 "신○○ 우리는 이제 슈퍼맨 놀이는 그만할 거야."라고 말한다.	한 유아와 놀이하는 것이 더 편안해 보인다.

출처: 양승희 외(2002).

■ 시간표집법

시간표집법(time sampling)에서 가장 중요한 설정은 관찰시간 간격이다. 보고자 하는 행동에 대해 미리 선정된 관찰 행동 문항에 기초하여 일정한 시간 간격에 따라 각 유아를 관찰하고 그 결과를 체크한다. 따라서 관찰 행동 문항의 내용이 적어도 15분에 한 번씩은 일어날 수 있는 내용이어야 한다.

시간표집법과 같은 비서술식 관찰법에서 중요한 것은 조작적 정의이다. 관찰자가 달라도 조작적 정의를 이해하고 관찰한다면 관찰 기록 결과가 같을 수 있다. 공격성이라는 것에 대한 조작적 정의를 '때리기' '꼬집기' 등으로 하는 것과 같이 관찰 가능한 행동 표현의 조작적 정의가 우선되어야 한다.

〈표 10-5〉는 놀이와 사회적 상호작용에 대한 파튼(Parten, 1932)의 사회적 놀이 행동을 시간표집법으로 관찰한 것이다.

〈표 10-5〉 시간표집법 기록의 예

영유아의 사회적 놀이

기관: ○○유치원

관찰아동: 양○○(남)	생년월일: 1996년 5월 27일(만 5세)
이○○(여)	1996년 10월 3일(만 5세)
한○○(여)	1996년 11월 2일(만 5세)
이○○(남)	1996년 7월 8일(만 5세)
조○○(여)	1996년 9월 18일(만 5세)
관찰자: 이○○ 교사	관찰일: 2001년 4월 10일(10시 00분~10시 30분)

행동 이름	양○○	이○○	한○○	이○○	조○○
비참여 행동	//	/	///	//	
방관자적 행동	///	/	///	///	
혼자놀이			///		/////
병행놀이	///	/////	////		//
연합놀이	///// //	///// /////	///// /	/////	///// /
협동놀이	/////	////		///// /////	///// //
총합					

출처: 양승희 외(2002).

■ 사건표집법

시간표집법에서 중요한 설정이 시간 간격인 반면, 사건표집법(event sampling)은 시간보다는 보고자 하는 행동에 초점을 둔다. 사건표집법 역시 관찰하고자 하는 행동의 조작적 정의가 중요하다. 사건표집법의 기술방법에 따라 빈도사건표집법과 ABC 서술식 사건표집법으로 구분된다.

빈도사건표집법은 비서술식 관찰법이며 관찰의 초점이 되는 행동에 대한 빈도를 체크하는 것이다. ABC 서술식 사건표집법은 보고자 하는 행동의 발생 원인과 결과를 알아보기 위한 것으로 사건 직후의 내용을 서술적으로 기록한다. ABC 서술식 사건표집법 기록 시 관찰 행동의 원인과 결과의 양상을 파악하기위하여 관찰시간을 밀착하여 실시하는 것이 필요하다.

〈표 10-6〉 빈도사건표집법 기록의 예

빈도사건표집법

기관: ○○유치원
관찰아동: 양○○ 생년월일: 1998년 6월 12일(만 3세)
관찰자: 이○○ 교사 관찰일: 2001년 4월 10일(10시 00분~10시 30분)

행동	때리기(H)	밀치기(P)	발로 차기(K)	잡기(Hd)	빼앗기(T)
빈도	///	//			/

〈표 10-7〉 ABC 서술식 사건표집법 기록의 예

ABC 서술식 사건 표집법

기관: ○○유치원
관찰아동: 김○○ 생년월일: 1998년 4월 25일(만 3세)
관찰자: 이○○ 교사 관찰일: 2001년 5월 10일(09시 13분~10시 30분)
관찰행동: 발로 차기-오른쪽 발로 다른 유아들이나 교사를 차고, 다른 유아가 울 정도로 세게 찬다.

시간	선행적 사건	사건(행동)	결과적 사건
9:13	김○○은 쌓기 영역에서 혼자 놀이한다, 이○○이 참여해서 김○○이 쌓아 놓은 것에 블록을 올려 놓는다.	김○○이 인상을 찌푸린다, 일어선다, 이○○을 밀친다, 이○○이 뒤로 밀쳐진다, 김○○이 이○○의 다리를 친다.	이○○이 울면서 교사에게 달려간다.

10:05	실외 놀이터에 있다, 김○○이 미끄럼틀을 타기 위해서 줄을 서 있다, 이○○가 끼어들기를 한다.	김○○이 이○○의 다리를 세게 찬다, 김○○이 교사를 찬다.	교사가 와서 김○○의 팔을 잡고 말한다.

■ 평정척도법

평정척도법(rating scales)은 유아의 특정한 행동의 정도를 표시하는 관찰방법이다. 행동의 각 수준을 가장 낮은 단계부터 가장 높은 단계까지 연속적이고 규칙적으로 등급을 정하여 표시하도록 한다. 평정척도법의 평가는 점수로 표현되기 때문에 행동의 수준을 나타내는 문항은 긍정적 또는 부정적 내용을 일관성 있게 기술해야 한다. 만약 긍정적 기술로 표현되다가 어느 한 항목에서 부정적으로 기술되었다면 역채점으로 점수를 산출해야 한다. 또한 평정척도법은 각 점수 척도의 구간을 나누어 유아의 점수가 어느 구간에 포함되는지를 확인하고 전반적 발달 수준에 기초하여 해석한다. 평정척도는 문장으로 기술하는 기술평정척도, 숫자로 표시하는 숫자평정척도, 어휘의 정도

〈표 10-8〉 기술평정척도법에 의한 관찰

기술평정척도법

기관: ○○유치원(어린이집)
관찰아동: ○○○ 생년월일: 년 월 일(만 세)
관찰자: ○○○ 관찰일: 년 월 일(시 분 ~ 시 분)

집중시간
1 _____ 작업을 거의 끝마치지 못하고 다른 곳으로 옮겨 간다.
2 _____ 작업을 완수하기 위해서 한곳에 머물도록 도와줄 필요가 있다.
3 _____ 연령에 적당한 정도의 작업을 완수한다.
4 _____ 긴 시간 동안 선택된 활동을 유지하고 다음 날까지 연속되기도 한다.

호기심
1 _____ 새로운 것에 관심을 거의 보이지 않는다.
2 _____ 정말 흥미로운 것에 관심을 가질 수도 있지만, 대부분 흥미를 보이지 않는다.
3 _____ 활동은 학급 내의 새로운 것에 대해 탐색한다.
4 _____ 새로운 아이디어 단어, 인간 관계나 사물에 관심을 보인다.

출처: 양승희 외(2002).

를 표시하는 어의평정척도 등이 있다. 기술평정척도 및 숫자평정척도 사용 시 중앙집중 오류를 피하기 위해 짝수 척도를 사용하는 것을 고려할 수 있다.

〈표 10-9〉 **숫자평정척도법(numberical rating scales)에 의한 관찰**

숫자평정척도법

기관 : ○○유치원(어린이집)
관찰아동: ○○○ 생년월일: 년 월 일(만 세)
관찰자: ○○○ 관찰일: 년 월 일(시 분 ~ 시 분)

놀잇감을 공유한다	5	4	3	2	1
	항상 그렇다	자주 그렇다	보통이다	가끔 그렇다	그렇지 않다

출처: 양승희 외(2002).

〈표 10-10〉 **어의평정척도법(semantic rating scales)에 의한 관찰**

어의평정척도법

기관 : ○○유치원(어린이집)
관찰아동: ○○○ 생년월일: 년 월 일(만 세)
관찰자: ○○○ 관찰일: 년 월 일(시 분 ~ 시 분)

슬프다 ———|———|———|——— 기쁘다

출처: 양승희 외(2002).

■ 행동 목록법

행동 목록법(checklist)은 각 행동의 유무를 표시하는 관찰 기록법이다. 각 문항에 대한 행동을 한 번이라도 관찰했다면 '예(yes)'로 표시해야 한다. 따라서 평정척도법에서와 같이 해당 행동이 미숙하거나 능숙한 정도를 알 수 없다. 즉, 평정척도법이 행동의 정도를 나타내는 반면, 행동 목록법은 행동의 출현 유무만을 알아보기 위해 사용된다. 이 방법은 어떤 행동의 출현 여부를 판단하는 것과 변화 여부를 판단하는 데에 도움이 된다.

〈표 10-11〉 행동 목록법 기록

활동 유형에 따른 개인발달 평가표

기관: ○○유치원
관찰아동: 조○○ 생년월일: 1997년 8월 18일(만 4세)
관찰자: 한○○ 교사 관찰일: 2001년 4월 25일
다음의 행동이 관찰되면 '예', 관찰되지 않으면 '아니요'에 표시하시오.

등원 및 귀가	예	아니요	비고
신발을 혼자 신고 벗을 수 있다.	✓		
옷을 바르게 입고 있다.	✓		
옷을 혼자 입고 벗을 수 있다.	✓		
등원 시 기분이 좋다.	✓		
부모와 쉽게 떨어질 수 있다.	✓		
자기 사물함의 위치를 알고 있다.	✓		
교사와 친구들과 인사를 나눈다.	✓		
자유놀이 활동 계획	**예**	**아니요**	**비고**
하고자 하는 일을 계획할 수 있다.	✓		
영역표시나 인원수 제한의 상징을 이해하고 따른다.	✓		
자신의 계획을 말로 표현할 수 있다.	✓		
계획하는 능력이 점차 발달해 나간다.	✓		
계획한 영역과 활동영역이 일치한다.	✓		
활동 후 손을 씻는다.	✓		
계획한 활동을 끝마친다.	✓		

출처: 양승희 외(2002).

② 면담법

면담법은 유아 또는 부모를 직접 대면하여 대화를 실시하는 방법이다. 교사는 학기 초 유아에 대한 기본 정보를 수집하거나 유아의 사고 수준을 알아보기 위해 면담법을 사용할 수 있다. 또한 학기 중 교사가 계획한 교육과정이 적절했는지를 평가하기 위해 관찰법과 병행하여 면담법을 사용할 수 있으며 학기 말 최종 유아의 발달 향상 정도 및 가정에서의 유아의 변화, 부모의 견해 등을 면담법을 통해 평가할 수 있다. 교사는 면담 시 나누어야 할 내용 목록을 정리하여 효율적인 면접이 될 수 있도록 계획하는 것이 중요하다. 특히 부모와의 면담 시 유아 관찰 기록, 활동 결과물, 유아와의 면담 기록 자료 등을 정리하여 활용함으로써 면담을 원활하게 진행할 수 있다.

면담법은 일정한 시기를 정하여 정기적으로 형식을 갖추어 실시할 수도 있고 비형식적으로 수시 면담이 진행될 수도 있다. 면담법은 질문지만을 사용한 평가보다 유아 부모의 행동, 태도, 표정 등 비언어적 측면을 파악할 수 있기 때문에 보다 면담 주제와 관련된 정보에 대해 정확한 파악이 용이하다.

③ 포트폴리오 평가

포트폴리오 평가는 대안적 평가이며, 대부분 수행평가로 이루어지는 방법이다. 또한 유아가 무엇을 할 수 있는가에 초점을 맞추는 것이 아니라 어떻게 수행하는가, 어떻게 변화되는가에 초점을 둔다. 즉, 형식적인 측정에서 유아가 아는 것을 측정하는 것과는 달리 수행평가는 유아가 어떻게 그들이 아는 지식을 적용하는지를 측정하는 것이다(Pierson & Beck, 1993). 이러한 수행평가는 교사에 의해서 관찰될 수 있으며 관찰과 판단에 기초한다(Blum & Arter, 1996).

이러한 포트폴리오는 교사에 의해 조직될 수 있으며, 관찰 기록, 체크리스트, 작업샘플, 점수화된 기록, 인터뷰 또는 성취한 것의 예 등을 포함할 수 있고, 유아, 교사 그리고 교사와 유아 모두에 의해 만들어진 것이 있을 수 있다.

비형식적이고 수행적인 평가인 포트폴리오는 표준화된 검사의 한계를 극복하며, 아동중심 교육과정과 교수방법의 새로운 변화를 측정하는 데 적합하다(양승희 외,2002)

포트폴리오 평가 시 첫 번째 단계는 목적과 유형 그리고 포트폴리오의 저장방법을 선택한다. 두 번째, 포트폴리오 내용을 결정하고, 자료 수집방법, 수집 시기 등을 결정한다. 세 번째, 교사는 조직된 자료의 내용을 결과로 요약하고 이론적 측면 및 가정적 배경, 유아의 특성 등을 고려하여 결과를 해석한다. 네 번째, 결과 해석에 기초한 교수전략을 계획 · 실시한다.

포트폴리오 평가 시 수집된 자료를 조직할 때 자료 특성의 다양성, 균형적 측면을 고려해야 하며 수집 날짜, 자료에 대한 주석 등을 기록하면 자료에 대한 이해가 용이할 수 있다. 이 밖에 목차, 목차별 구분 표시 등을 기록해 두는 것이 필요하다.

포트폴리오 평가는 다음과 같은 장점과 한계점이 있다.

- 포트폴리오 평가는 유아의 발달과정을 이해하고 다양한 자료 결과물을 통해 평가되기 때문에 신뢰도가 높다.
- 포트폴리오 평가는 유아에 대한 단편적 평가가 아닌 총체적 평가가 가능하다.
- 포트폴리오 평가 결과에 기초하여 유아의 개별 특성에 기초한 교수전략을 계획할 수 있으며 특별한 경우 유아에 대한 진단적 자료로 활용할 수 있다.
- 포트폴리오 평가는 대표적인 유아중심 평가방법이지만 평가의 결과를 산출하기까지 장시간이 요구된다.
- 포트폴리오 평가는 다양한 자료의 수집, 균형적 조직, 결과 해석의 전문성 요구 등으로 다른 평가방법보다 교사의 노력과 능력이 중요하다.

(2) 교사 평가

교사는 유아교육의 질을 결정하는 매우 중요한 존재이다. 교사의 교육에 대한 철학 및 신념, 교수 계획 및 실행의 전문성, 교육자로서의 자질과 태도 등은 바람직한 유아교육을 실시하기 위해 검증되어야 하는 기본적 요소이다. 또한 교사 개인적 측면에서도 임용, 승급, 승진 등과 관련된 인사 이동 및 전문성 향상을 위해서도 교사 평가는 매우 중요하다(이영석, 박재환, 김경중, 1985; 이은해, 1995; Goodwin & Driscoll, 1980). 평가

〈표 10-12〉 유아교육 현장에서의 교사 평가 준거

영역	하위영역	내용
일반적 특징	신체	신체적 건강, 활동성, 예의 바른 태도, 바른 자세
	인성	적극성, 정서적 안정감, 자제력, 협동심, 성실성, 사려성, 긍정적인 인간관, 공정성, 부모 및 동료 교사와의 원만한 관계
	교양 및 지적 능력	다방면에 걸친 지적 능력, 순발력, 유창하고 명료한 언어 사용 능력, 창의력
전문적 특성	교직에 대한 태도	유아교사직에 대한 사명감, 유아교육 활동에 대한 열의, 전문성 신장을 위한 노력, 책임감, 수용적 태도, 적합성, 교직에 대한 신념
	교육 기술	유아교육과정 재구성 능력 및 실천 능력, 평가 능력 및 활용력, 교재·교구 제작 및 다양한 활용 능력, 적절한 자극 및 개입 정도, 융통성 있게 유아교육 활동을 운영하는 능력
	전문적 지식	소속 기관의 유아교육 철학에 대한 이해, 유아교육과정에 관한 지식, 생활 지도 및 상담 지식, 다양한 교수 방법에 대한 지식, 평가에 관한 지식

를 받는 교사의 입장은 매우 부담스럽고 사기 진작에 영향을 미치므로 평가 실시 전에 평가의 필요성, 평가의 방법 및 내용 등에 대해 이해할 수 있는 과정이 필요하다.

(3) 유아교육기관 평가

유아교육기관 평가는 유아가 국가가 인증한 교육기관에서 교육받을 권리를 가질 수 있도록 하며 부모가 질적 수준이 높은 유아교육기관에 대해 알고 선택할 수 있도록 정보를 제공해 줄 수 있다. 또한 유아교육기관 평가를 위해 각 기관 구성원이 평가의 내용과 방법에 대해 이해하고 우수한 평가를 받기 위해 노력함으로써 유아교육기관의 질적 수준을 향상시킬 수 있다. 이러한 유아교육기관 평가는 국내외 모두 시행하고 있으며 미국은 1986년부터 민간단체인 NAEYC가 주도, 우리나라는 국가 주도로 2005년 이후 시작되었다.

우리나라의 국가 수준 유아교육기관 평가의 연도별 시행과정을 살펴보면 〈표 10-13〉과 같다.

〈표 10-13〉 국가 수준 유아교육기관 평가

구분	유치원	어린이집
추진 경과	• 2004년: 유치원 평가 법적 근거 마련 (「유아교육법」 제19조) • 2007년: 시범평가 실시 • 2008~2010년: 제1주기 평가 실시 • 2011~2013년: 제2주기 평가 실시 • 2014~2016년 : 제3주기 평가 실시 • 2017~2019년 : 제4주기 평가 시행	• 2004년: 평가인증 법적 근거 마련 (「영유아보육법」 제30조) • 2005년: 평가인증 시범운영 실시 • 2006~2009년: 1차 평가인증 실시 • 2010년~: 2차 평가인증 실시 • 2015~2017년: 2차지표 평가인증과 3차 지표 평가인증 시범사업 시행 • 2017년 10월~: 3차 통합평가지표 평가인증 시행

출처: 교육부(2017).

이 표에서 제시한 바와 같이 4주기 유치원 평가, 제3차 어린이집 평가(통합지표)는 각각 통합지표로 적용되며 4주기 유치원 평가의 경우 3주기 유치원 평가지표와 비교하면 다음과 같은 차이가 있다.

제3주기(2014~2016년)		
평가 영역 (배점)	평가지표(배점)	평가 요소
Ⅰ. 교육 과정 (30)	1. 교육목표 및 교육계획 수립의 적절성(10)	3
	2. 일과운영 및 교수-학습방법의 적합성(15)	3
	3. 평가 방법 및 활용의 적절성(5)	2
Ⅱ. 교육 환경 (15)	4. 실·내외 교육환경 구성 및 활용의 적합성(10)	3
	5. 교재·교구의 제공 및 관리의 적절성(5)	1
Ⅲ. 건강 및 안전 (15)	6. 유아의 건강관리 및 지도의 적절성(10)	3
	7. 유아의 안전관리 및 지도의 적절성(5)	3
Ⅳ. 운영 관리 (30)	8. 교직원의 근무여건 및 전문성 제고(10)	3
	9. 예산편성 및 운영의 적절성(5)	2
	10. 가정 및 지역사회와의 연계(5)	3
	11. 방과후 과정 운영의 적절성(10)	3
총계	11개(90점)	30

제3주기(2014~2016년)		
평가 영역 (배점)	평가지표(배점)	평가 요소
Ⅰ. 교육 과정 (29)	1-1. 교육 계획 수립 및 실행	4
	1-2. 균형적·통합적 일과 운영	5
	1-3. 교수·학습방법	6
	1-4. 교사-유아 상호작용	6
	1-5. 유아 간 상호작용 시 교사 역할	4
	1-6. 평가	4
Ⅱ. 교육 환경 및 운영 관리 (20)	2-1. 실내 공간 구성	5
	2-2. 실외 공간 구성	3
	2-3. 기관 운영	5
	2-4. 가정 및 지역사회와의 연계	5
	2-5. 방과후 과정	2
Ⅲ. 건강·안전 (15)	3-1. 실내외 공간의 청결 및 안전	4
	3-2. 급·간식	3
	3-3. 건강증진을 위한 교육 및 관리	3
	3-4. 등하원의 안전	2
	3-5. 안전교육 및 사고 대책	3
Ⅳ. 교직원 (13)	4-1. 원장의 리더십	4
	4-2. 교직원의 근무환경	3
	4-3. 교직원의 처우와 복지	3
	4-4. 교직원의 전문성 제고 노력	3
총계	20개	77

활동해 봅시다

1. 유아교육기관 평가 분야 중 하나를 선택하여 실행 후 결과를 공유하여 평가해 봅시다.

2. 유아 1인의 관찰 기록 및 평가에 대한 적절성을 토의해 봅시다.

CHAPTER 11

유아교육복지와 유아교육 지원기관

▶ 학습목표

1. 유아교육복지의 개념을 이해한다.
2. 유아교육복지와 유아교육기관 운영을 위한 지원기관에 대해 설명한다.

교육복지란 교육자와 피교육자의 복지를 위한 사회보장제도를 통틀어 이르는 말이다. 최근에 자녀 양육과 교육은 가정이나 개인이 책임진다는 인식보다는 사회와 국가에 책임이 있다는 인식의 변화가 일어나고 있다. 이 장에서는 저출산대책, 저소득층 유아와 다문화가정 등의 유아교육복지 측면과 유아교육복지와 유아교육기관 운영관리에 도움을 줄 수 있는 공적 기관 등에 대해 살펴보겠다.

1. 유아교육복지

1) 저출산 대책

오늘날 한국 사회에서 저출산은 심각한 사회 문제가 되었다. 지난 10년간 한국의 출생아 수를 추적해 보면 지속적으로 줄어들어 2005년 1.08명으로 최저치를 보였다가 2006년 이후 조금씩 회복세를 보였다. 그러나 2007년 합계 출산율 1.25명으로 일시적 상승을 보인 후 다시 하강하고 있는 추세를 보이고 있다. 통계청(2018) 자료에 의하면 우리나라 신생아 수를 산모 연령별로 비교해 보면 2001년에는 25~29세 출산 수가 가장 많은 것으로 조사되었으나 2005년을 기점으로 30~35세 연령의 산모가 출산하는 신생아 수가 더 많아졌다. 결혼과 출산 연령이 점점 높아지고 있는 추세이다.

저출산의 원인은 외환위기 이후 미래 소득의 불안정성에 따른 소득요인, 만혼의 증가, 여성의 경제활동 증대, 육아와 직장의 양립 어려움 등의 가치관 및 사회 · 직장 요

〈표 11-1〉 연도별 합계 출산율

연도	2007	2008	2009	2010	2011	2012	2013	2014	2015	2016	2017
합계 출산율	1.25	1.19	1.15	1.22	1.24	1.29	1.18	1.20	1.23	1.17	1.05

자료: 통계청(2018).

인이 더 큰 원인으로 작용하고 있다. 특히 교육 수준이 높은 여성의 경우 육아와 가사의 부담이 남성에 비하여 상대적으로 높기 때문에 더욱 결혼을 기피하거나 늦추는 경향이 증가하였다.

한편, 저출산과 함께 제기되고 있는 문제 중 하나는 고령출산가정의 증가이다. 고령출산가족의 의학적 기준에 의한 정의를 살펴보면 세계보건기구와 국제산부인과학회(The International Society of Obstetrics and Gynaecology) 등 주로 의학계에서 '고령출산'의 기준으로 제시하고 있는 만 35세 이상의 '첫 자녀'를 출산한 '만 35세 초산' 집단을 '고령출산가족'이라고 명명한다. 여성의 주요 출산 연령대는 2000년에는 25~29세 사이였으나 2012년에는 30~34세로 점점 상향하는 추세이다(이정원, 이해민, 2014). 이러한 고령출산의 증가는 자녀양육에 있어 새로운 어려움을 야기하며, 국가적으로는 출산율 하락을 부추기는 요인이 되고 있다. '고령출산가족'의 경우 조부모 등 양육 지원인력 부족, 부모의 체력 부담 증가, 은퇴 후 미성년 자녀양육 부담 문제 등이 새로운 어려움으로 부상하고 있다.

출산율이 지속적으로 떨어지는 것을 우려한 정부는 저출산과 고령화 사회 문제를 본격적으로 대처하기 위하여 2005년 「저출산 · 고령사회 기본법」의 제정 및 대통령 직속으로 '저출산 · 고령화 사회 위원회'를 설치하게 되었고, 정책추진기구로서 보건복지부에 저출산 고령사회 정책본부를 설치하였다. 저출산과 고령화 사회를 극복하기 위해서는 경제적으로 소득이 증가하도록 사회경제가 안정되어야 하며, 출산과 양육에 대한 사회적 책임을 강화하여 여성이 육아와 직장을 양립할 수 있는 사회 시스템을 구축하며 가족친화 양성평등의 가치관 교육을 강화하는 데 주력하고자 한다.

이미 30년 전부터 출산율을 높이는 데 관심을 가졌던 프랑스, 핀란드, 스웨덴 등의 국가들은 적극적인 양육부담 완화정책으로 이제 출산을 걱정하지 않고 있다. 이들 국가가 하고 있는 대표적인 유아지원정책으로는 아동수당 지급, 무상 유아교육 제공, 공적 재정으로 운영하는 시설 확충, 출산휴가와 육아휴직 등이 있다(나정, 2005).

2) 저소득층 가정과 유아

저소득가정은 경제적 상황, 가정환경과 양육의 질, 부모의 정신건강, 부모-자녀 관계, 지역사회 자원 측면에서 취약함이 보고되었고 실제로 빈곤이 개인의 인지, 사회, 정서, 발달에 중요한 영향을 끼친다는 연구(윤혜미, 2005; McLeod & Shanahan, 1993)로

입증되고 있다. 실제로 저소득가정 아동과 일반 아동에 대한 비교 연구에서 일반 아동에 비해 저소득가정의 아동의 인지발달 및 학업성취도가 떨어지며, 문제 행동 경향이 많았으며, 정서 지식 수준이 낮고 부정적 정서 반응이 더 높은 것으로 나타났다(구인회, 2003; McLoyd, 1998). 따라서 생의 첫 시작부터 평등한 출발을 지원해야 한다는 취지하에 선진국에서는 저소득층 자녀에 대한 조기보상교육을 일찍부터 실시하였다.

미국에서는 1964년에 「경제기회법(Economic Opportunity Act)」이 미국 의회에서 통과되면서 보육과 양육, 건강, 영양의 포괄적 서비스인 헤드스타트 프로그램을 실시하였다. 헤드스타트 프로그램이 실시된 배경은 빈곤으로부터 발생할 수 있는 문제들은 초등학교 저학년 시기 이후에 나타나기 시작하므로 조기에 보상교육 프로그램을 실시하여 빈곤으로 발생할 수 있는 문제를 해결하는 것이었다. 즉, 아동의 빈곤으로 교육기회가 감소하고, 이로 인하여 성인이 된 후에 생산성 감소 및 고실업 등에 노출되어 있을 가능성이 높아지므로 빈곤의 악순환이 초래될 수 있다. 따라서 이를 막기 위하여 아동기부터 적극적으로 사회적인 개입이 필요하다는 인식하에 실시한 것이 헤드스타트 프로그램이다. 그러나 헤드스타트는 교육뿐만 아니라 봉사, 영양, 부모 참여 등 다양하고 포괄적인 방법으로 접근하였으나 너무 포괄적이다 보니 그 효과가 지속적으로 이어지지 못했다는 한계도 지적받고 있다(천희영, 2001). 슈어 스타트 프로그램은 영국에서 2010년까지 아동 빈곤율을 0%로 만들겠다는 목표로 1997년에 제안되었다. 슈어 스타트란 빈곤층으로 열악한 환경에서 자라는 아동이 인생을 어려서부터 확실하게 출발하도록 돕는다는 의미를 갖는다(Sure Start, 2002). 슈어 스타트 프로그램은 처음에는 만 3~4세 유아만을 대상으로 하였으나 현재는 임신에서부터 만 14세까지의 아동과 청소년, 그들의 가족을 포함하고 있고 장애가 있는 경우에는 16세까지 포함하고 있다. 슈어 스타트 프로그램에서는 보육, 조기교육, 건강, 가족지원 서비스 등의 내용을 포함하고 있다.

우리나라의 저소득층 자녀에 대한 조기보상교육은 삼성재단 법인 복지재단에서 시작되었으며 삼성의 보육사업은 1989년에 여성의 사회 참여 증가와 핵가족화로 인한 가정 양육기능이 약화되는 현상에 적극적으로 대처하기 위해 공익활동의 일환으로 시작되었다(유애열, 2004). 삼성보육사업의 근본 취지는 '달동네 저소득층 빈곤탈출'에 있었으며 아동의 보호와 교육에만 국한되는 것이 아니라 부모를 위한 부모교육 및 부모지원, 지역사회와의 연계를 통한 사회복지 서비스의 내용을 포함하여 아동 및 가족의 심리적 · 정서적 · 사회적 서비스를 포괄적으로 제공하였다. 그리고 2004년 5월 3일,

'위스타트 운동본부'가 민간 차원에서 출범하였다. 출범 이후, 위스타트는 마을 만들기, 교육출발 만들기, 건강지킴이 후견인 맺기, 희망의 집(공부방) 꾸미기라는 5대 사업으로 구성되어 있다. 위스타트 운동은 가난의 대물림을 끊고, 우리(We) 모두가 나서서 아이들의 새로운 삶의 출발(Start)을 돕자는 뜻을 담아 영아와 산모에게는 집중적인 건강관리와 보육서비스가 시행되고 유아에게는 취학준비 및 인지능력 개발 프로그램, 학령기 아동에게는 기초학력 제고 및 학교적응 프로그램을 제공하고 있다(http://www.westart.or.kr). 이러한 노력과 경험은 국가 및 지자체, 기업, 시민사회 등 사회 각계각층의 호응으로 이어졌고, 현재 국책사업의 드림스타트(보건복지부)로 이어졌다. 드림스타트(Dream Start, 정부주도)는 임산부 및 0~12세 아동을 대상으로 건강·복지·교육의 맞춤형 통합서비스를 제공하는 사업으로, 빈곤의 대물림을 차단하고 공평한 양육 여건을 보장하고자 하는 사전 예방적인 '아동보호통합 서비스'이다. 드림스타트의 추진 방향은 다음과 같다.

- 빈곤아동 개인의 능력을 향성하고 기회 평등을 보장한다.
- 빈곤아동과 그 가족에게 건강·복지·보육을 통합한 맞춤형 전문서비스를 제공하여 문제를 조기 진단하고 개입하여 예방적 서비스 차원에서 체계를 강화한다.
- 시·군·구 드림스타트 전담팀 구성 등 공적 전달체계를 중심으로 추진한다.
- 보건소, 사회복지관 등 빈곤가정 지원을 위한 지역사회 자원 개발 및 자원 간 협력·연계 체계를 구축한다.

서비스 내용은 저소득 가정의 아동과 가족, 임산부를 대상으로 사례관리를 실시하여 문제를 조기 진단하고 보건·복지·보육 등 통합서비스를 연계하여 지원한다. 또한 아동 발달영역(신체/건강, 인지/언어, 정서/행동) 및 발달연령을 고려한 전문화된 서비스 지원을 통해 전인적 발달을 도모한다.

이외에도 정부는 또한 2003년부터 「교육복지투자우선지역지원사업」을 추진해 오고 있다. 이 사업은 저소득층 가정의 영유아와 청소년의 출발점 평등을 위해 교육 기회를 실질적으로 보장하고, 저소득층 지역의 교육, 문화, 복지 수준을 총체적으로 제공하기 위해 학교와 지역사회가 함께 협력하는 지역사회 교육공동체 구축사업이다(교육인적자원부, 문화관광부, 보건복지부, 2002). 정부가 이러한 사업을 추진하는 이유는 교육의 불평등 문제를 해소하고 우리 사회가 안고 있는 심각한 사회 문제를 보다 근본적으로 접근하여 치유하고 예방해 보자는 취지에 근거한 것이다.

3) 다문화가정과 유아

국제이주기구(International Organization for Migration)는 우리나라에 외국인 체류자가 200만 명에 이르고 있다고 추정하고 있다. 외국인 체류자 200만 명은 전체 인구의 4%에 해당하는 것으로 수적으로 우리 사회가 다인종, 다민족 사회로 전환되고 있으며 다문화가정이 구성됨을 알 수 있다. 다문화가정은 현재 국내에 거주하고 있는 외국인 부모로 구성된 가정을 의미하는 말로 국제결혼으로 인한 다문화가정과 외국인 노동자들이 구성하고 있는 다문화가정을 포함한다. 실제로 통계청(2006)에 의하면 우리나라는 1980년대 말부터 이주 노동자들을 받아들이기 시작하여 2005년 국제결혼 건수는 4만 3,121건으로 전체 결혼신고 건수의 13.6%이며, 특히 농촌 지역에서의 결혼은 35.9%가 외국인 여성과의 국제결혼으로 나타나 있다.

이에 정부부처는 급속히 증가하고 있는 다문화가정의 어려움을 알고 지원정책을 마련하고 있다(〈표 11-2〉 참조). 내용을 살펴보면 일자리 알선, 한국어 교육 프로그램제공, 건강관리, 가정폭력 상담, 문화 체험, 영유아 양육 상담지원 등을 통해 우리나라의 문화를 이해하고 안정적인 생활을 해 나갈 수 있도록 지원하고 있다. 또한 교육부는 유치원 단계부터 언어 및 기초학습 맞춤형 교육 지원을 통하여 평등한 출발점을 보장하고자 2015년부터 다문화 유치원 30개원을 전국 5개 지역에서 시범 운영하였으며 2016년도에는 12개 지역에서 60개원으로 확대하였다(육아정책연구소, 2016).

〈표 11-2〉 부처별 다문화가정 지원 현황

담당부처		지원사업
주과	협조	
보건복지부	법무부 고용노동부 농림수산식품부 문화체육관광부 교육과학기술부 여성가족부 행정안전부	한국어 사회적용 · 직업 가족교육 등 교육지원 및 생활정보 제공과 가정폭력 피해자 보호 · 지원, 산전 · 산후 건강관리, 아동의 보육 및 교육지원 등 언어와 문화적 차이를 고려한 서비스지원 및 다문화가족지원센터의 지정과 운영, 다문화가족의 생애주기별 맞춤형 서비스 제공

보건복지부	지방자치단체 시민단체	시 · 군 · 구 단위로 다문화가족지원센터를 지정 · 지원하며 국제결혼 이주여성에게 정보제공 및 커뮤니티행정지원(2009년까지 100개소 개설), 자원봉사참여유도
여성가족부	보건복지부 지방자치단체	이주여성들의 가정폭력 · 성매매 등 폭력피해 예방을 위한 1577-1366 긴급전화 마련, 체류 상담, 여성상담, 노동상담, 인권보호를 위한 다국어통역서비스의 제공
법무부	여성가족부 경찰청	인신매매성격의 국제결혼방지, 체류자격불안해소, 이혼한 경우라도 자녀접견을 위해 이혼 후 2년 이상 영주자격 부여, 거주 자격만 있다면 자유로운 취업허용, 국제결혼 이주자 영주권 신청조건완화
교육과학기술부	법무부 보건복지부 지방자치단체	다문화교육관련 연구개발: 다문화교육정책연구, 한국어교재 · 교육프로그램개발, 핵심교원양성프로그램개발 시 · 도 다문화 교육센터지원: 다문화관련 교육네트워크 구축 및 시 · 도별 특성에 맞는 다문화 교육 지원 제도개선 및 우수사례확산, 다문화교육활성화를 위한 제도개선 사항 발굴 및 개선, 다문화교육 연구결과, 우수사례 등 성과확산 대국민 교육 · 홍보강화 등
	여성부 EBS	한국어 및 문화교육 프로그램 운영계획
문화체육관광부	지방자치단체	이주민을 위한 책자 및 매체개발, 한국어교육, 문화교육프로그램, 문화예술교육지원, 여성결혼이민자다문화 · 강사육성사업, 결혼이주여성가족을 위한 축제 및 이벤트 문화체험 및 이해 프로그램
농림수산식품부	여성가족부 지방자치단체	방문교육도우미를 통한 언어, 문화 및 가족관계 증진교육의 실시, 기초 한국생활적응교육, 농촌여성결혼이민자를 위한 기초영농교육, 이주여성농업인과의 1:1 맞춤형 교육
고용노동부	여성가족부	일자리 알선 및 훈련지원
행정안전부	지방자치단체	교육 및 사회복지분야에서 내국인과 차별 없는 혜택을 받도록 정책개선, 다문화친화적인 환경조성, 외국인투자여건개선, 외국인 밀집지역 위주로 각종 표지판의 외국어병기의 시행, 외국인 커뮤니티 활동비의 지원

자료: 이종열, 범령령(2010. 11).

이처럼 정부가 다문화가정을 위하여 다양한 기관과 협력하여 지원하는 이유는 다문화가정의 자녀들에게 많은 문제점을 발견하였기 때문이다. 특히 농어촌 지역이나 저소득층의 다문화가정 자녀들은 많은 문제에 노출되고, 발달에 나쁜 영향을 받고 있는 것으로 나타났다. 2005년도 보건복지부 실태조사 자료에 따르면, 국제결혼 가정 중 이주여성가구의 50%가 최저생계비 이하의 소득 수준으로, 이들은 가정의 경제적인 문제와 결부되면서 여러 악순환을 경험하게 된다고 한다. 또한 기초생활보장 수급가구는 경제적 어려움도 크지만 자녀 양육 및 교육 문제 역시 어려움을 겪고 있는 실정이다. 2014년 7월 2일 안전행정부가 발표한 외국인 주민 현황에 따르면 0~2세가 5만 3,046명, 3~5세가 5만 2,305명으로 만 5세 이하의 취학 전 유아는 만 18세 미만 자녀의 51.6%에 달한다. 이처럼 다문화가족 자녀 중 유아 자녀의 비율이 월등히 높고, 유아기의 경험이 향후 성장·발달에 지대한 영향을 미치게 됨을 고려할 때 성인의 적응과 학령기 자녀의 학업보다 다문화가족의 삶의 질 향상을 위해서는 다문화가족에 대한 지원이 절실히 필요하다(육아정책연구소, 2013). 또한 급속도로 늘어나고 있는 다문화가정과 그 자녀들이 우리 사회의 구성원으로서 건강하게 정착할 수 있도록 하기 위해서도 다문화가정의 지원은 필요하다(유희정, 2008).

4) 지역별 유치원 분포와 이용 차이

우리나라 지역에 따라 유치원 분포 및 이용적 측면에서 차이를 보였다. 분포의 경우, 공립유치원은 대부분 읍면 지역에, 사립은 도시 지역에 집중되어 있어 유아에게 제공되는 교육 경험의 차이에 대한 문제가 유발될 수 있음을 보인다. 도시 지역에는 교육비가 저렴한 공립유치원이 부족하므로 교육비가 공립에 비해 상대적으로 비싼 사립유치원 선택이 불가피하며 이에 따라 학부모의 경제적 부담이 가중되고 있는 실정이다. 특히 사립유치원의 유아학비 비용은 도시지역 중산층에게 더욱 큰 부담으로 작용하기 때문에 저소득층은 경제적 부담 때문에 어린이집을, 고소득층은 영어·특기교육 때문에 고가의 사립유치원 또는 영어학원을 선택하는 경향을 보인다(교육과학기술부, 2009).

〈표 11-3〉의 공립유치원과 사립유치원 간의 지역별 차이를 살펴보면 교육 여건이 취약한 농어촌 지역의 공립유치원은 10명 이하의 학급이 52%에 달하여 보다 충실한 유아교육 서비스 제공이 어려운 실정이다. 이러한 문제는 농어촌과 도시 지역 간에 유아단계에서의 교육 격차를 더욱 확대시킬 것으로 예견된다.

〈표 11-3〉 전체 취원 대상 만 5세 유아의 공 · 사립유치원 취원율 (단위: %)

구분	공립유치원	사립유치원	취원율 소계
대도시	9.2	40.5	49.7
중소도시	17.0	36.2	53.2
농어촌	28.4	23.6	52.0

출처: 교육과학기술부(2009).

〈표 11-4〉는 지역별, 유형별 유치원의 문제점에 대하여 검토한 것으로 도시는 수요대비 공립유치원의 공급이 절대적으로 부족하며, 사립유치원의 반대로 공립의 신 · 증설의 한계가 있으며, 병설유치원 중 원감이 미배정인 곳이 많아 유아교육의 전문성 취약이 문제점이다. 따라서 농어촌 지역의 경우 취원 대상아 수의 감소로 인하여 제정구조가 악화되고, 낮은 자본력으로 인하여 시설환경이 미흡하며, 체험 학습장 등의 인프라 시설이 부족한 것이 현실이다. 모든 유아에게 지역차, 소득차, 개인차에 관계없이 양질의 유아교육 기회의 보편성과 균등성을 보장할 수 있어야 하므로 유아교육기관을 이용하고자 하는 수요자에 대한 양질의 교육서비스를 제공할 수 있도록 좀 더 세심한 정책이 요구된다.

〈표 11-4〉 지역별, 유형별 유치원의 문제점

구분		문제점
도시	공립	• 공립유치원 수요대비 공급절대 부족 • 사립유치원의 반대로 공립 신 · 증설 한계 • 병설유치원 원감 미배정으로 유아교육 전문성 취약
	사립	• 영어학원 등으로 중 · 상위계층 가정 유아 유출 • 보육시설 등으로 하위계층 가정 유아 유출 • 특기 · 적성교육 등 파행적인 교육과정 운영
농어촌	공립	• 소규모, 소인수 학급(10명 이하)으로 교육력 저하 • 차량운행 제한으로 원아 모집에 한계 • 장학 전문 인력부족 및 교사배치의 비효율성
	사립	• 농어촌 취원대상아 감소로 재정 구조 악화 • 낮은 자본력으로 시설환경 개선 미흡 • 체험학습장 등 유아교육 인프라 부족

출처: 교육과학기술부(2009).

2. 유아교육 지원기관

1) 유아교육진흥원

1949년 「교육법」에 의해 유치원이 학교로 정의 내려졌으며, 1982년 「유아교육진흥법」 제정으로 인하여 유아교육 진흥을 위한 국가 및 지방자치단체의 의무조항이 규정되었다. 그 후 1998년 「유아교육진흥법」이 개정되면서 초등학교 취학 직전 1년의 유아에 대한 무상교육 원칙이 포함되었다. 2004년 「유아교육법」 제정으로 인하여 「유아교육진흥법」이 폐지되고, 「초・중등교육법」의 유아교육 관련 내용이 「유아교육법」에 이관되었다. 이는 유아교육에 대한 기본법을 마련하는 계기가 되었다. 「유아교육법」 제6조에서는 "국가 및 지방자치단체는 유아교육에 관한 연구와 정보제공, 프로그램 개발 및 교재개발, 유치원교원 연수 및 평가, 유아체험교육 등을 담당하는 유아교육진흥원을 설치하거나 해당업무를 교육 관련 연구기관 등에 위탁할 수 있다."라고 명시하고 있다. 이러한 총칙에 따라 현재 우리나라에는 14개 시・도(강원, 경기, 광주, 대구, 대전, 부산, 서울, 울산, 인천, 전남, 전북, 제주, 충남, 충북)에서 유아교육진흥원을 운영하고 있다. 대표적인 예로 서울특별시 유아교육진흥원(https://www.seoul-i.go.kr)을 설명하면 다음과 같다.

(1) 서울특별시 유아교육진흥원 설립목적

서울특별시 유아교육진흥원 설립 배경 및 필요성은 다음과 같다.

- 유치원 공교육의 기반을 조성하고 교육복지 선진화 구현을 추진하기 위해서이다.
- 정부가 유아교육 발전의 일환으로 육아정책을 수립하고 추진하기 위해서이다.
- 시대 변화에 따라 유아교육에 관한 연구와 정보 제공, 프로그램 개발 및 교재 개발, 유치원 교원 연수 및 평가, 유아체험교육 프로그램 운영 등의 전담기관이 필요하기 때문이다.
- 저출산 문제 해소를 위한 학부모 교육 및 정보를 제공할 수 있는 담당기관이 필요하기 때문이다.

- 종합적인 유아교육 지원체계 구축을 위한 전문적인 전담기관이 필요하기 때문이다.

이상과 같은 설립의 필요성에 따라 달성하고자 하는 목적은 다음과 같다.

- 공교육체제 확립과 유치원 교육과정 정상 운영 기반 조성
- 유아 발달단계에 적합한 프로그램 제공 및 교수 · 학습 방법 일반화
- 유아교육 연구, 정보 제공, 프로그램 및 교재 개발, 유치원 교원연수, 평가 등으로 유아교육 진흥
- 저출산 등 사회 문제 해소를 위한 방과후 과정 활성화 및 문화 격차 최소화
- 유아들에게 안전한 교육환경과 학부모의 사교육비 절감을 위하여 유아체험교육 제공

(2) 서울특별시 유아교육진흥원 운영 방향

모두가 행복한 혁신미래교육을 전체적인 운영 방향으로 설정하고 교원의 전문성 신장, 유아의 전인적 성장, 학부모 육아정보 지원을 세부적인 운영 방향으로 정하였다. 주요 추진과제는 다음과 같다.

- 누리과정 내실화를 위한 유아교육 연구 · 연수
- 창의 · 인성을 기르는 유아 체험교육 프로그램 운영
- 교육의 질 제고를 위한 유아교육 프로그램 및 교재 · 교구 개발 보급
- 행복 교육공동체 구축을 위한 유아교육 정보 제공

(3) 서울특별시 유아교육진흥원 주요 사업

주요 사업으로는 연수지원, 프로그램 개발 및 교재 · 교구 개발, 체험교육 운영, 교육정보 제공, 평가를 통한 프로그램 운영의 질적 향상을 적극 도모하고 있다.

- **연수지원:** 특수 분야 직무연수, 생애주기별 연수(경력에 따른 맞춤형 연수), 학부모 연수(학부모 역할, 육아정보, 생활지도 등), e-편한 사이버 연수(홈페이지 활용 연수)
- **프로그램 개발 및 교재 · 교구 개발:** 유아교육 프로그램 개발(예: 3~5세 연령별 누리과

정에 따른 교육자료 개발 · 보급), 멀티미디어 제작지원실 운영(수업동영상, 학습자료, 유치원 안내 영상, 동화 · 동시 등 다양한 영상 자료 제작 지원), 교재 · 교구 대여 프로그램 운영

- **체험교육 운영**: 영역별 체험교육 프로그램, 문화예술체험교육 프로그램, 가족체험 프로그램, 새싹도우미(유아체험교육 활동 시 보조자로 활동)
- **교육정보 제공**: 가족지원 프로그램 운영(유아, 학부모, 유치원 현장 교원을 위한 상담실 운영), 학부모교육원 운영([유아교육 관련 전문지식 및 유아관련 교육내용으로 교과과정을 구성하여 일반연수(단기, 심화)과정, 현장지원연수, 학부모동아리 활동 운영])
- **평가를 통한 프로그램 운영의 질적 향상**: 유아교육진흥원을 방문하는 유아, 교원, 기관을 대상으로 평가

2) 육아종합지원센터

육아종합지원센터는 영유아에게 일시보육 서비스를 제공하고 보육에 관한 정보의 수집 · 제공 및 상담 등을 제공하기 위하여 보건복지부 장관과 지방자치단체의 장이 설치 · 운영하는 지역사회 내 육아지원을 위한 거점기관으로서 어린이집 지원관리 및 양육보호자에 대한 맞춤형 지원을 사업목적으로 설립되었다. 이곳에서는 시설 보육 및 가정양육과 관련하여 필요한 정보 및 상담을 제공하고 있으며 일시보육 서비스, 장난감도서 대여, 교재 및 교구 대여, 놀이 공간을 제공하는 등 육아지원 서비스를 제공하고 있다. 어린이집은 육아종합지원센터를 통해 보육정책에 대한 정보를 공유하고 어린이집 보육컨설팅 및 교직원 인력을 공급받을 수 있으며, 보육교직원의 역량을 강화할 수 있도록 지원을 받을 수 있다. 우리나라에는 현재 총 90개의 육아종합지원센터가 설치 · 운영되고 있는데 한국보육진흥원이 위탁 운영 중인 중앙육아종합지원센터가 전국 각 지역의 육아종합지원센터를 지원하는 거점 역할을 하고 있다.

(1) 설립목적

육아종합지원센터란 보육 및 양육에 관한 정보의 수집 · 제공 및 보육교직원 · 부모 상담 등을 제공하기 위하여 보건복지부 장관과 지방자치단체의 장이 설치 · 운영하는 육아지원기관(「영유아보육법」 제7조)이다. 설립목적은 지역사회 내 육아지원을 위한 거점기관으로서 어린이집 지원 · 관리 및 가정양육 보호자에 대한 맞춤형 지원을 목적으

로 보육 컨설팅, 교직원 상담 및 교육 등 어린이집 지원 기능과 부모에 대한 상담 및 교육, 일시보육 서비스 등 가정 양육지원 기능을 하는 지역 내 원스톱 육아지원 서비스를 제공하기 위해 설립되었다.

(2) 육아종합지원센터의 역할

「영유아보육법」 제7조, 「영유아보육법 시행령」 제13조에 따르면 육아종합지원센터의 역할은 다음과 같다.

- 중앙육아종합지원센터는 지방육아종합지원센터의 업무 전반에 대한 관리 · 지원 · 평가를 수행하고 그 밖의 정부의 보육사업 시행을 지원한다.
- 지방육아종합지원센터는 관할 지역의 어린이집과 보육 수요자에 대하여 지역 특성에 기초한 서비스를 제공하여야 한다.
- 지방육아종합지원센터는 중앙육아종합지원센터에서 실시하는 평가에 참여하여 질적인 개선을 도모해야 한다.
- 지방자치단체는 육아종합지원센터의 설치 현황 등 지역 상황을 고려하여 시 · 도 육아종합지원센터와 시 · 군 · 구 육아종합지원센터의 역할을 구분하여 수행하게 할 수 있다.

주요 사업으로는 어린이집 보육지원, 가정양육 지원, 기타 보육정보제공사업 등을 진행하고 있다. 구체적인 정보는 중앙육아종합지원센터 홈페이지((https://www.central.childcare.go.kr)에 제시되어 있다.

활동해 봅시다

1. 유아교육을 통해 복지사회를 실현할 수 있는 방안에 대해 토론해 봅시다.

2. 유아교육기관 운영을 지원하는 유아교육진흥원, 육아종합지원센터 등을 견학한 후 느낀 점을 토론해 봅시다.

CHAPTER 12

유아교육의 과제와 전망

▶▶ 학습목표

1. 현대 유아교육의 과제에 대해 이해한다.
2. 미래 유아교육의 전망에 대해 이해한다.

4차 산업혁명 시대를 살고 있는 우리는 급속화된 변화로 예측 불가한 미래에 직면해 있다. 유아교육이 미래 사회를 책임질 인재를 육성하는 것인 만큼 시대와 사회 변화에 따른 요구를 수용하여야 한다. 이 장에서는 21세기 현대 사회의 변화와 유아교육 현황에 대해 살펴보고, 현대 유아교육의 과제와 전망에 대해 알아보고자 하였다.

1. 21세기 현대 사회의 변화와 유아교육

1) 4차 산업혁명 시대

디지털 혁명이라 불리는 4차 산업혁명은 2016년 1월 스위스 다보스에서 개최된 세계경제포럼(World Economic Forum: WEF)의 화두로 떠오른 이후 세계 최고의 관심사로 촉발되었다. 4차 산업혁명은 ICT 기술의 융합적 발전을 통해 이미 시작되었으며, 초연결성(물리적 공간과 인터넷의 공간이 연결되어 데이터가 발생), 초지능화(집적된 데이터의 분석 및 활용을 통해 현실 속 사물의 자동제어 가능), 초자동화(제품 생산 및 서비스가 자동으로 이루어짐)의 특성을 가진다(Schwab, 2016). 이는 모든 기술이 융합하여 물리학, 디지털, 생물학 분야가 상호 교류하는 것이며, 사물인터넷(Internet of Things: IoT), 가상물리시스템(Cyber Physical Systems: CPS) 등으로 현실 시스템과 가상 시스템 간의 경계가 사라지면서 자원 공급, 설계, 유통, 서비스에 이르는 기업의 공급사슬 전체 과정을 연결하는 새로운 산업혁명이다. 이미 유전자 조작, 변형 등 생명과학 기술과 나노테크놀로지, 인공지능과 로봇, 빅데이터(Big data)와 클라우딩(clouding), 자율주행차, 3D 프린팅, 사물인터넷(IOT), AR(Augmented Reality: 증강현실), VR(Virtual Reality: 가상현실) 등의 신기술은 널리 확산되고 있다. 앞으로 더욱 상상을 뛰어넘는 과학기술이 발달될 것이고, 모든 것은 다면적으로 포괄적이면서도 기하급수적 속도의 혁명(Schwab, 2016)이 일어날 것이다.

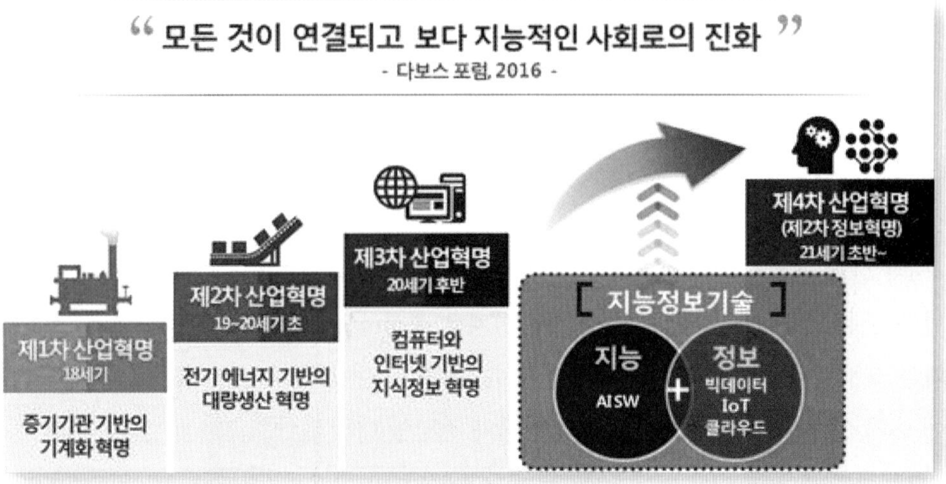

[그림 12-1] 4차 산업혁명

출처: 산업일보(2017. 6. 25.).

4차 산업혁명 시대는 예측 불가할 정도로 가속화된 혁신으로 세계를 변화시켜 국가와 사회, 기업, 개인의 운명을 바꿀 것이다(Schwab, 2016). 2016년 이세돌 9단과 알파고의 바둑 대결은 전 세계의 주목을 끌었을 뿐 아니라 4차 산업혁명 시대 돌입에 대한 체감과 놀라움, 당혹감, 불안감을 심어 준 사건이었다. 아직 인공지능이 모든 측면에서 인간을 능가하지 않을지라도 이 사건은 전 세계에 충격을 주기에 충분하였다. 특히 많은 사람이 갖는 미래에 대한 불안은 급속한 변화로 인해 우리 삶이 예측하기 어려운 수준이라는 것이다. 이러한 변화는 과학, 경제, 사회 · 문화, 인류 환경에 광범위하며 중대한 영향을 미치게 될 것이다.

미래 사회에서 우리가 가져야 할 생존전략은 무엇인가? 슈밥(Schwab, 2016)은 과학기술과 사회의 공존, 협력과 파트너십, 변화를 수용하고 형성하며 그 가능성을 최대화하는 실용적 방안과 해법을 제안하였다. 그것은 시대 흐름을 인식하고, 적절한 문제 해결을 위해 '인간 고유의 가치를 유지하는 것'이라고 하였다. 현재 개발된 인공지능과 기계가 넘볼 수 없는 인간 고유의 고등 사고력인 융복합 능력, 문제해결 능력, 창의성 등으로 해결해 나갈 수 있다고 보았다. 세계경제포럼(WEF, 2015)이 제시한 4차 산업혁명 시대에서 요구되는 인간의 핵심역량은 기초기술(foundation skills), 역량(competencies), 인성 자질(character qualities)이다. 기초기술은 일상생활에서의 핵심기술 적용과 관련되는 인지적 역량이다. 역량은 비판적 사고/문제 해결, 창의성, 의사소통, 협력 등이며, 인성 자질은 창의성, 주도성, 일관성/도전정신, 적응력, 리더십, 과학 및 문화에 대한 자질이다. 이러한 4차 산업혁명 시대에 요구되는 인간의 핵심역량은 교육 분야에서 눈여겨볼 부분이다.

2) 시대에 따른 인간상과 유아교육의 변화

(1) 유아중심 관점

현대 유아교육의 관점 변화에서 가장 주목할 만한 점 중 하나는 유아중심 관점의 강화이다. 유아중심 관점은 고대 인본주의 철학, 자연주의 철학, 실용주의 교육학, 성숙주의 심리학, 상호작용주의(구성주의) 심리학이론 등에서 발견할 수 있다. 유아중심 관점은 크게 두 가지 접근으로 나뉜다. 그것은 성숙주의 심리학과 같이 유아의 발달에서 잠재력 등의 유전적인 요소를 가장 강력한 발달요인으로 보는 접근과 유아가 잠재력과 유전적 요소를 가지고 능동적으로 주변환경과의 적극적 상호작용을 통해 발달한다는 상호작용주의 심리학의 접근이다. 성숙주의 심리학의 유아중심 관점에서는 발달에서 유아의 본성과 잠재능력이 매우 중요하다. 상호작용주의 심리학의 유아중심 관점은 발달에서 유아의 유전적 요소뿐 아니라 사회적 환경과의 활발한 상호작용을 통해 발달이 이루어지므로 유아와 교사를 비롯한 사회적 환경의 역할을 모두 중요시하는 입장이다. 유아중심 관점은 유아 본성과 능동적 자질 자체에 관심을 두며, 특히 최근 유아교육 동향은 상호작용주의 심리학이론의 유아관에 많은 영향을 받고 있다.

최근 유아교육 동향에서의 유아중심 관점은 유아의 발달 수준, 연령, 흥미, 요구, 개인적 발달 차이, 개인의 사회문화적 환경에 따른 발달의 차이, 능동성과 내적 동기를 중시한다. 이에 따라 유아교육과정은 피아제(Piaget), 비고츠키(Vygotsky) 등의 상호작용주의 이론에 근거한 유아중심 통합교육과정의 성격을 가진다. 4차 산업혁명 시대에서 요구하는 교육과정 역시 학습자 수준과 흥미를 고려하여 내적 동기화에 의한 학습자 중심 교육과정을 강조한다. 학습자의 자기주도적 역량과 융합적 문제 해결력, 창의적 역량을 가지고 미래 사회의 변화에 적극적으로 대처하고 적응해 나가는 인재 양성에 대한 비전을 제시하고 있다.

(2) 지식의 관점 변화

현대 유아교육에서는 지식에 대해 다양한 관점의 변화가 있어 왔다. 초기에는 인지적 지식을 중요한 지능으로 여겼으나 점차 인지이론의 발달, 정보처리이론, 뇌과학이론, 다중지능이론 등 다양한 이론의 등장으로 지능의 다양성이 인정되었다.

가드너(Gardner, 1983)의 다중지능이론은 새로운 지능의 관점을 제시하였다. 다중지능은 언어지능, 논리-수학적 지능, 공간지능, 신체-운동 지능, 음악지능, 개인내적 지능, 대인관계 지능, 자연탐구 지능을 말한다. 다중지능이론에서 각 지능들은 서로 독립적이고 고유의 가치를 지니며 개인 내적으로 질적인 차이가 나타난다. 다중지능이론으로 인하여 개별 유아의 특성과 자질은 더욱 중시되고 개별 요구와 수준에 적합한 교육과정이 더욱 중요하게 되었다.

최근 유아교육 동향은 단순한 지식 위주의 교육보다 깊이 있는 이해를 바탕으로 한 고등사고력을 강조한다. 세계경제포럼(2015)에서도 4차 산업혁명 시대 핵심역량을 비판적 사고/문제 해결, 창의성, 의사소통, 협력, 주도성, 일관성/도전 정신, 적응력, 리더십, 과학능력 및 문화에 대한 자질 등으로 제시하고 있다. 사실 교육 분야에서 문제 해결과 창의성, 융합적 사고력을 강조하는 것이 근래의 일만은 아니다. 1980년대부터 문제해결은 교육에서 매우 중요한 목적으로 자리하였고 STEAM 교육의 접근 또한 융합적 사고능력을 강조하는 접근이다. 유아교육의 주요한 이론적 근거를 제시하는 비고츠키의 사회적 상호작용주의 이론에서도 유아가 문제에 따라 능동적으로 협력학습을 한다는 것과 해결을 위한 탐구 수준의 인지과정을 강조하고 있다. 유아는 자신의 프로젝트에서 사전 지식과 새로운 경험의 정보들을 비교하고 분석하고 새로운 상황에 적용하는 과정을 통해 문제를 해결해 나간다. 이러한 측면에서 교육과정에서는 더 이상 지식만을 강조하지 않으며, 기술과 태도를 함께 강조하고 있다. 누리과정의 탐구생활 영역 세부목표에서 지식보다 태도가 첫 번째 목표로 나타나는 것은 이러한 입장을 반영하는 것이라 할 수 있다. 유아가 능동적으로 참여하는 과정을 통하여 다양한 기술과 지식을 적용하게 되고 유아 수준에 적합하고 자율적인 학습과정에서 관련 태도 역시 발달하게 될 것이다.

4차 산업혁명 시대에서 학습자에게 단편적 지식을 습득하도록 하는 교육은 더 이상 가치를 지니지 못한다. 실제적인 문제 해결 과정에서 유아가 능동적이고 융통적으로 사고할 수 있는 학습과정이 중요할 것이다. 유아가 자신이 가진 지식을 다양한 방식으로 통합하고 적용하여 대상이나 관련 문제를 분석하고 계획, 실행 및 문제 해결, 평가할 수 있는 역량을 길러야 할 것이다.

(3) 유아교육 범위의 확대

학문의 발달, 사회구조와 질적 변화에 따라 유아교육의 필요성이 증대하였고 유아를 둘러싼 환경과 다양한 요구 수용의 필요성 증대, 새로운 교육 가치의 등장으로 유아교육의 범위가 확대되었다. 가족구조의 변화로 인하여 핵가족, 한부모가족, 조손가족, 분산가족, 다문화가족이 증대하고 이에 대한 교육적 책임과 대안이 필요하게 되었다. 뿐만 아니라 영유아 개인의 발달적 차이나 수준, 사회문화적 배경과 개인 특성 등에 따른 다양한 요구와 문화의 다양성을 존중하고 이해하며 이를 유아교육에 반영하는 것은 매우 중요하다. 이러한 차원에서 다문화교육과 반편견교육, 주류화(mainstream) 측면의 장애아 통합교육이 실시되고 있다. 유아는 다양한 유아의 특성과 문화를 이해하고 이것이 존중되는 경험을 통해 건강한 사회·정서 발달을 이룰 수 있다.

또한 가족의 교육기능 약화, 인간성 상실과 개인 스트레스의 증대 및 소외 현상으로 인하여 유아교육에서 인성교육이 매우 강조되었다. 인성교육이란 자신의 내면을 바르고 건전하게 가꾸고 타인, 공동체, 자연과 더불어 살아가는 데 필요한 인간다운 성품과 역량을 기르는 것을 목적으로 하는 교육을 말한다(국가법령정보센터, 2017). 우리나라는 2015년 1월 20일 세계 최초로「인성교육진흥법」[시행 2015. 7. 21.](법률 제15233호, 2015. 1. 20. 제정, 2017. 12. 19. 일부 개정)을 제정하고 인성교육을 시행하고 있다.

(4) 유아교육과정의 다양화

최근 유아교육 동향에 따라 유아교육의 다양성이 반영된 프로그램 및 유아교육과정이 개발·실행되었다. 피아제의 인지적 상호작용주의 이론을 적용한 하이/스코프(High/Scope)를 비롯한 인지프로그램, 비고츠키의 사회적 상호작용주의 이론을 적용한 레지오 에밀리아(Reggio Emilia) 등의 프로그램, 프로젝트 접근법, 발도르프, 자연친화교육과 생태교육 등의 다양한 프로그램이 개발·적용되고 있다. 특히 비고츠키 이론에 입각한 프로그램들은 최근 유아교육의 주요 동향으로 비계설정, 소집단의 협력학습, 프로젝트를 통한 탐구학습, 문제해결중심 학습, 유아교육기관과 가정, 지역사회의 효율적인 연계의 필요성 등을 구체적으로 제시하고 있다. 이 밖에도 특별한 요구를 가진 유아를 위한 장애아 통합교육 프로그램 등이 있다.

(5) 우리나라 유아교육 현황

① 유아교육기관, 원아 수 및 교원 수

2017년 기준으로 우리나라 유치원 수는 총 9,029개교이며, 이 중 국공립유치원은 4,747개교, 사립유치원은 4,282개교이다. 2017년의 유치원아 수는 69만 4,631명이며 전체 교원 수는 5만 3,808명이다. 전체적인 현황은 〈표 12-1〉과 같다.

취학 전 유아 수에 대한 미래 전망을 살펴보면, 유치원 만 3~5세 원아 수는 2011년 대비 2021년에 12.45% 감소, 교원 수는 3만 114명으로 감소, 유치원 수는 12.45% 감소할 것으로 예상되고 있다(장명림, 황성온, 김미나, 2012). 학령인구의 급속한 감소는 부모들의 자녀교육에 대한 기대 수준을 높이고 동시에 양질의 교육을 요구하게 될 것으로 보인다.

〈표 12-1〉 우리나라 유아교육기관, 원아 수 및 교원 수 현황

(단위: 개교, 명)

구분	전체 유치원 수	국공립 유치원 수	사립 유치원 수	유치원아 수	학급당 학생 수	교원 수	교원 1인당 학생 수
2017	9,029	4,747	4,282	694,631	19.0	53,808	12.9
2016	8,987	4,696	4,291	704,138	19.7	52,923	13.3
2015	8,930	4,678	4,252	682,553	20.0	50,998	13.4
2014	8,826	4,619	4,207	652,546	19.7	48,530	13.4
2013	8,678	4,577	4,101	658,188	21.5	46,126	14.3
2012	8,538	4,525	4,013	613,749	21.6	42,235	14.5
2011	8,424	4,502	3,922	564,834	20.9	38,662	14.6
2010	8,388	4,501	3,887	538,587	21.0	36,461	14.8
2000	8,494	4,176	4,318	545,263	26.3	28,012	19.5
1990	8,354	-	-	414,532	28.6	18,511	22.4
1980	901	-	-	66,433	38.4	3,339	19.9
1970	484	-	-	22,271	34.1	1,660	13.4

출처: 국가교육통계센터(2017).

② 유아교육 관련 법

유아교육 관련 법은 1922년「조선교육령」제정이 그 최초이다(교육과학기술부, 2012. 3. 20). 1949년「교육법」을 통하여 유치원은 학교로 정의되었고, 1982년「유아교육진흥법」이 제정되어 유아교육 진흥을 위한 국가, 지방자치단체의 의무조항이 규정되었다. 1997년에「교육법」이 폐지되면서,「교육기본법」「초·중등교육법」「고등교육법」이 분리 제정되었다. 유아교육은 이 가운데 초등학교 취학 직전 1년의 유아에 대한 무상교육 원칙이 명시됨으로 인하여「초·중등교육법」에 포함되었다. 1998년「유아교육진흥법」이 개정되면서 이에 초등학교 취학 직전 1년의 유아에 대한 무상교육 원칙이 포함되었다(교육과학기술부, 2012. 3. 20). 2004년에는「유아교육 진흥법」이 폐지되고,「초·중등교육법」의 유아교육 관련 내용을 이관하여「유아교육법」이 제정되었다(2004. 1. 29. 제정).

③ 유아교육 주요 정책

교육부는 2009년 '유아교육 선진화' 추진계획을 발표하였다. 이원화되어 있는 유치원 교육과정과 어린이집 표준보육과정을 2012년 3월부터 5세 누리과정으로 일원화하고 공통 적용하였고, 2013년부터는 만 3~4세까지 누리과정을 확대하여 적용하였다. 이에 유아기부터 타인을 배려하고 존중하며 공감하는 역량을 기르기 위한 인성교육 내용이 포함되었다.

교육부는 유아교육발전 5개년 계획(2013~2017)을 수립하여 실시하였고, 2017년 7월 25일에는 2차 유아교육발전 5개년 기본계획 수립을 위한 '2차 유아교육 기본계획안'을 발표하였다(연합뉴스, 2017. 7. 25.). 교육부의 유아교육발전계획은 국가 수준의 누리과정 내실화와 안정화, 교원역량 지원 강화, 유아교육 행·재정체제 정비 및 강화, 공사립유치원의 균형 발전 등을 주요 특징으로 하고 있다(〈표 12-2〉 참조).

④ 국외 유아교육 정책 동향

국외 유아교육 정책 동향을 살펴보면(장명림 외, 2012), 만 5세 유아들을 위한 교육제도의 공교육화가 이루어지고 있는 추세이다. 취학 직전 1년의 교육에 대한 관리 시스템이 만들어지고 유지되고 있다. 또한 유아교육비 지원대상의 유아 연령이 만 5세에서 만 2세로 점차 낮아지고 있다. 국외 유아교육 정책은 만 2.5세 또는 만 3세부터 초등교육이 시작되기 전까지 국가 수준의 유아교육·보육과정 틀을 갖추고 있다.

OECD(2011)가 한국 경제성장과 사회통합 촉진을 위해 제안한 사안에서 우리나라

〈표 12-2〉 유아교육발전 5개년 계획과 2차 유아교육기본계획안

<table>
<tr><th colspan="2">1차 유아교육발전 5개년 계획(2013~2017년)</th><th colspan="2">2차 유아교육기본계획안</th></tr>
<tr><th>영역</th><th>핵심 정책과제</th><th>4대 정책분야</th><th>10대 정책과제</th></tr>
<tr><td>유아교육 기회 확대</td><td>• 유아 무상교육 지속 확대
• 유치원 신 · 증설의 적정화
• 유치원 시설 · 설비의 적정기준 마련
• 내실 있는 유치원 정보제공을 위한 제도 정착
• 유치원 교육환경 개선</td><td rowspan="3">교육과정 운영 내실화</td><td rowspan="3">• 누리과정 안정화: 초 · 중 · 고교 2015개정 교육과정과 누리과정의 연계성을 높이는 누리과정 개정작업을 2018년에 시작해 2022년에 개정 누리과정 시행, 누리과정 수시 개정체계 마련
• 교육과정 평가체제 내실화: 누리과정 성취지표 개발 · 보급
• 방과후 과정 운영의 정상화: 현재 이용률이 70% 안팎인 유치원 방과후과정 이용 대상을 '워킹맘' 등으로 제한, 운영시간을 오후 3 · 5 · 7시 귀가 등으로 세분화, 보편적 지원은 누리과정 학비지원으로 전환</td></tr>
<tr><td>유치원 운영 효율화</td><td>• 공립유치원 운영 개선
• 사립유치원 지원 및 운영체제 개선
• 유치원 평가제도 개선
• 유치원 재무 · 회계규칙 도입
• 유치원운영위원회 정착 및 발전</td></tr>
<tr><td rowspan="2">교육과정 및 방과후 과정 내실화</td><td rowspan="2">• 누리과정 정체성 명확화 및 질적 발전
• 누리과정 운영을 위한 현장 지원체제 강화
• 유아교육 교재 · 교구 인증제 도입 및 우수 프로그램 활용
• 방과후 과정 운영 내실화
• 방과후 과정 전담인력 배치</td></tr>
<tr><td rowspan="2">교원역량 · 지원 강화</td><td rowspan="2">• 교원생애주기별 맞춤형 연수 지원
• 교원의 권익 및 복지, 윤리 증진</td></tr>
<tr><td rowspan="2">교원의 전문성 및 자긍심 강화</td><td rowspan="2">• 누리과정 담당교사 자격기준 강화
• 전문성 제고를 위한 맞춤형 연수 지원
• 유치원 교원능력개발평가 정착
• 유치원 교원임용 및 인사방식 개선
• 유치원 교사 근무여건 개선</td></tr>
<tr><td rowspan="2">유아학교 정착 위한 행 · 재정 체제 정비</td><td rowspan="2">• 유치원 관련 법령 개정 및 보완
• 안심교육환경지원방안 마련: 유치원 설비 기준 통일, 정부가 내년 상반기까지 표준안을 만들고 17개 시 · 도가 내년 하반기까지 자체 세부안 수립</td></tr>
<tr><td rowspan="2">유아교육 지원체계 강화</td><td rowspan="2">• 유아교육 종합정보시스템 구축
• 유아교육진흥원 및 체험교육원 운영 활성화
• 유아교육에 대한 인식개선 노력 전개
• 유아교육 대내외 협력 네트워크 강화
• 유아교육 지원기능 강화</td></tr>
<tr><td>공 · 사립 유치원 균형발전</td><td>• 공립유치원 취원율 제고: 2022년까지 40%로 상향, 국공립유치원 공급 확대
• 사립유치원 운영 모델 다양화</td></tr>
</table>

출처: 교육부(2012), 서울시교육청(2017).

유아교육에 대한 부분은 국가의 지속 가능한 성장은 사회 통합의 필수 요소라는 점, 유아교육 형평성 개선에 주력해야 한다는 점, 교육평등 개선을 위한 국제 동향을 벤치마킹해야 한다는 점, 표준화된 교육과정으로 모든 유아에게 균등한 고품질의 교육을 제공해야 한다는 점, 만 5세 미만 유아를 위한 규제 감독과 재정지원을 일관된 구조(일원화 체제)로 통합하는 방향이 고려되어야 한다는 점 등이다. 또한 UNESCO가 제시하는 우리나라 유아교육과 보육의 통합 및 체계화 방안은 우선적으로 내용과 개념이 통합되고 구조적 통합은 나중에 이루어져야 한다는 점, 취학 전 교육과 보육의 연령단계별 체계화 권고, 유아교육과 보육의 재개념화 및 재구조화가 지향되어야 한다는 점, 통합에 앞서 유아교육과 보육의 질 향상을 우선시하여야 한다는 점이다(문무경, 서문희, 2012). 또한 다양한 혜택과 교육을 통한 부모 · 가족 지원이 중요하며, 공평한 출발을 위한 취약계층 배려정책이 중요하다고 하였다(장명림 외, 2012).

2. 현대 유아교육의 과제

1) 지역별, 기관 유형별 이용 차이

유아교육 현황을 살펴보면, 지역에 따라 유치원 분포 및 이용 측면에서 차이가 나타났다. 공립유치원은 대부분 읍면 지역에 집중되었고, 사립유치원은 도시 지역에 집중되어 있다. 이러한 현상은 유아에게 제공되는 교육경험의 차이가 유발될 수 있다. 즉, 도시 지역에 교육비가 저렴한 공립유치원이 부족하여 상대적으로 교육비가 비싼 사립유치원 선택이 불가피하여 학부모의 경제적 부담도 가중되고 있다.

사립유치원의 교육비 증가로 인한 계층별 교육 기회의 불균형과 사립유치원의 운영상의 어려움, 공립과 사립 유치원 간 교육환경의 차이, 도시와 농촌 간의 취원 기회의 불균형으로 인하여 도서 · 산간벽지는 초등학교 병설유치원과 같은 공립유치원의 설치 요구가 높으나 여전히 공립유치원은 농촌과 산간벽지에서 질 높은 교사 채용의 어려움, 유아 수의 감소 등과 같은 문제에 직면하고 있다(장혜순, 2010).

또한 우리나라는 전체 기관 수는 국공립유치원과 사립유치원이 큰 차이를 보이지 않고 있으나, 학생 수 측면에서 보면 2011년 기준으로 국공립유치원은 22.3%, 사립유치원은 77.3%의 원아들이 다니고 있는 것으로 나타났다(장명림 외, 2012). 이처럼 유아교육은 사립교육기관에 대해 높은 의존도가 나타나고 있다.

2) 유아교육에 대한 공적 투자 미흡

OECD 국가와 비교하였을 때, 우리나라는 유아교육에 대한 공적 투자가 매우 미흡하였다(장명림 외, 2012). 2011년 기준으로 우리나라 유아 1인당 평균 교육비는 4,281달러로서 OECD 평균(6,210달러)의 68% 수준이며, GDP 대비 유아교육 지출은 0.2%로서 OECD 평균인 0.5%의 절반에도 미치지 못하고 있다. 또한 정부의 공적 재원 지원을 받는 유아는 49.7%로서 OECD 평균 79.7%의 62% 수준으로 나타났다. 뿐만 아니라 각 지역에 따라 교육재정 투자 및 지원 차이가 많이 나타났다.

3) 기관 설립 유형별 교사 배경 및 근무여건 차이

유치원 설립 유형별로 교사의 학력, 경력 및 근무여건에 많은 차이가 나타났다(장명림 외, 2012). 학력 면에서 살펴보면, 2011년 기준으로 국공립유치원 교사는 4년제 대학 졸업자가 52.5%로 전체의 절반 이상이었고 사립유치원 교사는 31%로 나타났다. 경력 면에서 국공립유치원 교사는 15~25년 미만 경력이 61.1%이었고 초임에서 30년까지 분포가 나타났다. 반면, 사립유치원 교사는 5년 미만 경력이 60.1%이었다. 또한 월평균 급여의 근무여건 면에서 국립유치원 교사는 평균 약 357만 원, 공립 유치원교사는 평균 약 330만 원, 사립유치원 교사는 평균 약 166만 원으로 많은 차이가 나타났다.

4) 소득계층별 차이 및 지원 문제

보편적 정책하에서도 여전히 소득 격차에 따른 차이가 존재하여, 유아 학비 및 보육료 전액 지원에서도 실제 저소득층은 여전히 추가비용의 부담을 느낀다. 2011년 기준 일반대상 유아의 월평균 보육료·교육비는 24만 9,500원이고 추가비용은 9만 5,300원이었으며, 전액면제대상 유아의 월평균 보육료·교육비는 4만 4,400원이고 추가비용은 8만 7,700원이었다(서문희, 이윤진, 유해미, 송신영, 김세현, 2011). 이는 민간어린이집 및 사립유치원 보육료·교육비와 지원단가 간 격차, 특별활동 등 기타 추가비용 부담이 주요 요인이다. 부모의 자녀양육 역량 강화와 취약계층 가정 유형별 맞춤형 지원이 필요한 실정이다(장명림 외, 2012).

5) 유아교육 지원체계와 유아 교육 · 보육 이원화로 인한 통합적 발전의 한계

유아교육 인프라 현황을 살펴보면 2012년 9월 기준으로 전국에 유아교육진흥원 12개소, 체험교육원 4개소가 있어, 그 수가 매우 부족한 실정이다(장명림 외, 2012). 그 밖에 육아정책연구소의 국책연구기관으로서의 역할을 강화할 필요가 있다.

우리나라는 유아교육과 보육의 이원화로 통합적 발전의 한계를 가지고 있다. 이원화된 관리, 전달체계로 인하여 행정적 측면에서 장학제도, 이용시간별 비용, 비용지원 기준시간, 비용 규제, 연간 일정 차이, 법규와 절차의 논의, 행정업무, 재정업무, 국공립 교사 지위 일원화, 보육료 지원의 일원화 및 차등 지원 등의 문제를 가지고 있다(장명림 외, 2012). 교사 인력 측면에서는 교사의 최소학력, 학력 연한, 신규교사의 자격, 기존 교사의 자격 전환, 양성교과목 및 학점 수, 임금, 승급 및 보수교육 등의 문제를 가지고 있다(장명림 외, 2012).

3. 유아교육의 전망

유아교육의 전망은 장명림 등(2012), 김은영, 김길숙과 이연주(2014), 장혜진과 송신영(2014)이 우리나라 유아교육 현황과 미래 사회 변화 및 국외정책 동향 분석, 유아교육 문제 분석, 유아교육 정책과제에 대한 전문가 조사를 통해 도출한 내용을 토대로 제시하였다.

1) 유아교육 기회 제공의 보편성과 균등성을 확보하여야 한다

유아교육 정책은 서비스의 접근성, 비용의 적정성, 서비스의 질을 추구해야 한다. 서비스의 접근성은 모든 유아에게 지역, 소득, 개인 차이에 관계없이 양질의 유아교육 기회를 보편성과 균등성 측면에서 보장하여야 한다는 것이다. 비용의 적정성과 서비스의 질 추구 면으로 유아학비 지원뿐 아니라 교사, 교육과정, 시설 등 주요 변인의 질 제고와 관리에 중점을 두어야 한다. 교육환경이 열악한 지역에 공공 인프라를 우선시하여 확대하고, 소득계층별로 서비스에 실질적 접근의 차이가 있으므로 취약계층에 대한 추가적인 배려가 필요하다.

2) 유아교육의 질을 제고하여야 한다

유아교육 정책은 유아교육의 질을 제고하여야 한다. 이를 위하여, 교육과정인 누리과정 운영의 질을 제고하여야 한다. 현재 유치원과 어린이집에 통합 운영 중인 누리과정의 안정화와 초등학교와의 연계방안을 고려하여 재정비가 이루어져야 할 것이다. 누리과정 운영의 질 제고를 위하여 인적 · 물적 요건을 강화하고 교사 심화 연수를 실시하여야 한다. 또한 운영시간 및 학급구성 형태에 따른 누리과정 운영 매뉴얼을 개발 · 보급하고, 누리과정의 질적 수준 관리 · 감독 및 컨설팅 장학지원을 강화하며, 누리과정 운영 평가지표를 개발하고 활용하여야 할 것이다.

교원의 전문성을 확보하기 위하여 유아교사 양성과정을 일원화하고 초 · 중등교사의 학력 수준과 마찬가지로 학력 수준을 통일, 상향하여 전문성을 확보하는 것이 바람직하다. 또한 근무여건 개선이 이루어져야 한다.

유치원의 학급당 원아 수는 각 시 · 도교육청에서 연령별로 규정하고 있어 시 · 도별로 차이가 있다. 학급당 교사 1인을 원칙으로 하지만 설문조사 결과 2~3학급당 수업지원인력 1명 정도를 현장에서 요구하는 것으로 나타났다(김은영 외, 2014). 또한 교사가 수업에 충실할 수 있도록 방과후 과정 전담교사 및 행정인력 배치, 지원을 하는 것이 필요하다. 사립유치원 교사의 급여를 공립교사와 동일한 수준으로 제고하고 사립유치원 교원 임용지침 및 매뉴얼을 개발 · 보급하는 것도 발전방안으로 제시할 수 있을 것이다.

또한 교사의 전문성을 위하여 교사의 능력과 수준, 주기에 따른 현직교사 연수과정을 개발하여 실시해야 할 것이다. 급변하는 현대와 미래에서 교사가 새롭고 혁신적인 교육환경에 적응하고 전문적 역량을 발휘하기 위해서는 다양한 관점에 대해 논리적으로 인식하고 분석하는 능력이 필요하고, 변화하는 상황에 적절한 융통성과 융합적 문제 해결력, 창의성을 발휘할 수 있어야 할 것이다. 경우에 따라서는 미래의 유아교사가 교실 안과 밖에서 혁신적 테크놀로지나 웹 플랫폼을 능숙하게 다루며 창의적인 교육과정을 운영해야 할 수도 있다. 교사는 전문가나 동료 교사와 협업할 수 있는 능력과 유연한 인지능력도 갖추어야 할 것이다. 물론 유아교육에서는 유아의 발달 수준에 적절한 수준에서 혁신기술이 교육과정에 얼마나 적용될 수 있는지 전문적으로 살펴보는 것이 우선시되어야 할 것이다. 앞으로 사회와 유아교육 학문의 발달에 따라 교사역량에 관한 재개념화도 이루어져야 할 것이다.

질 제고를 위한 유아교육기관 평가정책 방안으로는 영유아와 교직원이 행복한 평가, 자율성과 다양성을 존중하는 평가, 자기성찰을 지원하는 평가, 기관의 질을 향상시키는 평가자의 구성, 평가 지향점에 대한 공유가 이루어져야 한다(장혜진, 송신영, 2014). 또한 해외 사례에서처럼 특수한 집단 이해관계에서 독립적인 평가기구를 설립하고 전문적인 평가자 양성, 유아교육의 평가 및 평가인증 체계를 통합하고 의무화할 필요가 있다(장혜진, 송신영, 2014).

3) 유아교육에서 발생할 수 있는 격차 해소를 위하여 유아학비 지원 확대 및 실질적 형평성을 확보하여야 한다

표준교육비에 근거하여 유아학비의 현실적인 기본 누리과정 지원금액을 현실화하여야 한다. 조기 교육 격차 해소 및 취약계층 지원 강화방안도 마련되어야 할 것이다. 예를 들어, 유아기 기본학습능력 발달 지원 및 발달지연아 맞춤형의 교사사업을 지속 추진하고 취약계층 가정 유형별 맞춤 지원을 강화하여야 할 것이다. 엄마품 온종일 돌봄교실을 확대 운영하는 등 계층별 종합복지 서비스 기능을 강화하여야 할 것이다.

4) 유아교육 지원체계를 강화하여야 한다

유아교육 지원체계와 정부의 전달체계를 강화하기 위하여, 교육부 유아교육과의 조직과 인력, 시・도교육청과 지역교육청의 조직과 인력을 확대하여야 한다. 또한 유아교육에서 가정과 지역사회의 참여를 활성화하여야 한다. 유아교육기관은 가정과 긴밀하게 연계하고 가정과 부모의 역할을 강화하는 부모교육 및 참여활동을 실시하여야 하며, 시・도 유아교육진흥원에서 이를 지원할 수 있어야 한다.

5) 유아교육과 보육의 단계적 협력 지향을 통하여 취학 전 교육과 보육을 체계화하여야 한다

현재 우리나라 유아교육은 유치원과 어린이집의 교육·보육 기관이 담당하고 있다. 2012년과 2013년 이후 실시된 누리과정으로 통합된 교육과정을 운영하고 있으나, 이원화된 교육·보육 체계로 인하여 아직 많은 문제점을 가지고 있다. 0세부터 취학 전 유아까지 누리과정의 체계화 및 연계 강화 방안을 마련하여야 할 것이다.

6) 유아교육에 대한 사회적 책임을 강화하고 공공성을 확보하여야 한다

유아교육에 대한 사회적 책임과 공공성은 유아교육의 질 제고 측면에서 매우 중요한 부분이다. 2011년부터 유아교육과 보육의 공통교육과정인 5세 누리과정이 시행되었고, 2013년에는 3~5세 연령별 누리과정이 시행되었다. 2012년부터 유치원이나 어린이집을 이용하는 유아들은 소득 수준에 상관없이 학비를 지원받고 있는 무상교육이 시행되었다. 이러한 배경에는 저출산 문제 및 인구 저성장률에 대한 대책과 유아교육과 보육의 이원화에 따른 재정적 손실 문제, 유아교육의 공적 투자 대비 경제 효과가 매우 높다는 측면 등이 있다. 2017년에는 공립유치원의 확충 문제가 발표되고 이를 위해 유치원 설치가 이루어지고 있다. 또한 유치원의 교육능력 및 교육서비스 질적 수준을 제고하고 학부모의 알 권리를 보장하기 위하여 2008년부터 유치원 평가가 국가적으로 전면 실시되고 있다.

1982년 「유아교육진흥법」 제정, 2004년 「유아교육법」 제정, 2011년 누리과정 공포와 실행, 2013년부터의 유아교육 발전계획은 유아교육에 관한 사회적 책임이 강조된 실례라고 할 수 있다. 앞으로 저출산과 고령화의 사회 문제, 유아교육과 보육의 통합, 유아교육의 공교육화, 4차 산업혁명 시대의 유아교육 전망 등의 측면에서 우리나라 유아교육정책의 다양한 방향이 제시되어야 할 것이다.

또한 유아교육의 질 제고를 위하여 유아교육의 공공성을 확보해 나가야 한다. 공공인프라 확대 및 기관관리 지원강화, 국공립유치원 확충 및 적정 규모 육성, 사립유치원의 공공성 제고 및 지원 확대, 유치원 관리 감독 및 지원 강화 등이 이루어져야 할 것이다.

7) 미래의 유아교육은 4차 산업혁명 시대 도래와 미래 사회의 변화에 따라 유기적으로 대처하여야 한다

4차 산업혁명 시대가 도래하였으나 이와 관련된 유아교육 측면의 연구와 방안 마련은 미흡한 실정이다(김경중, 2012; 김영옥, 2016; 이경민, 윤혜경, 2017). 4차 산업혁명 시대에는 급속도로 혁신기술이 인간 삶을 변화시킬 것이라는 예측으로 보았을 때, 유아교육 분야에서도 시대의 흐름에 적절한 변화와 적응이 필요하다. 4차 산업혁명, 디지털혁명 시대의 학습자는 '디지털 네이티브(digital native)' 세대라는 이름에 걸맞게 유비쿼터스 모바일 인터넷, 인공지능과 로봇, 기계학습을 일상적으로 사용하게 될 것으로 예견되고 있다. 앞으로 학습자의 디지털 문해력이 강조될 것이며, 미래 사회에 적절한 핵심역량을 기르는 것이 교육계와 우리 사회의 과제가 될 것이다.

유아교육은 변화하는 교육환경과 시대적 요구에 적절하게 변화하고, 미래 사회에서 '인간다움'으로 자신의 삶을 주도적으로 이끌 수 있는 인재를 양성하여야 한다. 미래 교육체제는 개방성, 다원화, 다양화의 패러다임하에 개인의 독창성이 인정되어야 하며, 양질의 교육환경과 핵심역량 내용을 제공하여 보다 우수한 글로벌 창의 인재를 육성해야 한다(장명림 외, 2012). 유아중심 교육과정은 유아의 발달 특성과 수준에 적절할 뿐 아니라 내적 동기 유발로 유아의 능동성을 최대한 이끌어 내고 지속된 흥미에서 교육효과를 최대로 이끌어 낼 수 있다. 예를 들면, 레지오 에밀리아는 발현적 교육과정으로서 유아의 흥미를 중요한 학습의 출발점으로 삼는다. 상황적 흥미(situational interest)와 개인적 흥미(individual interest)는 유아의 동기적 특성으로 학습 참여에 중요한 역할을 수행한다(Hidi & Renninger, 2006). 내적 흥미에 따라 활동에 참여한 유아는 활동에 깊이 참여하면서 다양하고 심층적인 인지활동을 하게 되며 정서적인 만족감도 느끼게 된다. 유아의 흥미도에 따라 활동에서 나타나는 인지적 참여도도 다르게 나타날 뿐 아니라 이를 통해 인지적 발달도 달리하게 된다. 유아는 내적 흥미에 따라 주도적인 협력학습, 탐구학습과 문제해결 학습과정을 경험하게 된다.

4차 산업혁명 시대의 교육은 학습자 중심, 유아 중심의 유아 주도적 교육을 강조한다. 내적 동기화를 통한 유아의 능동성과 주도성을 확보하고 유아의 유능감, 긍정적 자아개념 발달 및 다양한 태도를 발달시킬 수 있다. 내적 동기화를 통해 유아의 자기효능감(self-efficacy)을 높이고, 유아는 자기효능감 수준에 따라 활동을 지속하며 자기조절력을 가지고 인지전략을 최대한 활용한다. 자기효능감이 높은 유아는 활동에서 다양하고 효율적인 전략을 선택적으로 활용하고, 이러한 성취 경험은 다시 유아의 자기효능감에 영향을 주는 선순환 구조를 갖는다(Pintrich & De Groot, 1990). 4차 산업혁명 시대의 학습자는 교육의 주체로서 능동적이고 창의적인 문제 해결을 해 나가는 과정을 통해 미래의 역량을 키워 나갈 수 있을 것이다.

또한 교사는 4차 산업혁명 시대에 적절한 인재발달을 위한 유아교육 시스템에 전문적 역량을 발휘할 수 있어야 할 것이다. 적절하다면 변화하는 교육환경에 따라 교사는 디지털 테크놀로지를 활용하여 교육과정 개발을 할 수 있는 문제 해결력과 융합적 창의력을 발휘할 수 있어야 할 것이다. 결과적으로 사회 변화의 반영은 유아교육 기능의 확대를 유도하게 될 것이다.

활동해 봅시다

10년 후의 유치원 교실 모습은 어떻게 변화될지에 대해 상상하여 그림으로 표현해 봅시다. 교실환경은 어떤 모습일까요? 교수매체를 비롯한 교육환경이 어떻게 변화하게 될지 상상하여 그려 봅시다.

부록

부록 1 누리과정 총론

Ⅰ. 구성 방향

누리과정의 구성 방향은 다음과 같다.

1. 질서, 배려, 협력 등 기본생활습관과 바른 인성을 기르는 데 중점을 두어 구성한다.
2. 자율성과 창의성을 기르는 데 중점을 두고, 전인발달을 이루도록 구성한다.
3. 사람과 자연을 존중하고, 우리 문화를 이해하는 데 중점을 두어 구성한다.
4. 만 3~5세아의 발달 특성을 고려하여 연령별로 구성한다.
5. 신체운동 · 건강, 의사소통, 사회관계, 예술경험, 자연탐구의 5개 영역을 중심으로 구성한다.
6. 초등학교 교육과정과 0~2세 표준보육과정과의 연계성을 고려하여 구성한다.

Ⅱ. 목적과 목표

1. 목적

누리과정은 만 3~5세 유아의 심신의 건강과 조화로운 발달을 도와 민주시민의 기초를 형성하는 것을 목적으로 한다.

2. 목표

가. 기본 운동 능력과 건강하고 안전한 생활 습관을 기른다.
나. 일상생활에 필요한 의사소통 능력과 바른 언어 사용 습관을 기른다.
다. 자신을 존중하고 다른 사람과 더불어 생활하는 능력과 태도를 기른다.
라. 아름다움에 관심을 가지고 예술 경험을 즐기며, 창의적으로 표현하는 능력을 기른다.
마. 호기심을 가지고 주변세계를 탐구하며, 일상생활에서 수학적 · 과학적으로 생각하는 능력과 태도를 기른다.

Ⅲ. 편성과 운영

1. 편성

가. 1일 4~5시간을 기준으로 편성한다.

나. 5개 영역의 내용을 균형 있게 통합적으로 편성한다.

다. 유아의 발달 특성 및 경험을 고려하여 놀이를 중심으로 편성한다.

라. 반(학급) 특성에 따라 융통성 있게 편성한다.

마. 성별, 종교, 신체적 특성, 가족 및 민족 배경 등으로 인한 편견이 없도록 편성한다.

바. 일과 운영 시간에 따라 심화 확장할 수 있도록 편성한다.

2. 운영

가. 연간, 월간, 주간, 일일 계획에 의거하여 운영한다.

나. 실내외 환경을 다양한 흥미 영역으로 구성하여 운영한다.

다. 유아의 능력과 장애정도에 따라 조정하여 운영한다.

라. 부모와 각 기관의 실정에 따라 부모교육을 실시한다.

마. 가정과 지역사회와의 협력과 참여에 기반하여 운영한다.

바. 교사 재교육을 통해서 누리과정 활동이 개선되도록 운영한다.

3. 교수·학습 방법

가. 놀이를 중심으로 교수·학습활동이 이루어지도록 한다.

나. 유아의 흥미를 중심으로 활동을 선택하고 지속할 수 있도록 한다.

다. 유아의 생활 속 경험을 소재로 하여 지식, 기능, 태도 및 가치를 습득하도록 한다.

라. 유아와 교사, 유아와 유아, 유아와 환경 간에 능동적인 상호작용이 이루어지도록 한다.

마. 주제를 중심으로 여러 활동이 통합적으로 이루어지도록 한다.

바. 실내외활동, 정적·동적활동, 대·소집단활동 및 개별활동, 휴식 등이 균형 있게 이루어지도록 한다.

사. 유아의 관심과 흥미, 발달이나 환경 특성 등을 고려하여 개별 유아에게 적합한

방식으로 학습하도록 한다.

4. 평가

가. 누리과정 운영 평가

(1) 운영 내용이 누리과정의 목표와 내용에 근거하여 편성·운영되었는지 평가한다.

(2) 운영 내용 및 활동이 유아의 발달 수준과 흥미·요구에 적합한지를 평가한다.

(3) 교수·학습 방법이 유아의 흥미와 활동의 특성에 적합한지를 평가한다.

(4) 운영 환경이 유아의 발달특성과 활동의 주제, 내용 및 효율성 등을 고려하여 구성되었는지를 평가한다.

(5) 계획안 분석, 수업 참관 및 모니터링, 평가척도 등 다양한 방법을 활용하여 평가한다.

(6) 운영 평가의 결과를 반영하여 운영계획을 수정·보완하거나 이후 누리과정 편성·운영에 활용한다.

나. 유아 평가

(1) 누리과정 목표와 내용에 근거하여 유아의 특성과 변화 정도를 평가한다.

(2) 유아의 지식, 기능, 태도를 포함하여 평가한다.

(3) 유아의 일상생활과 누리과정 활동 전반에 걸쳐 평가한다.

(4) 관찰, 활동 결과물 분석, 부모면담 등 다양한 방법을 사용하여 종합적으로 평가하고, 그 결과를 기록한다.

(5) 유아평가 결과는 유아에 대한 이해와 누리과정 운영 개선 및 부모 면담 자료로 활용할 수 있다.

부록 2 누리과정 연령 간 연계성

1. 신체운동 · 건강영역

내용범주	내용	세부내용		
		만 3세	만 4세	만 5세
신체 인식하기	감각능력 기르고 활용하기	감각적 차이를 경험한다.	감각적 차이를 구분한다.	감각으로 대상이나 사물의 특성과 차이를 구분한다.
		감각기관을 인식하고, 활용해 본다.	여러 감각기관을 협응하여 활용한다.	여러 감각기관을 협응하여 활용한다.
	신체를 인식하고 움직이기	신체 각 부분의 명칭을 알고, 움직임에 관심을 갖는다.	신체 각 부분의 특성을 이해하고 활용하여 움직인다.	신체 각 부분의 특성을 이해하고 활용하여 움직인다.
		자신의 신체를 긍정적으로 인식하고 움직인다.	자신의 신체를 긍정적으로 인식하고 움직인다.	자신의 신체를 긍정적으로 인식하고 움직인다.
신체 조절과 기본 운동하기	신체 조절하기	신체균형을 유지해 본다.	다양한 자세와 움직임에서 신체균형을 유지한다.	다양한 자세와 움직임에서 신체균형을 유지한다.
		공간, 힘, 시간 등의 움직임 요소를 경험한다.	공간, 힘, 시간 등의 움직임 요소를 활용하여 움직인다.	공간, 힘, 시간 등의 움직임 요소를 활용하여 움직인다.
		신체 각 부분의 움직임을 조절해 본다.	신체 각 부분을 협응하여 움직임을 조절한다.	신체 각 부분을 협응하여 움직임을 조절한다.
		눈과 손을 협응하여 소근육을 조절해 본다.	눈과 손을 협응하여 소근육을 조절해 본다.	눈과 손을 협응하여 소근육을 조절해 본다.
				도구를 활용하여 여러 가지 조작운동을 한다.

신체 조절과 기본 운동하기	기본 운동하기	걷기, 달리기 등 이동 운동을 한다.	걷기, 달리기, 뛰기 등 다양한 이동운동을 한다.	걷기, 달리기, 뛰기 등 다양한 이동운동을 한다.
		제자리에서 몸을 움직여 본다.	제자리에서 몸을 다양하게 움직인다.	제자리에서 몸을 다양하게 움직인다.
신체 활동에 참여하기	자발적으로 신체 활동에 참여하기	신체 활동에 자발적으로 참여한다.	신체 활동에 자발적이고 지속적으로 참여한다.	신체 활동에 자발적이고 지속적으로 참여한다.
		다른 사람과 함께 하는 신체 활동에 참여한다.	다른 사람과 함께 하는 신체 활동에 참여한다.	다른 사람과 함께 하는 신체 활동에 참여한다.
			자신과 다른 사람의 운동능력의 차이에 관심을 갖는다.	자신과 다른 사람의 운동능력의 차이를 이해한다.
	바깥에서 신체 활동 하기	규칙적으로 바깥에서 신체 활동을 한다.	규칙적으로 바깥에서 신체 활동을 한다.	규칙적으로 바깥에서 신체 활동을 한다.
	기구를 이용하여 신체 활동 하기	여러 가지 기구를 이용하여 신체 활동을 한다.	여러 가지 기구를 이용하여 신체 활동을 한다.	여러 가지 기구를 이용하여 신체 활동을 한다.
건강하게 생활하기	몸과 주변을 깨끗이 하기	손과 이를 깨끗이 하는 방법을 알고 실천한다.	손과 이를 깨끗이 하는 방법을 알고 실천한다.	스스로 몸을 깨끗이 하는 습관을 기른다.
		주변을 깨끗이 한다.	주변을 깨끗이 하는 습관을 기른다.	주변을 깨끗이 하는 습관을 기른다.
	바른 식생활 하기	음식을 골고루 먹는다.	음식을 골고루 먹는다.	적당량의 음식을 골고루 먹는다.
		몸에 좋은 음식에 관심을 갖는다.	몸에 좋은 음식을 알아본다.	몸에 좋은 음식을 선택할 수 있다.
		바른 태도로 식사한다.	음식을 소중히 여기고 식사예절을 지킨다.	음식을 소중히 여기고 식사예절을 지킨다.
	건강한 일상생활 하기	규칙적으로 잠을 자고, 적당한 휴식을 취한다.	규칙적으로 잠을 자고, 적당한 휴식을 취한다.	규칙적으로 잠을 자고, 적당한 휴식을 취한다.

건강하게 생활하기	건강한 일상생활 하기	하루 일과에 즐겁게 참여한다.	하루 일과에 즐겁게 참여한다.	하루 일과에 즐겁게 참여한다.
		스스로 화장실에서 배변한다.	바른 배변습관을 가진다.	규칙적인 배변습관을 가진다.
	질병 예방하기	질병의 위험을 알고 주의한다.	질병을 예방하는 방법을 알고 실천한다.	질병을 예방하는 방법을 알고 실천한다.
		날씨에 맞게 옷을 입는다.	날씨와 상황에 알맞게 옷을 입는다.	날씨와 상황에 알맞게 옷을 입는다.
안전하게 생활하기	안전하게 놀이하기	놀이기구나 놀잇감, 도구를 안전하게 사용한다.	놀이기구나 놀잇감, 도구를 안전하게 사용한다.	놀이기구나 놀잇감, 도구의 바른 사용법을 알고 안전하게 사용한다.
		안전한 놀이장소를 안다.	안전한 장소를 알고 안전하게 놀이한다.	안전한 장소를 알고 안전하게 놀이한다.
		TV, 인터넷, 통신기기 등을 바르게 사용한다.	TV, 인터넷, 통신기기 등의 위해성을 알고, 바르게 사용한다.	TV, 인터넷, 통신기기 등의 위해성을 알고, 바르게 사용한다.
	교통안전 규칙 지키기	교통안전 규칙을 안다.	교통안전 규칙을 알고 지킨다.	교통안전 규칙을 알고 지킨다.
		교통수단을 안전하게 이용한다.	교통수단을 안전하게 이용한다.	교통수단을 안전하게 이용한다.
	비상시 적절히 대처하기	학대, 성폭력, 실종, 유괴상황을 알고 도움을 요청한다.	학대, 성폭력, 실종, 유괴상황 시 도움을 요청하는 방법을 알고 행동한다.	학대, 성폭력, 실종, 유괴상황 시 도움을 요청하는 방법을 알고 행동한다.
		재난 및 사고 등 비상시 적절하게 대처하는 방법을 안다.	재난 및 사고 등 비상시 적절하게 대처하는 방법을 알고 행동한다.	재난 및 사고 등 비상시 적절하게 대처하는 방법을 알고 행동한다.

2. 의사소통영역

내용 범주	내용	세부내용		
		만 3세	만 4세	만 5세
듣기	낱말과 문장 듣고 이해하기	낱말의 발음에 관심을 가지고 듣는다.	낱말의 발음에 관심을 가지고 듣는다.	낱말의 발음에 관심을 가지고 비슷한 발음을 듣고 구별한다.
		일상생활과 관련된 낱말과 문장을 듣고 뜻을 이해한다.	일상생활과 관련된 낱말과 문장을 듣고 뜻을 이해한다.	다양한 낱말과 문장을 듣고 뜻을 이해한다.
	이야기 듣고 이해하기	다른 사람의 이야기를 관심 있게 듣는다.	다른 사람의 이야기를 듣고 이해한다.	다른 사람의 이야기를 듣고 이해한다.
			이야기를 듣고 궁금한 것에 대해 질문한다.	이야기를 듣고 궁금한 것에 대해 질문한다.
	동요, 동시, 동화 듣고 이해하기	동요, 동시, 동화를 다양한 방법으로 듣고 즐긴다.	동요, 동시, 동화를 다양한 방법으로 듣고 즐긴다.	동요, 동시, 동화를 다양한 방법으로 듣고 이해한다.
			전래동요, 동시, 동화를 듣고 우리말의 재미를 느낀다.	전래동요, 동시, 동화를 듣고 우리말의 재미를 느낀다.
	바른 태도로 듣기	말하는 사람을 바라보며 듣는다.	다른 사람의 이야기를 주의 깊게 듣는다.	다른 사람의 이야기를 끝까지 주의 깊게 듣는다.
말하기	낱말과 문장으로 말하기	친숙한 낱말을 발음해 본다.	친숙한 낱말을 정확하게 발음해 본다.	정확한 발음으로 말한다.
		새로운 낱말에 관심을 가진다.	다양한 낱말을 사용하여 말한다.	다양한 낱말을 사용하여 상황에 맞게 말한다.
		일상생활에서 일어나는 일들을 간단한 문장으로 말한다.	일상생활에서 일어나는 일들을 간단한 문장으로 말한다.	일상생활에서 일어나는 일들을 다양한 문장으로 말한다.
말하기	느낌, 생각, 경험 말하기	자신의 느낌, 생각, 경험을 말해 본다.	자신의 느낌, 생각, 경험을 말한다.	자신의 느낌, 생각, 경험을 적절한 낱말과 문장으로 말한다.

말하기	느낌, 생각, 경험 말하기		주제를 정하여 함께 이야기를 나눈다.	주제를 정하여 함께 이야기를 나눈다.
			이야기를 지어 말한다.	이야기 지어 말하기를 즐긴다.
	상황에 맞게 바른 태도로 말하기		듣는 사람의 생각과 느낌을 고려하여 말한다.	듣는 사람의 생각과 느낌을 고려하여 말한다.
		상대방을 바라보며 말한다.	차례를 지켜 말한다.	때와 장소, 대상에 알맞게 말한다.
		바르고 고운 말을 사용한다.	바르고 고운 말을 사용한다.	바르고 고운 말을 사용한다.
읽기	읽기에 흥미 가지기	주변에서 친숙한 글자를 찾아본다.	주변에서 친숙한 글자를 찾아본다.	주변에서 친숙한 글자를 찾아 읽어 본다.
		읽어 주는 글의 내용에 관심을 가진다.	읽어 주는 글의 내용에 관심을 가진다.	읽어 주는 글의 내용에 관심을 가지고 읽어 본다.
	책 읽기에 관심 가지기	책에 흥미를 가진다.	책 보는 것을 즐기고 소중하게 다룬다.	책 보는 것을 즐기고 소중하게 다룬다.
		책의 그림을 단서로 내용을 추측해 본다.	책의 그림을 단서로 내용을 이해한다.	책의 그림을 단서로 내용을 이해한다.
			궁금한 것을 책에서 찾아본다.	궁금한 것을 책에서 찾아본다.
쓰기	쓰기에 관심 가지기	말을 글로 나타내는 것에 관심을 보인다.	말이나 생각을 글로 나타낼 수 있음을 안다.	말이나 생각을 글로 나타낼 수 있음을 안다.
		자기 이름의 글자에 관심을 가진다.	자기 이름을 써 본다.	자신의 이름과 주변의 친숙한 글자를 써 본다.
			자신의 느낌, 생각, 경험을 글자와 비슷한 형태로 표현한다.	자신의 느낌, 생각, 경험을 글자와 비슷한 형태나 글자로 표현한다.
	쓰기 도구 사용하기		쓰기 도구에 관심을 가지고 사용해 본다.	쓰기 도구의 바른 사용법을 알고 사용한다.

3. 사회관계영역

내용 범주	내용	세부내용		
		만 3세	만 4세	만 5세
나를 알고 존중하기	나를 알고, 소중히 여기기	나에 대해 관심을 갖는다.	나에 대해 알아본다.	나에 대해 알아본다.
		나와 다른 사람의 차이에 관심을 갖는다.	나와 다른 사람의 차이점을 알아본다.	나와 다른 사람의 신체적, 사회적, 문화적 차이를 존중한다.
		나를 소중하게 여긴다.	나에 대해 긍정적으로 생각하고 나를 소중하게 여긴다.	나에 대해 긍정적으로 생각하고 나를 소중하게 여긴다.
	나의 일 스스로 하기	내가 할 수 있는 일을 알아본다.	내가 할 수 있는 일을 해 본다.	내가 할 수 있는 일을 스스로 한다.
		내가 하고 싶은 일을 선택해 본다.	하고 싶은 일을 계획하고 해 본다.	하고 싶은 일을 계획하고 해 본다.
나와 다른 사람의 감정 알고 조절하기	나와 다른 사람의 감정 알고 표현하기	자신에게 여러 가지 감정이 있음을 안다.	자신의 감정을 알고 표현한다.	자신의 감정을 알고 표현한다.
		다른 사람의 감정에 관심을 갖는다.	다른 사람의 감정을 안다.	다른 사람의 감정을 알고 공감한다.
	나의 감정 조절하기	자신의 감정을 조절해 본다.	자신의 감정을 조절해 본다.	자신의 감정을 상황에 맞게 조절한다.
가족을 소중히 여기기	가족과 화목하게 지내기	가족의 소중함을 안다.	가족의 소중함을 안다.	가족의 의미와 소중함을 안다.
				가족과 화목하게 지낸다.
	가족과 협력하기	가족 구성원을 알아본다.	가족 구성원의 역할에 대해 알아본다.	다양한 가족구조에 대해 알아본다.
		가족을 위하여 내가 할 수 있는 일을 알아본다.	가족을 위하여 내가 할 수 있는 일을 알아보고 실천한다.	가족은 서로 도와야 함을 알고 실천한다.

다른 사람과 더불어 생활하기	친구와 사이좋게 지내기	친구와 함께 놀이한다.	친구와 협동하며 놀이한다.	친구와 협동하며 놀이한다.
		나와 친구의 의견에 차이가 있음을 안다.	친구와의 갈등을 긍정적인 방법으로 해결한다.	친구와의 갈등을 긍정적인 방법으로 해결한다.
	공동체에서 화목하게 지내기		도움이 필요할 때 다른 사람과 도움을 주고받는다.	다른 사람과 도움을 주고받고, 서로 협력한다.
		교사 및 주변 사람과 화목하게 지낸다.	교사 및 주변 사람과 화목하게 지낸다.	교사 및 주변 사람과 화목하게 지낸다.
	사회적 가치를 알고 지키기		정직하게 말하고 행동한다.	정직하게 말하고 행동한다.
		다른 사람의 소유물을 존중한다.	다른 사람의 생각, 행동을 존중한다.	다른 사람을 배려하여 행동한다.
			친구와 어른께 예의 바르게 행동한다.	친구와 어른께 예의 바르게 행동한다.
		약속과 규칙을 지켜야 함을 안다.	다른 사람과 한 약속이나 공공규칙을 지킨다.	다른 사람과 한 약속이나 공공규칙을 지킨다.
			자연과 자원을 아끼는 습관을 기른다.	자연과 자원을 아끼는 습관을 기른다.
사회에 관심 갖기	지역 사회에 관심 갖고 이해하기	우리 동네의 이름을 안다.	우리 동네에 대해 알아본다.	우리 동네에 대해 알아본다.
		우리 동네 사람들에 관심을 갖는다.	우리 동네 사람들이 하는 일에 관심을 갖는다.	다양한 직업에 관심을 갖는다.
			물건을 살 때 돈이 필요함을 안다.	일상생활에서 돈의 쓰임에 대해 안다.
	우리나라에 관심 갖고 이해하기	우리나라를 상징하는 것에 관심을 가진다.	우리나라를 상징하는 것을 안다.	우리나라를 상징하는 것을 알고 예절을 지킨다.
		우리나라의 전통놀이와 풍습에 관심을 갖는다.	우리나라의 전통놀이와 풍습에 관심을 갖는다.	우리나라의 전통, 역사, 문화에 관심을 갖는다.

사회에 관심 갖기	우리나라에 관심 갖고 이해하기		우리나라에 대해 자부심을 갖는다.	우리나라에 대해 자부심을 갖는다.
	세계와 여러 문화에 관심 가지기		세계 여러 나라에 대해 관심을 갖는다.	세계 여러 나라에 대해 관심을 갖고, 서로 협력해야 함을 안다.
			다양한 인종과 문화에 관심을 갖는다.	다양한 인종과 문화를 알아보고 존중한다.

4. 예술경험영역

내용 범주	내용	세부내용		
		만 3세	만 4세	만 5세
아름다움 찾아보기	음악적 요소 탐색하기	다양한 소리, 음악의 셈여림, 빠르기, 리듬 등에 관심을 갖는다.	다양한 소리, 음악의 셈여림, 빠르기, 리듬 등에 관심을 갖는다.	다양한 소리, 악기 등으로 음악의 셈여림, 빠르기, 리듬 등을 탐색한다.
	움직임과 춤 요소 탐색하기	움직임과 춤의 모양, 힘, 빠르기 등에 관심을 갖는다.	움직임과 춤의 모양, 힘, 빠르기 등에 관심을 갖는다.	움직임과 춤의 모양, 힘, 빠르기, 흐름 등을 탐색한다.
	미술적 요소 탐색하기	자연과 사물의 색, 모양, 질감 등에 관심을 갖는다.	자연과 사물의 색, 모양, 질감 등에 관심을 갖는다.	자연과 사물에서 색, 모양, 질감, 공간 등을 탐색한다.
예술적 표현하기	음악으로 표현하기	간단한 노래를 듣고 따라 부른다.	노래로 자신의 생각과 느낌을 표현한다.	노래로 자신의 생각과 느낌을 표현한다.
		전래동요를 즐겨 부른다.	전래동요를 즐겨 부른다.	전래동요를 즐겨 부른다.
		리듬악기로 간단한 리듬을 표현해 본다.	리듬악기를 연주해 본다.	리듬악기를 연주해 본다.
		간단한 리듬과 노래를 즉흥적으로 만들어 본다.	간단한 리듬과 노래를 즉흥적으로 만들어 본다.	리듬과 노래 등을 즉흥적으로 만들어 본다.

예술적 표현하기	움직임과 춤으로 표현하기	신체를 이용하여 주변의 움직임을 자유롭게 표현한다.	신체를 이용하여 주변의 움직임을 자유롭게 표현한다.	신체를 이용하여 주변의 움직임을 다양하게 표현하며 즐긴다.
		움직임과 춤으로 자신의 생각과 느낌을 표현한다.	움직임과 춤으로 자신의 생각과 느낌을 표현한다.	움직임과 춤으로 자신의 생각과 느낌을 표현한다.
		도구를 활용하여 다양한 움직임으로 표현한다.	도구를 활용하여 다양한 움직임으로 표현한다.	다양한 도구를 활용하여 창의적으로 움직인다.
	미술 활동으로 표현하기	다양한 미술활동을 경험해 본다.	다양한 미술활동으로 자신의 생각과 느낌을 표현한다.	다양한 미술활동으로 자신의 생각과 느낌을 표현한다.
			협동적인 미술활동에 참여한다.	협동적인 미술활동에 참여하여 즐긴다.
		미술활동에 필요한 재료와 도구에 관심을 가지고 사용한다.	미술활동에 필요한 재료와 도구를 다양하게 사용한다.	미술활동에 필요한 재료와 도구를 다양하게 사용한다.
	극놀이로 표현하기	일상생활의 경험을 극놀이로 표현한다.	일상생활의 경험이나 간단한 이야기를 극놀이로 표현한다.	경험이나 이야기를 극놀이로 표현한다.
			소품, 배경, 의상 등을 사용하여 협동적으로 극놀이를 한다.	소품, 배경, 의상 등을 사용하여 협동적으로 극놀이를 한다.
	통합적으로 표현하기		음악, 움직임과 춤, 미술, 극놀이 등을 통합하여 표현한다.	음악, 움직임과 춤, 미술, 극놀이 등을 통합하여 표현한다.
		예술 활동에 참여하여 표현과정을 즐긴다.	예술 활동에 참여하여 표현과정을 즐긴다.	예술 활동에 참여하여 창의적으로 표현하는 과정을 즐긴다.
예술 감상하기	다양한 예술 감상하기	다양한 음악, 춤, 미술작품, 극놀이 등을 듣거나 본다.	다양한 음악, 춤, 미술작품, 극놀이 등을 듣거나 보고 즐긴다.	다양한 음악, 춤, 미술작품, 극놀이 등을 듣거나 보고 즐긴다.
		나와 다른 사람의 예술 표현을 소중히 여긴다.	나와 다른 사람의 예술 표현을 소중히 여긴다.	나와 다른 사람의 예술 표현을 소중히 여긴다.
	전통예술 감상하기	우리나라의 전통예술에 관심을 갖는다.	우리나라의 전통예술에 관심을 갖는다.	우리나라의 전통예술에 관심을 갖고 친숙해진다.

5. 자연탐구영역

내용범주	내용	세부내용		
		만 3세	만 4세	만 5세
탐구하는 태도 기르기	호기심을 유지하고 확장하기	주변 사물과 자연세계에 대해 호기심을 갖는다.	주변 사물과 자연세계에 대해 지속적으로 호기심을 갖는다.	주변 사물과 자연세계에 대해 지속적으로 호기심을 갖고 알고자 한다.
	탐구과정 즐기기	궁금한 점을 알아보는 과정에 흥미를 갖는다.	궁금한 점을 알아보는 탐구과정에 관심을 가지고 참여한다.	궁금한 점을 알아보는 탐구과정에 참여하고 즐긴다.
				탐구과정에서 서로 다른 생각에 관심을 갖는다.
	탐구기술 활용하기		일상생활의 문제를 해결하는 과정에서 탐색, 관찰 등의 방법을 활용해 본다.	일상생활의 문제를 해결하는 과정에서 탐색, 관찰, 비교, 예측 등의 탐구기술을 활용해 본다.
수학적 탐구하기	수와 연산의 기초개념 알아보기	생활 속에서 수에 관심을 갖는다.	생활 속에서 사용되는 수의 여러 가지 의미를 안다.	생활 속에서 사용되는 수의 여러 가지 의미를 안다.
		구체물 수량의 많고 적음을 비교한다.	구체물 수량에서 '같다' '더 많다' '더 적다'의 관계를 안다.	구체물 수량의 부분과 전체 관계를 알아본다.
		다섯 개가량의 구체물을 세어 보고 수량에 관심을 갖는다.	열 개가량의 구체물을 세어 보고 수량을 알아본다.	스무 개가량의 구체물을 세어 보고 수량을 알아본다.
				구체물을 가지고 더하고 빼는 경험을 해 본다.

수학적 탐구하기	공간과 도형의 기초개념 알아보기	나를 중심으로 앞, 뒤, 옆, 위, 아래를 알아본다.	위치와 방향을 여러 가지 방법으로 나타내 본다.	위치와 방향을 여러 가지 방법으로 나타내 본다.
				여러 방향에서 물체를 보고 그 차이점을 비교해 본다.
		물체의 모양에 관심을 갖는다.	기본 도형의 특성을 인식한다.	기본 도형의 공통점과 차이점을 알아본다.
			기본 도형을 사용하여 여러 가지 모양을 구성해 본다.	기본 도형을 사용하여 여러 가지 모양을 구성해 본다.
	기초적인 측정하기	두 물체의 길이, 크기를 비교해 본다.	일상생활에서 길이, 크기, 무게 등을 비교해 본다.	일상생활에서 길이, 크기, 무게, 들이 등의 속성을 비교하고, 순서를 지어 본다.
				임의 측정 단위를 사용하여 길이, 면적, 들이, 무게 등을 재본다.
	규칙성 이해하기	생활 주변에서 반복되는 규칙성에 관심을 갖는다.	생활 주변에서 반복되는 규칙성을 알아본다.	생활 주변에서 반복되는 규칙성을 알고 다음에 올 것을 예측해 본다.
			반복되는 규칙성을 인식하고 모방한다.	스스로 규칙성을 만들어 본다.
	기초적인 자료 수집과 결과 나타내기		필요한 정보나 자료를 수집한다.	필요한 정보나 자료를 수집한다.
		같은 것 끼리 짝을 짓는다.	한 가지 기준으로 자료를 분류해 본다.	한 가지 기준으로 분류한 자료를 다른 기준으로 재분류해 본다.
				그림, 사진, 기호나 숫자를 사용해 그래프로 나타내 본다.

과학적 탐구하기	물체와 물질 알아보기	친숙한 물체와 물질의 특성에 관심을 갖는다.	친숙한 물체와 물질의 특성을 알아본다.	주변의 여러 가지 물체와 물질의 기본 특성을 알아본다.
			물체와 물질을 여러 가지 방법으로 변화시켜 본다.	물체와 물질을 여러 가지 방법으로 변화시켜 본다.
	생명체와 자연환경 알아보기	나의 출생과 성장에 대해 관심을 갖는다.	나의 출생과 성장에 대해 관심을 갖는다.	나와 다른 사람의 출생과 성장에 대해 알아본다.
		주변의 동식물에 관심을 가진다.	관심 있는 동식물의 특성을 알아본다.	관심 있는 동식물의 특성과 성장 과정을 알아본다.
		생명체를 소중히 여기는 마음을 갖는다.	생명체를 소중히 여기는 마음을 갖는다.	생명체를 소중히 여기는 마음을 갖는다.
			생명체가 살기 좋은 환경에 대해 관심을 갖는다.	생명체가 살기 좋은 환경과 녹색환경에 대해 알아본다.
	자연현상 알아보기	돌, 물, 흙 등 자연물에 관심을 갖는다.	돌, 물, 흙 등 자연물의 특성과 변화를 알아본다.	돌, 물, 흙 등 자연물의 특성과 변화를 알아본다.
				낮과 밤, 계절의 변화와 규칙성을 알아본다.
		날씨에 관심을 갖는다.	날씨와 기후변화에 관심을 갖는다.	날씨와 기후변화 등 자연현상에 대해 관심을 갖는다.
	간단한 도구와 기계 활용하기	생활 속에서 간단한 도구와 기계에 관심을 갖는다.	생활 속에서 간단한 도구와 기계를 활용한다.	생활 속에서 간단한 도구와 기계를 활용한다.
		도구와 기계의 편리함에 관심을 갖는다.	도구와 기계의 편리함에 관심을 갖는다.	변화하는 새로운 도구와 기계에 관심을 갖고 장단점을 안다.

부록 3 제4주기 유치원 평가지표 및 평가항목

영역	평가지표	평가항목
Ⅰ. 교육과정 (29)	1-1. 교육 계획 수립 및 실행(4)	1. 국가 수준의 교육과정에 제시된 목표 및 내용을 반영한다.
		2. 유아의 발달 수준 및 학급 특성을 고려하여 연간, 월간, 주간, 일일 계획안을 작성한다.
		3. 연간, 월간, 주간, 일일계획안의 목표 및 내용이 적절하며, 연계성이 있다.
		4. 누리과정의 영역을 반영하여 교육활동을 실시한다.
	1-2. 일과 운영(5)	1. 계획에 따라 유아의 연령에 적합한 놀이, 활동, 일상생활 경험을 균형 있게 통합적으로 운영한다.
		2. 자유선택활동 시간을 매일 충분히 배정하여 운영한다.
		3. 바깥놀이 시간을 매일 충분히 배정하여 운영한다.
		4. 놀이나 활동을 융통성 있게 운영한다.
		5. (특) 특수교육대상 유아를 위한 관련 서비스(치료지원 포함)를 일과 중에 통합적으로 제공한다.
	1-3. 교수-학습 방법(6)	1. 주제에 적합한 활동계획을 수립하고 그에 적절한 교수-학습방법과 자료를 활용한다.
		2. 교사는 유아가 활동에 대한 흥미나 호기심을 갖도록 한다.
		3. 교사는 다양한 놀이와 활동이 유아의 자발적 선택에 의해 주도적으로 이루어지도록 격려한다.
		4. 교사는 유아의 놀이상황을 관찰하면서 놀이를 지원한다.
		5. 교사는 유아가 다양하게 생각하여 대답할 수 있도록 발문한다.
		6. 교사의 태도가 안정되고 자신감이 있다.
	1-4. 교사-유아 상호작용(6)	1. 교사는 신체적 특성, 가족 및 민족 배경 등으로 인한 편견 없이 모든 유아를 존중한다.
		2. 교사는 유아의 기질, 정서적 상태, 놀이 선호 등을 파악하여 적절히 반응한다.
		3. 교사는 유아의 개별적 요구나 질문을 주의 깊게 듣고, 적절하게 반응한다.
		4. 교사는 유아가 이해할 수 있는 내용으로 눈을 마주치며 이야기한다.
		5. 교사는 위협, 비난, 조롱 등 부정적 언어를 사용하지 않는다.
		6. 교사는 칭찬과 격려를 통해 유아에게 자신감을 준다.

Ⅰ. 교육과정 (29)	1-5. 유아 간 상호작용 시 교사 역할(4)	1. 교사는 유아가 일상에서 또래와 긍정적 상호작용을 하도록 격려한다.
		2. 교사는 유아가 자신의 의견이나 생각을 또래에게 말로 표현하도록 격려한다.
		3. 교사는 유아가 적절한 약속과 규칙을 알고 지킬 수 있도록 격려한다.
		4. 교사는 유아 간 다툼이나 문제가 발생하지 않도록 환경을 마련하고, 발생 시 적절히 개입한다.
	1-6. 평가(4)	1. 유아의 행동을 객관적으로 관찰 · 기록한다.
		2. 교육과정 목표와 내용을 준거로 유아의 발달특성과 변화를 평가한다.
		3. 유아 평가결과를 교육과정 편성 및 운영에 반영하고, 부모면담의 자료로 활용한다.
		4. 교육과정 운영에 대한 평가를 실시하고, 그 결과를 다음 계획안에 반영한다.
Ⅱ. 교육환경 및 운영관리 (20)	2-1. 실내 공간 구성(5)	1. 교실 내 흥미영역은 유아의 연령 및 발달 특성을 고려하여 충분한 공간에 구성한다.
		2. 유아의 요구를 충족하는 다양한 공간을 마련하고 있다.
		3. 실내 시설 및 설비가 유아의 발달 수준에 적합하다.
		4. 계획안의 주제와 관련된 교재 · 교구들을 유아의 연령수준에 맞게 영역별로 다양하게 구비하고 있다.
		5. 비품과 교재 · 교구를 보관하는 별도의 공간이 있고, 연령별, 주제별 또는 영역별로 정리되어 있다.
	2-2. 실외 공간 구성(3)	1. 실외(옥외) 놀이터 등을 구비하고 있다.
		2. 유아 발달에 적합한 다양한 놀이기구를 구비하고 있다.
		3. 실외 공간에 다양한 활동 영역을 제공하고 있다.
	2-3. 기관 운영(5)	1. 학급을 편성 규정에 맞게 운영하고 있다.
		2. 개별 유아의 생활기록부를 작성 · 관리하고 있다.
		3. 신입유아 적응을 위한 지원을 하고 있다.
		4. 예결산서를 대내외적으로 공개한다.
		5. 입학금과 수업료 외의 기타경비 관련 규정을 마련하여 준수하고 있다.

II. 교육환경 및 운영관리 (20)	2-4. 가정 및 지역 사회와의 연계(5)	1. 부모와 상호 협의하에 유치원을 개방한다.
		2. 부모교육을 다양하게 실시하고 있다.
		3. 부모와 개별면담을 하고 가정과의 소통을 다양한 방법으로 실시하고 있다.
		4. 유아와 가족의 문제를 파악하고 지원한다.
		5. 지역사회와 연계한 다양한 활동을 실시하고 있다.
	2-5. 방과후 과정(2)	1. 특성화 활동을 운영지침에 따라 실시한다.
		2. 방과후 과정을 위한 기본 시설 · 설비를 구비하고 담당인력을 배치하고 있다.
III. 건강 · 안전 (15)	3-1. 실내외 공간의 청결 및 안전(4)	1. 실내외 공간을 청결하고 쾌적하게 관리하고 있다.
		2. 실내외 공간을 유아의 안전을 위해 위험요인 없이 관리하고 있다.
		3. 실내외 놀잇감이 안전하고, 위험한 물건을 안전하게 보관 · 관리하고 있다.
		4. 안전시설 및 설비를 비상시 효율적으로 사용할 수 있도록 관리하고 있다.
	3-2. 급 · 간식(3)	1. 영양의 균형을 고려한 급 · 간식을 제공하고 있다.
		2. 식자재의 구입 · 보관 및 조리공간을 위생적으로 관리하고 있다.
		3. 조리 및 배식과정을 청결하고 위생적으로 관리하고 있다.
	3-3. 건강증진을 위한 교육 및 관리(3)	1. 손 닦기, 양치질 등 청결한 위생습관을 실천한다.
		2. 교사는 유아의 건강 상태를 살펴보고 적절하게 지원한다.
		3. 유아와 교직원의 건강증진을 위한 예방관리와 교육을 실시한다.
	3-4. 등 · 하원의 안전(2)	1. 유아는 등 · 하원 시 성인의 보호하에 있다.
		2. 통학차량을 운행할 경우 안전요건을 갖추어 관리한다.
	3-5. 안전교육 및 사고 대책(3)	1. 유아를 대상으로 안전교육을 지속적으로 실시하고 있다.
		2. 교직원은 안전교육을 받고 유아학대예방 지침을 준수 한다.
		3. 영유아, 교직원 및 시설 보험에 모두 적합하게 가입하고 있다.

IV. 교직원 (13)	4-1. 원장의 리더십(4)	1. 원장은 자신의 전문성 향상을 위해 노력하고 있다.
		2. 원장은 교직원을 존중하고, 교직원의 발전을 위해 지원하며, 면담을 실시한다.
		3. 원장은 정기적인 교사회의 등을 통해 교직원의 의견을 민주적으로 수렴한다.
		4. (사립) 2년 이상 근속한 교사가 전체 교사의 50% 이상이다.
	4-2. 교직원의 근무환경(3)	1. 교사실과 개인사물함을 별도로 마련하고 있다.
		2. 교사의 업무지원을 위한 자료 및 설비를 충분히 구비하고 있다.
		3. 성인용 화장실/변기를 유아용과 별도로 설치하고 있다.
	4-3. 교직원의 처우와 복지(3)	1. 교직원 인사와 관련하여 공정한 규정이 있으며, 이를 준수하고 있다.
		2. 교직원의 보수와 관련한 규정이 있으며, 이를 준수하고 있다.
		3. 교직원의 복지를 위해 노력하고 있다.
	4-4. 교직원의 전문성 제고(3)	1. 신규 교직원에게 업무 관련 오리엔테이션을 실시하고 있다.
		2. 교원의 전문성 제고를 위한 다양한 연수기회를 부여하고 있다.
		3. 교사의 교수-학습방법에 대한 장학을 실시하고 있다.

참고문헌

강문희, 윤예희, 이경희, 정정옥(2006). 유치원, 보육시설 운영관리. 서울: 학지사.

강숙현(1994). 유아교육 프로그램 평가척도의 이해와 활용. 서울: 정민사.

강이수(2007). 여성의 일-가족 경험과 역사적 변화: 산업화 이후 여성노동시장의 변화와 일-가족 관계. 페미니즘연구, 7(2), 1-35.

강진소(2000). 페스탈로치의 유아교육사상에 대한 고찰. 대구산업정보대학 논문집, 14(1), 31-51.

고미라(2000). 개인 연수에 대한 유치원 교사의 인식 및 실태분석. 전남대학교 교육대학원 석사 학위논문.

고경화(2000). 로크의 아동교육에 대하여. 한국영유아보육학, 20, 177-191.

교육과학기술부(2009). 유아교육선진화 도입계획. 내부자료.

교육과학기술부(2012. 3. 20). 보도자료. 교육과학기술부. https://www.moe. go.kr/

교육과학기술부(2015). 유아교육법.

교육과학기술부, 보건복지부(2013a). 3~5세 연령별 누리과정 교사용 지침서.

교육과학기술부, 보건복지부(2013b). 4세 누리과정 교사용 지도서 1권.

교육부(2008). 유치원교육과정 해설.

교육부(2012). 유아교육발전 5개년 계획('13~'17). http://www.moe.go.kr/

교육부(2015). 유치원 교육과정. 교육부 고시 제2015-61호.

교육부(2017a). 유아교육발전 5개년 계획 ('13~'17). 교육부. https://www.moe. go.kr/

교육부(2017b). 제4주기 유치원 평가 중앙연수 자료집.

교육인적자원부, 문화관광부, 보건복지부(2002). 도시저소득층 지역 교육복지 대책-교육 복지투자우선지역 시범 지원 사업.

구인회(2003). 가족배경이 청소년의 교육성취에 미치는 영향. 사회복지연구, 22, 5-22.

국가교육통계센터(2015a). 교육통계연보. http://kess.kedi.re.kr/

국가교육통계센터(2015b). 교육통계서비스. http://kess.kedi.re.kr/

국가교육통계센터(2017). 교육통계서비스. http://kess.kedi.re.kr/

국가법령정보센터(2017). 인성교육진흥법 [시행 2015.7.21.](법률 제15233호, 2015. 1. 20. 제정, 2017. 12. 19. 일부개정). https://www.law.go.kr

권민균, 권희경, 문혁준, 성미영, 신유림, 안선희, 안효진, 이경옥, 천희영, 한유미, 한유진, 황혜신(2008). 아동발달. 서울: 창지사.
권은주(1990). 불교의 아동교육관에 관한 연구. 석림, 23, 145-158.
김경중 (2012). 유비쿼터스시대 한국의 유아교육, 통섭의 과제와 Reframing 방향. 미래유아교육학회지, 19(2), 159-175.
김금주, 권세경, 김은정, 나은숙, 오진희, 이금구, 황혜경(2018). 보육학개론. 서울: 학지사.
김석우, 김명선, 강태용, 정혜영(2010). 포트폴리오 평가의 이론과 실제. 서울: 학지사.
김세곤(2016). 유아 존중 교육사상의 근간으로서의 동학. 동학학보, 40, 151-174.
김수동(1991). 루소의 교육이론. 교육학연구, 29(3), 207-222.
김영옥(2011). 2000년 이후 여성노동시장의 변화와 미래전략. 한국여성정책연구원 기본연구 보고서.
김영옥(2016). 빅데이터 관련연구의 현황과 한국 유아교육학의 과제. 유아교육연구, 36(6), 181-206.
김옥련(1985). 유치원 경영관리. 서울: 교육과학사.
김윤지(2002). 유아교육환경 평정척도 개정판(ECERS-R)의 국내적용을 위한 예비연구. 연세대학교 대학원 석사학위 청구논문.
김은설(2015). 융합인재 양성을 위한 유아교육과정의 재조명. 표준보육과정의 연계를 위한 현황과 과제. 한국유아교육학회 2015년 춘계정기 학술대회, pp. 59-72. 서울: 중앙대학교 아트센터 3층 대극장.
김은영, 김길숙, 이연주(2014). 유치원과 어린이집 교사 자격 및 양성 관련 체제 분석. 연구보고 2014-18. 서울: 육아정책연구소.
김인자(2002). 유치원 교사의 역할지각과 역할수행에 관한 연구. 경기대학교 대학원 석사학위논문.
김정희, 김현주, 정인숙(1998). 아동발달심리. 서울: 정민사.
김지영, 성연승(2011). 알기 쉬운 몬테소리 교육. 경기: 양서원.
김지은, 김진숙(2007). 유아관찰 및 평가. 경기: 양서원.
김창환(1997). 코메니우스의 유아교육사상 연구. 유아교육연구, 17(2), 5-26.
김춘경, 문혁준, 신유림, 심미경, 옥경희, 위영희, 이경희, 이정희, 정계숙, 정현숙, 제경숙, 조성연, 천희영(2004). 아동론. 서울:학지사.
김형목(2005). 일제강점 초기 개량서당의 기능과 성격. 사학연구, 78, 231-265.
나정(2005). 출산율의 핵심요소인 영유아보육, 교육정책을 우선하라. 한국교육개발원. 교육개발, 11, 통권 154호
마송희(2001). 코메니우스, 페스탈로치의 교육사상과 기독교 유아교육. 유아교육학 논집, 5(1).77-95.
명지원(2010). 방정환의 아동교육사상에 대한 연구. 열린유아교육연구, 15(1), 85-110.
문무경, 서문희(2012). 유네스코의 우리나라 유아교육과 보육정책조정 국제비교연구. 서울: 육아정책연구소.
박수진(2009). 유치원 교사의 교직윤리의식과 역할수행정도에 관한 연구. 덕성여자대학교 대학

원 석사학위논문.
박영아, 최경숙(2007). 아동의 연령에 따른 기억책략사용의 효율성 분석. 아동심리학회지: 발달, 20(2), 59-72.
박완순(1993). 루소의 소극적 교육의 의미 연구. 한국교원대학교 대학원 석사학위논문.
박찬옥, 조형숙, 엄은나(2007). 한국 유아교육의 질 재고를 위한 정책방향 탐색. 2007 환태평양 유아교육연구학회 한국학회 국제세미나 미간행 보고서.
박철홍(1993). 존 듀이 성장 개념의 재이해. 교육철학, 11, 297-325.
박철홍 역(2008). 아동과 교육과정 경험과 교육. 서울: 문음사.
방인옥, 박찬옥, 이기현, 김은희(2000). 유아교육과정. 경기: 정민사.
백혜리(1997). 조선시대 성리학, 실학, 동학의 아동관 연구. 이화여자대학교 대학원 박사학위논문.
법무부(2004). 유아교육법. http://www.law.go.kr
법제처 국가법령정보센터(2017). 인성교육진흥법. http://www.law.go.kr/
보건복지부(1996). 영유아보육프로그램.
보건복지부(2000). 시설장 보수교육.
보건복지부(2011a). 보육통계.
보건복지부(2011b). 어린이집평가인증 지침서(40인 이상 어린이집).
보건복지부(2012a). 2012년도 보육사업안내.
보건복지부(2012b). 3~5세 연령별 누리과정 고시 [시행 2013.3.1]. 보건복지부고시 제2012-82호, 2012.7.10, 일부 개정
보건복지부(2012c). 저출산의 원인. http://mohw.go.kr
보건복지부(2012). 영유아보육법.
삼성복지재단(2002). 보육시설 프로그램 평가도구의 개발과 타당화. 2002년 제10회 국제학술대회 영유아 교육기관의 인정제: 한국, 일본, 미국, 영국, 호주, 91-130.
서강훈(2013). 사회복지 용어사전. 서울: 이담북스.
서문희, 이윤진, 유해미, 송신영, 김세현(2011). 출산 수준 제고를 위한 육아지원 내실화 방안. 서울: 육아정책연구소.
서영숙, 김경혜(2006). 보육학개론. 경기: 양서원.
서울대학교 교육연구소(1995). 교육학용어사전. 서울: 하우동설.
서울시교육청(2017). 2차 유아교육기본계획안. http://www.sen.go.kr/
서울행정학회(2010). 중앙부처의 다문화가정지원정책. 한국사회와 행정연구, 21(3), 234.
송도선(1998). 존 듀이의 경험의 구조. 교육철학, 20, 181-200.
송도선(2009). 존 듀이의 경험교육론. 서울: 문음사.
신미경(2015). 유보통합 추진과제 현황과 향후 전망. 한국유아교육학회 2015년 추계정기학술대회, pp. 65-70. 서울: 중앙대학교 아트센터 3층 대극장.
신양재, 권은주(2004). 고려시대의 아동교육. 유아교육연구, 24(1), pp 5-27.
신옥순(2013). 유아교육학개론. 서울: 학지사.

신은수(1991). 놀이에 있어서의 교사의 역할 및 교수 전략. 한국 어린이 육영회 유아교육 세미나 자료집. 43-62.

신의숙(2004). 한국 유아교육 제도의 발전과정 및 개선 방향모색: 일본 유아교육제도와의 비교연구. 중부대학교 교육대학원 석사학위논문.

신화식(2003). 몬테소리 유아교육과정. 경기: 양서원.

안경식(2005). 한국 고대 교육사의 연구 현황과 과제: 삼국시대 이전의 연구물을 중심으로. 교육사상연구, 17, pp. 97-121.

안인희(1989). 현대교육고전의 이해. 서울: 이화여자대학교 출판부.

양경혜(2012). 보육교사의 교직윤리의식이 역할수행과 직무만족도에 미치는 영향. 건국대학교 대학원 석사학위논문.

양승희, 권세경, 황혜경(2002). 영유아 관찰 및 평가. 서울: 상조사.

양옥승, 김미경, 김숙령, 김영역, 김진영, 박선희(2004). 유아교육개론. 서울: 학지사.

양옥승, 김영옥, 김현희, 신화식, 위영희, 이옥, 이정란, 이차숙, 정미라, 지성애, 홍혜경(1999). 영유아보육개론. 서울: 학지사.

어린이놀이시설 안전관리법(2017. 7. 26. 일부 개정). http://www.lawnb.com/Info/ContentView?sid=L000010384 에서 발췌.

연합뉴스(2017. 7. 25). '2022년 국공립유치원생 비율 40%' 2차 유아교육기본계획안 공개".

오경미(2016). 통합시대를 향한 유아교육 정책의 방향. 한국유아교육학회 2016년 춘계정기학술대회 통합의 시대를 향한 한국유아교육의 비전과 전망, pp. 74-82. 부산: 동의대학교 국제관 석당아트홀.

유아교육선진화위원회(2010). 유치원 교사 헌장과 교사 윤리강령.

유아교육진흥원 http://www. seoul-i.go.kr

유애열(2004). 삼성복지재단 삼성어린이집 프로그램-삼성 포괄적 보육서비스-. 한국유아교육학회 2004 정기총회 및 정기 학술대회.

유희정(2008). 다문화가정 영유아의 보육시설 이용 실태 및 지원방안. 육아정책연구, 2(1), 1-22.

육아정책연구소(2013). 육아정책 Brief. 통권 제18호. 8월 10일.

육아정책연구소(2016). 다문화 유치원 실태분석을 통한 유형별 운영 방안 연구. 연구보고 2016-07.

윤재석(2007). 보육교사 보수교육 활성화 방안에 관한 연구. 서강대학교 공공정책대학원 석사학위논문.

윤혜미(2005). 경제적 곤란과 가족갈등이 아동의 적응에 미치는 영향: 아동의 스트레스와 스트레스 대처방식의 상호작용을 중심으로. 한국사회복지학, 57, 133-164.

이경민, 윤혜경(2017). 4차 산업혁명 시대 교육혁명 담론의 비판적 분석을 통한 유아교육적 함의. 유아교육연구, 37(4), 137-155.

이경희, 이순옥, 이옥임, 이태영, 임미혜, 정정옥(2009). 유아교육개론. 서울: 교육아카데미.

이기숙(2002a). 유아교육과정. 서울: 교문사.

이기숙(2002b). 유아교육기관 인정제의 개발 배경. 한국 · 일본 · 영국 · 호주. 이화여자대학교 BK

핵심사업 제10회 국제학술대회 자료집, 39-55.
이기숙, 이은화, 이영자, 이숙재(1995). 유아발달에 적합한 유치원 실내교육환경. 서울: 교육인적자원부.
이기숙, 장영희, 정미라, 엄정애(2003). 유아교육개론. 서울: 양서원.
이동귀 (2016). 너 이런 심리법칙 알아? 네이버에서 가장 많이 검색한 심리학 키워드 100. 경기: 21세기북스.
이미정, 김진선, 송승민, 이시라, 이희선, 임명희, 정정란, 조성연, 주영애, 한세영(2009). 보육학개론. 서울: 창지사.
이상금(1991). 초기 어린이운동의 성립과 교육적 의의. 한국문화연구원논집, 59(3), 29-50.
이상금 (1996). 한국근대 유치원교육사. 서울: 이화여자대학출판부.
이숙재(1997). 유아를 위한 놀이의 이론과 실제. 서울: 창지사.
이숙재(2001). 유아 놀이 활동. 서울: 창지사.
이순례, 이현옥, 부성숙(2009). 한국, ECERS-R, NAEYC의 유아교육기관 평가지표 비교-교육환경 영역, 육아지원연구, 4(2), 69-96.
이순형(2001). 보육학개론. 서울: 양서원.
이순형(2006). 보육학개론. 서울: 학지사.
이연섭 외(1996). 유아교육개론. 서울: 정민사.
이영석, 박재환, 김경중(1985). 유아교육개론. 서울: 형설출판사.
이영자, 신동주(2017). 유아교육기관 운영관리. 서울: 창지사.
이옥주, 나은숙, 박낭자, 오애순, 유연화, 윤희경, 이정란, 조혜경, 최경애, 황혜경(2007). 보육시설 평가인증제에 기초한 영유아보육과정의 이해. 경기: 정민사.
이윤경, 김선영, 김성희, 김지은, 문혁준, 안선희, 최은미, 황혜정, 황혜신, 천희영, 신인숙, 나종혜(2013). 유아교육개론. 서울: 창지사.
이은해(1985). 아동연구방법. 서울: 교문사.
이은해(1995). 아동발달의 평가와 측정. 서울: 교문사.
이정욱, 유연화(2012). 유아수학교육. 서울: 정민사.
이정욱(2015). 단계별 유보통합에 대한 비판적 고찰. 유아교육연구, 35(6), 221-240.
이정원, 이혜민(2014). 2014 보육정책의 성과와 과제. 미발간 자료.
이정환, 박은혜(1995). 교사들을 위한 유아관찰 워크북. 서울: 한국어린이육영회.
이종열, 범령령(2010). 한국다문화 관련 행정서비스의 대응성에 관한 연구: 중국인국제결혼이주여성을 중심으로. 한국사회와 행정연구, 21(3), 225-247.
이홍재(2009). 영유아보육교사의 리더십. 2009년도 보육교사 일반직무교육자료. 안양보육 교사교육원.
임부연, 오정희(2009). 영유아 교수 학습방법. 서울: 동문사.
임재택(1987). 유치원 운영관리. 서울: 창지사
임재택(1992). 현대 유아교육과정. 경기: 양서원.
임태평(2006). 루소의 자연개념과 자연인. 교육철학, 29, 45-64.

장명림, 황성온, 김미나(2013). 2013~2017 유아교육 중장기 발전 방향. 연구보고 2012-18. 서울: 육아정책연구소.

장혜경(2005). 2~6세 어린이를 위한 몬테소리 교구의 교육법. 서울: 밝은 누리.

장혜순(2010). 2009 쟁점연구: 이 시대의 유아교육 당면과제 해결을 위한 현상학적 접근. 유아교육연구, 30(1), 5-37.

장혜진, 송신영(2014). 유아교육·보육 질 관리 국제비교 연구: 기관 평가를 중심으로. 연구보고 2014-14. 서울: 육아정책연구소.

전남련, 김재환, 이혜배(2007). 아동행동 연구 및 관찰평가. 서울: 창지사.

정범모(1974). 교육과 교육학. 서울: 배영사.

정선아, 윤은주(2014). 우리나라 영유아교육 도입전개 배경의 재조명. 유아교육연구, 34(1), 309-326.

정옥분, 권민균, 김경은, 김미진, 노성향, 박연정, 손화희, 엄세진, 윤정진, 이경희, 임정하, 정순화, 정현희, 최형성, 황현주(2008). 보육학개론. 서울: 학지사.

정혜손(2008). 한국국공립유치원의 변천과정. 이화여자대학교 대학원 박사학위논문.

조건덕, 민광미, 현정희, 정희정, 천은영(2011). 보육과정. 서울: 정민사.

조혜경, 이순영, 황성원, 노은호, 구경선, 곽혜경, 박금희, 조미환, 나은숙, 문영보(2006). 보육학개론. 서울: 창지사.

차호일(1989). 소파 방정환의 아동교육관 연구. 충북: 한국교원대학교 출판부.

천희영(2001). 포괄적 보육서비스의 원형, 헤드스타트. 아동연구, 10, 16-31.

최효미(2016). 영유아교육·보육비용의 변화 추이와 지출 실태. 육아정책포럼, 제50회(겨울호).

통계청(2006). 국제결혼율.

통계청(2016). 출산율과 첫 자녀 출산 시 모의 평균연령(1993-2016). http://www.index.go.kr

통계청(2017). 여성경력단절 사유. http://www.index.go.kr

통계청(2018). 합계출산율.

하정연(2004). 보육시설 논인자원봉사자의 역할과 이미지에 관한 질적 연구. 미래유아교육 학회지, 11(3), 1-25.

한국교육심리학회(2000). 교육심리학용어사전. 서울: 학지사.

한국보육진흥원(2010). 2010년 서울시 시설장 신규 직무교육.

한국보육진흥원(2017). 제3차 어린이집 평가인증(통합지표) 운영체계.

한국유아교육학회(1997). 유아교육사전: 용어편. 서울: 한국사전연구사.

한상규, 이은하(2005). 소파 방정환의 아동교육사상 연구. 유아교육연구, 14(1), 1-17.

홍순강(1988). John Dewey의 유아교육론에 관한 연구. 한양대학교 대학원 박사학위논문.

황보영란(2004). 실질적 의미의 영유아보육법과 그 법원에 관한 연구. 유아교육연구, 14(1), 1-17.

황해익(2009). 유아교육평가의 이해. 서울: 정민사.

황혜경, 김용희, 김지영, 심윤희, 김보영, 이희현(2015). 영유아보육과정. 경기: 양서원.

황혜정, 김경희, 이혜경, 어주경, 나유미(2003). 아동과 환경. 서울: 학지사.

章二雅子 편저(1995). 유아교육사상의 이해. (팽영일 역). 서울: 창지사.

Ainsworth, M. D. S. (1973). The development of infant-mother attachment. In B. M. Caldwell & H. N. Ricciuti (Eds.), *Review of child development research* (Vol. 3). Chicago: University of Chicago Press.

Athey, I. (1984). Contributions of play to development. In T. D. Yawkey & A. D. Pellegrini (Eds.), Child's play: Developmental and applied (pp. 9-28). Hillsdale, NJ: Erlbaum.

Bandura, A. (1965). Influence of models' reinforcement contingencies on the acquisition of imitative responses. *Journal of Personality and Social Psychology, 1*, 589-595.

Bee, H. L. (1997). *The developing child* (8th ed.). NewYork: Longman.

Berk, E. L. (1998). *Development Through the Lifespan*. NJ: Prentice Hall.

Berk, L. E. (2000). *Child development* (5th ed.). Boston, MA: Allyn & Bacon.

Berk, E. L. (2008). 아동발달. [*Child Development* (7th ed.)]. (이종숙, 이옥, 신은수, 안선희, 이경옥 공역). 서울: 시그마프레스. (원저는 2006년에 출판).

Berk, L. E. (2009). *Development Through the Lifespan*. Pearson.

Blum, R. E., & Arter, J. A.(1996). Setting the stage. In R. E. Blum & J. A. Arter (Eds). *Student performance assessment in an era of restructuring*(1;1-1;2). Alexandria, VA: Assoiation for supervision and Curriculum Development.

Bredekamp. S., & Copple, C. (1997). *Developmentally Appropriate Practice in Early*. Washington, DC: NAEYC.

Bruer, J. T. (2000). *The Myth of the First Three Years: A New Understanding of Early Brain Development and Lifelong Learning*. NY: The Free Press.

Bruner, J. S. (1972). The nature and uses of immaturity. *American Psychologist, 27*, 687-708.

Carpenter, M., Nagel, K., & Tomasello, M. (1998). Social cognition, joint attention, and communicative competence from 9 to 15 months of age. *Monographs of the Society for Research in Child Development, 63*(4, Serial No. 255).

Case, R. (1985). *Intellectual development: Birth to adulthood*. Orlando, FL: Academic Press.

Coopersmith, S. (1967). *The antecedents of self-esteem*. New York: W. H. Freeman.

Dewey, J. (1981). *The philosophy of John Dewey*. Chicago: University of Chicago Press.

Dewey, J. (1987). 민주주의와 교육. (이홍우 역). 서울: 교육과학사. Democracy and education.

Durkheim, E. (2002). 교육과 사회학. (이종각 역). 서울: 배영사. (원저는 1922년에 출판). Education and sociology.

Elkind, D.(1981). *The Hurried Child: Growing Up Too Fast Too Soon*. Da Capo Press Inc.

Fagot, B. I., Leinbach, M. D., & O'Boyle, C. (1992). Gender labeling, gender stereotyping, and parenting behaviors. *Developmental Psychology, 28*, 225-230.

Fantz, R. L. (1963). Pattern vision in newborn infants. *Science, 140*, 296-297.

Feinman, S. (1992). *Social referencing and the social construction of reality in infancy.* New York: Plenum.

Frost, J. L., & Klein, B. L. (1979). *Children's play and playgrounds.* Boston: Allyn & Bacon.

Gardner, H. (1983). *Frames of mind: The theory of multiple intelligences.* New York: Basic Books.

Gesell, A., & Amatruda, C. S. (1947). *Developmental diagnosis* (2nd ed.). New York: Hoebe.

Goodwin, W. L., & Driscoll, L. A. (1980). *Handbook on parent education* (pp. 101-121). NY: Academic Press.

Griffing, P. (1983). Encouraging dramatic play in early childhood. *Young Children, 38*(4), 13-22.

Harlow, H. F., & Zimmerman, R. (1959). Affectional responses in the infant monkey. *Science, 130*, 421-432.

Harris, S. E.(1995). *Whose judgement count? Case stndies of primary teacher's classroom assessment of linguistic minority children.* unpublished doctorial dissertaion. University of Harvard.

Hay (1994). Prosocial development. *Journal of child Psychology and Psy-chiatry, 35*, 29-72.

Hidi, S., & Renninger, K. A. (2006). The four-phase model of interest development. *Educational Psychologist, 41*(2), 111-127.

Holmes, J. (2007). 존 볼비와 애착이론. (*John Bowlby & attachment theory*). (이경숙 역). 서울: 학지사.

Hughes, F. P. (2010). *Children, Play, and Development.* Thousand Oaks, CA: Sage.

Hutt, C. (1971). Exploration and play in children. In R. E. Herron & B. Sutton-Smith (Eds.), *Child's Play.* New York: John Wiley & Sons.

Jensen, E. (2005). *Teaching with the Brain in Mind* (2nd ed.). Alexandia, VA: Association for Supervision and Curriculum Development.

Jensen, E. (2010). 뇌 기반 교육의 원리. (*Introduction to brain-compatible learning*). (정종진 역). 서울: 학지사. (원저는 2007년에 출판).

Johnson, J. E., Christie, J. F., & Yawkey, T. D. (1987). *Play and early childhood development.* Glenview, Illinois: Scott, Foresman and company.

Johnson, J. E., Christie, J. F., & Yawkey, T. D. (1999). *Play and early childhood development* (2nd ed.). New York: Longman.

Katz, E. (1972). Needed in teacher education: A developmental model for evaluation of teachers, preservice to inservice. *Journal of Teacher Education, 35*(5), 18-21.

Kuykendall, J. (2007). *Early childhood development series: Selecting toy for children.* Washington, DC: University of Alaska Fairbanks.

Levy, A. K. (1984). The language of play: The role of play in language development. *Early*

Child Development and Care, 17(1), 49-61.

Levy, J. (1978). *Play behavior.* New York: John Wiley & Sons.

Liberman, N. J. (1977). *Playfulness: its relationship to imagination and creativity.* New York: Academic Press.

Lillard, P. P. (1973). *Montessori: A modern approach.* New York: Schocken

Manning, K., & Sharp, A. (1977). *Structuring play in the early years at school.* London: Ward Lock Educational.

McAfee, O., & Leong, D. J.(2010). *Assessing and guiding young children's development and learning* (5th Ed.). MA: Allyn & Bacon.

McLeod, J. D., & Shanahan, M. J. (1993). Poverty, Parenting and Children's Mental Health. *American Sociological Review, 9*, 1477-1486.

McLoyd, V. C. (1998). Socioeconomic disadvantage and child development. *American Psychologist, 53*(2), 185-204.

Montessori, M. (1966). *The secret of childhood.* M. J. Costelloe (Trans). New York: Schocken Books, Inc.

Morrison, G. S. (1980). *Early childhood education today* (2nd ed.). Columbus, OH: Merrill Publishing Company.

Neill, P. M.(1997). Transforming student assessment. *Phi Delta Kappan*, 79(1), 34-41.

OECD. (2011). 한국의 성장과 사회통합을 위한 틀. 세종: 한국개발연구원.

Parten, M. B. (1932). Social participation among preschool children. *Journal of Abnormal and Social Psychology, 27*, 243-269.

Pellegrini, A. D. (2009). *The role of play in human development.* New York: Oxford University Press.

Pepler, D., & Ross, H. S. (1981). The effects on play convergent and divergent problem solving. *Child Development, 52*, 1201-1210.

Pierson, C. A., & Beck, S. S. (1993). Performance Assessment. The realities that will influence the rewards. *Child Education, 70*, 29-32.

Pintrich, P. R., & De Groot, E. V. (1990). Motivational and self-regulated learning components of classroom academic performance. *Journal of Educational Psychology, 82*(1), 33-40.

Ruff, H. A., & Lawson, K. R. (1990). Development of sustained, focused attention in young children during free play. *Developmental Psychology, 26*, 85-93.

Russell, B. (1967). *The problems of philosophy.* New York: Oxford University Press. (Original work published 1912).

Saracho, O. N. (1988). *A study of the role of early childhood teacher. Early Childhood Development and Care, 38*, 43-44.

Saracho, O. N, & Spodek, B. (1993). The preparation of teacher for the prefession in early childhood education. In O. N. Saracho & B. spodek (Eds.), *Studying teachers in early childhood settings (pp. 1-25).* Greenwich, CT: Information Age Publishing.

Schiller, P. (2010). Brain Research and Its Implications for Early Childhood Programs: Applying Research to Our Work. *Child Care Information Exchange, 140*, 14-18.

Schneider, W., & Pressley, M. (1997). *Memory development: Between two and twenty* (2nd ed.). Mahwah, NJ: Erlbaum.

Schwab, C. (2016). 제4차 산업혁명. (*The fourth industrial revolution*). (송경진 역). 서울: 새로운 현재. (원저는 2015년에 출판).

Skinner, B. F. (1953). *Science and Human Behavior*. New York: Macmillan

Smilansky, S. (1968). *The Effect of sociodramatic play on disadvantaged preschool children*. New York: Wiley.

Smith, P. K. (1978). A longitudinal study of social participation in preschool children: Solitary and parallel play reexamined. *Developmental Psychology, 14*(5), 517-523.

Spitz, R. A. (1949). The Role of Ecological Factors in Emotional Development in Infancy. *Child Development, 20*(3), 145-155.

Standing, E. M. (1984). *Maria Montessori: Her life and work*. New York: A Plame Book.

Sure Start. (2002). *Making a difference for children and families-Sure Start*. Nottinghamshire. DfES publications.

Thompson, R. A. (1998). Early socio-personality development. In N. Eisenberg (Ed.), *Handbook of child psychology: Vol. 3. Social, emotional, and personality development* (5th ed., pp. 25-104). New York: Wiley.

Watson, J. M. (1925). *Science as Revelation*. Kessinger Publishing.

Weisler, A. & Mecall, R. B. (1976). Exploration and play: Resume and redirection. *American Psychological Bulletin, 84*(4), 661-689.

Welch-Ross, M. K., & Schmidt, C. R. (1996). Gender-schema development and children's constructive story memory: Evidence for a development model. *Child Development, 67*, 820-835.

Wittgenstein, L. (1958). *Philosophical investigations*. New York: Academic Press.

Wood, D., McMahon, L., & Cranstown, Y. (1980). *Working with under fives*. Ypsilanti. MI: High/scope Press.

World Economic Forum (WEF). (2015). *New vision for education: Unlocking the potential of technology*. Colony/Geneva: World Economic Forum.

ILO(2018).http://www.ilo.org/global/topics/child-labour/lang-en/index.htm

광주육아종합지원센터 https://www.moe. go.kr/

중앙육아종합지원센터 http://central.childcare.go.kr

한국고용정보원 http://www.work.go.kr

찾아보기

인명

내용

저자 소개

김금주(Kim Keumjoo)
덕성여자대학교 대학원 유아교육전공 교육학 박사(Ed.D)
현 국립강릉원주대학교 유아교육과 교수
저서 영유아 교수・학습방법(공저, 학지사, 2016) 등

권세경(Kwon Sekyung)
덕성여자대학교 대학원 유아교육전공 교육학 박사(Ed.D)
현 경동대학교 유아교육과 교수
저서 영유아놀이지도(공저, 동문사, 2015) 등

김은정(Kim Eunjung)
덕성여자대학교 대학원 유아교육전공 교육학 박사(Ed.D)
현 위덕대학교 유아교육과 교수
저서 영유아 교수・학습방법(공저, 학지사, 2016) 등

나은숙(Na Eunsuk)
덕성여자대학교 대학원 유아교육전공 교육학 박사(Ed.D)
현 서일대학교 유아교육과 교수
저서 유아교육개론(공저, 성빈사, 2015) 등

오진희(Oh Jinhee)
덕성여자대학교 대학원 유아교육전공 교육학 박사(Ed.D)
현 덕성여자대학교 교육대학원 겸임교수
저서 영유아 교수 · 학습방법(공저, 학지사, 2016) 등

이금구(Lee Geumgu)
덕성여자대학교 대학원 유아교육전공 교육학 박사(Ed.D)
현 경복대학교 유아교육과 교수
저서 영유아 언어교육: 이론과 실제(공저, 양서원, 2018) 등

황혜경(Hwang Haekyeung)
덕성여자대학교 대학원 유아교육전공 교육학 박사(Ed.D)
현 한림성심대학교 유아교육과 교수
저서 영유아 보육과정(공저, 양서원, 2015) 등

유아교육개론

Introduction to Early Childhood Education

2018년 9월 10일 1판 1쇄 인쇄
2018년 9월 15일 1판 1쇄 발행

지은이 • 김금주 · 권세경 · 김은정 · 나은숙 · 오진희 · 이금구 · 황혜경
펴낸이 • 김진환
펴낸곳 • (주) 학지사
04031 서울특별시 마포구 양화로 15길 20 마인드월드빌딩
대표전화 • 02)330-5114 팩스 • 02)324-2345
등록번호 • 제313-2006-000265호

홈페이지 • http://www.hakjisa.co.kr
페이스북 • https://www.facebook.com/hakjisa

ISBN 978-89-997-1638-6 93370

정가 20,000원

이 도서의 국립중앙도서관 출판시도서목록(CIP)은 서지정보유통지원시스템 홈페이지(http://seoji.nl.go.kr)와 국가자료공동목록시스템(http://www.nl.go.kr/kolisnet)에서 이용하실 수 있습니다.
(CIP 제어번호: CIP2018026158)

교육문화출판미디어그룹 학지사

심리검사연구소 **인싸이트** www.inpsyt.co.kr
원격교육연수원 **카운피아** www.counpia.com
학술논문서비스 **뉴논문** www.newnonmun.com
간호보건의학출판 **학지사메디컬** www.hakjisamd.co.kr